辛德勇 著作系列　07

第一圖　エジプト人賓の花を以て客足をあやす圖
（Drinks of the World, p. 13）（19頁の說明參照）

一つの食事史（一）

讀書與藏書之間　二集

中华书局

图书在版编目(CIP)数据

读书与藏书之间二集/辛德勇著. —北京:中华书局,2020.6
(辛德勇著作系列)
ISBN 978-7-101-14491-8

Ⅰ.读… Ⅱ.辛… Ⅲ.古籍-中国-文集 Ⅳ.G256-53

中国版本图书馆 CIP 数据核字(2020)第 060371 号

书　　名	读书与藏书之间二集
著　　者	辛德勇
丛 书 名	辛德勇著作系列
责任编辑	朱兆虎　孟庆媛
出版发行	中华书局
	(北京市丰台区太平桥西里 38 号　100073)
	http://www.zhbc.com.cn
	E-mail:zhbc@zhbc.com.cn
印　　刷	天津图文方嘉印刷有限公司
版　　次	2020 年 6 月北京第 1 版
	2020 年 6 月北京第 1 次印刷
规　　格	开本/920×1250 毫米　1/32
	印张 11¾　字数 242 千字
印　　数	1-5000 册
国际书号	ISBN 978-7-101-14491-8
定　　价	75.00 元

自　序

　　两年前，承蒙中华书局贾元苏女士和书局领导李岩、徐俊诸友人的美意，帮助我出版了《读书与藏书之间》这本文集。现在提供给大家的是它的续集，收录的是这两年间撰写的同一类与典籍收藏、鉴赏以及研究相关的文章。学识浅薄，又每好标新立异，自知难免疏误，希望能够得到大家的批评。

　　读书和藏书，对我都充满诱惑。上一本文集出版以来这两年内，在读书与藏书这两极之间，我选择的位置，已经有很明显的变化，这就是更多地向读书一侧回归，逐渐疏离于藏书圈外，买书也更侧重于实用。人的年龄增长到一定程度，能够好好读书的时间，便呈加速度压缩。时不我待，不能不更多地克制藏书的嗜好，腾出更多的时间去读书。不过，恐怕我至死也不会停止搜集和品味心爱的书籍；同时，还会把一些时间转入到对书籍史、印刷史、目录学史和历史文献学的研究中去，更深入一层去探索书籍自身所蕴涵的奥秘。

　　除为周绍良先生旧藏《素书》所撰跋语以及论述所经眼咸丰九修《毗陵徐氏宗谱》和钱泳《记事珠》稿本这三篇文章之外，本书其馀诸文所附书影，均取自本人藏书。

在此谨向关注我这些文章的读者，特别是那些热心帮助勘正拙文错谬的朋友，致以由衷的谢意，并由衷感谢中华书局诸位朋友的帮助。

2007 年 6 月 9 日记

目　录

怀念与景仰

送别我的老师

老师黄永年先生要走，我有心理准备。去年夏天以后，先生已基本不再打电话来；往西安打电话去请益，先生也不再像以往那样长时间侃侃漫谈，只是静静地听我说话，就连我为博取老人家一粲，特意讲到的一些胡说八道的放肆话，先生也不再像往常那样开心哂笑。在内心深处，开始隐约感到一种伤痛，感到先生在向一个高远缥缈的地方慢慢离去。从二十四年前入门拜谒先生时起，我第一次清楚感知，有一种不可抗拒的力量，正在拉开我和先生之间的距离。

这样和先生通过两次话后，不由得回想起 1992 年我刚到北京工作不久，一次先生来北京讲学，我去看望先生，长时间畅谈过后，当我辞行时，先生突然有些伤感地说，你到北京来，以后想在一起说说话也不方便了。到了秋天，我想一定要去西安看望先生，和先生一起说说话。正好陕西师范大学和美国哈佛大学、哥伦比亚大学联合举办一个关于中国古代城市文化的学术会议，邀我参加，便在 11 月初，回到母校。行前在北京感受到的那种内心的伤痛，见到先生后变得愈为深重。在两天的学术会议期间，有两个半天，我都是在先生的书斋里，和先生闲谈，并尽量讲一些轻松的话题，甚至还一如既往地插科打诨，

在黄永年先生八十寿辰庆贺仪式上作者与黄永年先生以及友人陆三强先生合影

讨先生欢喜，而心中却是从未有过的凝重。伤痛首先来自先生消瘦的脸庞，和变得矮小的身躯，感觉先生往昔充沛旺盛的精力仿佛已经耗散殆尽，人已经变得很轻，很轻，好像已经完成了为升遐而去所做的蜕变。谈话还是像当年随从先生在校读书时一样，海阔天空，漫无边际，连续两个下午，谈了很多很多。

谈话中感受到最大的伤痛，是清楚知晓先生的精魄正在升扬，在学术上，已经顾不上再对我加以点拨教诲了。近两年来，和先生通电话，汇报自己对一些学术问题的想法，请教先生这些想法是否得当，先生总是催促我说，做学术研究，人一生具有相应的积累而状态又好的时候，只有很短一小段时间，要趁精力好，状态好，抓紧时间，把这些想法写成文章。去年一年内，我写了两篇涉及比较重要学术问题的文章，一篇是关于明代所谓铜活字印本书籍的问题，一篇是关于汉代的州制问题。关于所谓明铜活字本问题，我提出通常所说的明代铜活字印本，缺乏可靠依据，恐怕不能成立。去年春天的时候，在电话里向先生汇报过这一基本设想和主要论据，先生鼓励我说，你讲得很有道理，可以写出来。关于汉代州制，我提出顾颉刚先生当年撰著的《两汉州制考》一文，虽然早已被学术界视作定论，但是其基本视角，很有可能存在着严重的歧误，变换视角，或许可以得出全新的认识。前年夏天，我对这一问题的思考，就已经基本成熟，曾打电话向先生请教，先生说，这是你的专业，这样在电话里讲不清楚，你可以先大胆写，当年顾颉刚先生就最喜欢学生辈的人提不同意见，等成文后再拿给我看。这次来见先生，本来想向先生仔细汇报这两篇文章的具体内容，请先生指教，却完全想不到，刚刚谈了没有几句话，先生即用很低沉的声音说道："辛德勇，我的脑子不行了，你说的这些，我听起来太吃力，都听不懂了。你自己考虑成熟，就赶快发表吧。要赶快写文章，人一生做不了多少事。"好在谈起往事，先生依然思维清晰，话锋犀利。

先生非常喜欢猫，就在我去看望先生之前几个月，两只豢养多年的猫，都因高龄故去，其中最钟爱的一只猫，在先生身边已经将近二十年了。谈话中，先生很伤感地告诉我："两只猫都没有了。"说这句话的同时，眼中情不自禁地闪出了泪花，透露着深沉的哀伤。先生性格刚毅，过去从未见这样流露情感；因为不愿意让我看到这样的表情，先生很快转过头去，沉默了很长时间。此情此景，使得那种刺在我内心的伤痛，不由得又加深增重一层。我不喜欢猫，不知道先生究竟为什么那样喜欢猫。这可能很简单，只是一只宠物而已；也可能寓有先生很多情感，甚至带着内心深处最隐秘的寄托。不过，仅仅就表象而言，在先生和猫之间，确是能够找到一些相通的品格特征。猫是一种高傲的动物，先生一生高傲自重，像猫一样睥睨学术界那些屑小之徒；猫是一种整洁的动物，先生一生衣着庄重整洁，书斋雅致整洁，书籍整洁如新，就连动笔写文章的时候，桌面上也从来都是整整齐齐，一切井然有序。这在学者中间，恐怕是很少见的。先生喜欢古本旧书，但旧书往往不尽清洁，到北京、上海等有旧书可买的地方出差时，行囊中都要带一把猪鬃刷子，在书店里买到喜欢的线装古籍，首先吩咐我或是身边的其他学生，到房间外面，用刷子仔细刷去书函、书衣、书口上的尘土，然后仔细平整摆放到书桌上，他才端坐下来欣赏。先生手很灵巧，遇到古书有卷角、书口开裂、书衣破损、缝线松断这一类不太严重的毛病，都要自己动手，精心修补整齐，然后才能藏入书箱。

人首先要有尊贵的灵魂，才能够有真正体面的仪表举止。先生的高傲与整洁，正互为表里。

我劝先生一定要去检查一下身体，平时多休养，精神好时，可以随手写一些题跋、随笔，或是找人来口述回忆录。先生则告诉我说，这一辈子想写的东西，都已经写出来了，自己心满意足，不想再写什么了。谈这话时，先生的表情告诉我，他仿佛已经意识到，正在走向自己的归宿。关于这个必然的归宿，先生过去常和我提起。我很懦弱，从少年时起，对死亡即有一种强烈的恐惧；先生则不然，曾反覆告诫我说，此乃事之常理，自然规律，惧之何益？近年来，学术界对先生的学术造诣和成就，给予了更为广泛的关注和更高的赞誉。先生的著述，绝大多数都已经出版，有的书还很快再版重印；有几种没有出版的书稿，也都已经确定出版社，等待印行。这些都给先生很大慰藉。对一生的学术追求，近年来先生已经讲过多次，自信已经画上了完满的句号，不会再有什么值得惆怅。前几年没有做"博士导师"就退休，先生也只是淡然一笑，说现在"博导"这么多，又不缺我一个。这样的事更不值一提。先生坦然走向生命的终点。

第二天谈话结束，离开先生家里时，我想到了，这很可能就是我和先生的诀别。先生坦然地走了。留在身后的这个世界，对于先生来说，早已变得越来越陌生，越来越隔膜。先生似乎本应属于一个比他略早一些的时代。告别先生，也是在告别这个时代。

2007 年 1 月 22 日

原刊《陕西师大校报》2007 年 1 月 30 日第 6 版

在老师身边读书的日子里

业师黄永年先生故去十多天来，哀思无日不萦绕于胸间。悲痛的心绪，时常把我带回到过去，回到在老师身边读书的日子里。

1982 年初，我在大学本科毕业后，考入陕西师范大学历史系，在史念海先生的指导下，读历史地理学硕士学位。第一次和两位师兄去导师家里拜谒，就在史念海先生家的客厅里，见到了黄永年先生。这一年黄永年先生招收了两位唐史专业的研究生，在名义上，并不是我的导师，但这一天我们入门拜师，史念海先生特地请黄永年先生一道坐在那里，接受我们的礼拜，分明是让我们执入室弟子之礼向黄永年先生求教。事隔多年之后，有一次我很谨慎地和先生说："我只能算作是您的私淑弟子，不敢盗用您学生的名义，出去招摇撞骗。"先生立即正色回答说："你就是我的学生。"话讲得理直气壮，除了多年来一直对我耳提面命加以教诲之外，我想先生也是把这次最初的见面，看作是我对他所行的入门拜师之礼。

我本科念的是地理系，虽然考上了历史地理学的研究生，但对历史学界的情况，了解非常有限，当时并不清楚座上这位神色庄重的老师，到底是怎样一位人物。不过，史念海先生对我们学习所提出的两点明确要求，都与黄永年先生有关：一是告诫我们读书要努力打好基础，为此，首先要认真听好"永年先生"开设的所有课程，特别是学好目录学知识；二是告诫我们读书要肯下苦功夫，而用功与否的具体检验标准，便是"永年先生每天读书花多长时间，你们就要读多长时间"。读研究生要花苦功夫，对此我有心理准备，听到这些要求，并没有特别在意，只是觉得这岂不是让黄先生来引导我们入门读书，这位老师一定非同小可。随后在黄永年先生带我们几位同学去熟悉图书馆的过程中，我对这两点要求逐渐产生了惶恐和敬畏。

路上经过放映电影的露天场地，我好奇地自言自语说："哦，怎么会是这样看电影？"先生听到后，皱了皱眉，有些不耐烦地说："管它干什么，反正我从来不看电影。"业精于勤，荒于嬉，史念海先生刚刚要求我们要勤奋读书，我却首先关注起怎样看电影，话刚一出口，就已经有了几分自责。可是听到黄永年先生说他从来不看电影，还是让我大吃一惊，我以为这是对我的间接训斥。随后经过浴池，我想洗澡总是人所必为的事情，这不会犯什么忌讳，便又自语道："原来是在这里洗澡。"孰不料先生同样皱着眉头说："管它干什么，反正我从来不洗澡。"说罢，带着我们直奔图书馆而去。在我看来，从来不看电影，差不多意味着没有任何消遣和娱乐；从不洗澡，则更为不可思议，这意味着对饮食起居完全不管不顾，只是一味读书写文章。怪不得先生给我们介绍如何利用图书馆时，讲得那样明了，原来他的生活只是看书。心里想，史念海先生若是把我们交给这样的老师来调教，未来几年的学习生活，不知会何等恐怖。

初听先生讲课，更进一步加重了这样的畏惧。从第一堂课起，先

白雲詩鈔卷一

讀史雜感　五古

廣昌黃永年靜山著

天運貴三五中極溜精靈斯人感直氣冠帶出清
眞潛虹升大鑿威鳥列明廷以此鎭光嶽百族享
芳馨虺詭念簡在說命乃圖形無賢世空虛所以
思榛苓篤生會有心下土眞冥冥夕夢之帝所再
拜版築星
子房報韓佹椎秦浪沙是時秦東遊太子守京
華賢相有蒙氏國本無尊呲暴帝中椎死扶蘇可

白雲詩鈔　　卷一　　一

清乾隆集思堂刻本《白云诗钞》

六十年前讀賀氏經世文編知有
同姓名字靜山之廣昌籍先賢且知
常州府者後撿敗書偶記則撰有南
莊類稿乾隆十八年集思堂刻奉姓
記未詳內德夢同學新內集思堂刻
此君白雲試鈔二卷愁非完書姑以稀
見難以矢己卯盛暑江陰黄永年

黄永年先生为清乾隆集思堂刻本《白云诗钞》所撰题跋

生对那些空泛虚假"学术"的贬斥，就滔滔不绝于耳，其疾言厉色的程度，我背地里一直是用"咬牙切齿"来形容。勤奋以至于忘我，严厉而近于苛刻，这便是我对先生的第一印象。事实上，这在一定意义上，也确实是先生一以贯之的作风。

　　不仅是我们这些学生，我想了解先生或是认真阅读过先生著述的人，大多都会叹服先生文史素养之渊雅深醇，分析问题之邃密犀利。我不知道，从总体上来综合考量，在同辈学者当中，还会不会有人能够与其匹敌。在历史学方面，先生精熟先秦史、隋唐史与北朝史、明清史特别是清代学术史几大部分，而且对其馀各个时期的史事，也都有相当丰富的知识；先生同时还兼通古器物的研究。在历史文献学方面，先生精通版本学、目录学、碑刻学，对敦煌文书也不乏精湛的论述。在古典文学方面，先生熟悉历代诗文辞赋，对《诗经》、《楚辞》，对《文选》，对韩愈和姚鼐的诗文，对李商隐、吴伟业、王士禛、黄景仁等人的诗，都有系统深入的了解和研究；特别是对古代文言小说和话本章回小说，研究更为精深。在文史才艺方面，先生善书法，精篆刻；能赋诗填词写对子，能写典雅的文言文，包括骈文，借用先生自己的话来说，"可以冒充清朝人的文章"；此外，先生还富藏善本古籍碑帖；等等。虽然说先生天资聪颖过人，读书博闻强记，只要是他感兴趣的内容，几乎可以达到过目不忘的程度，但一个人涉猎如此广博的范围，并写出诸多高水平的著述，还是需要付出全副精力，才能够做到。记得1989年春节的除夕夜，先生邀我到家里吃晚饭，见我进屋，先生匆匆打了一个招呼后，便埋头写作。吃饭时，我和师母以及寿成师兄围坐在桌旁，先生却一直没有离开书桌，是师母把一碗饭端到书桌前，先生这才放下手中的笔；急忙吃下这碗饭后，则又继续伏案工作。直到 9 点多钟，写定文稿，才算开始过年。我询问先生后，知道刚刚搁笔的乃是《唐史史料学》的书稿。后来每当我自责疏懒的时候，眼前都会浮现那一个除夕之夜先生紧张疲惫的神色。

先生对学术要求的严厉，形诸文字，有目共睹。这里有对欺世盗名者的斥责，有对不良学风的批判，有对不同学术观点的质疑商榷，也有对他人学术论著瑕疵的匡正，性质并不相同，目的却只有一个，这就是切实推进学术研究。先生是以学术为天下公器，其间并不掺有丝毫个人意气，一切都出自对学术的真挚追求。时下国家提倡学术创新，方向虽然完全正确，但对于学术界来说，实际却是一种无奈的自我讽刺。因为本来只有具备创新意义的成果，才堪称学术；治学而需要特地标明某某成果属于"创新"，这表明虚假浮薄的伪学术，已经充斥学术领域。假如能够有更多的学者，像先生那样严肃认真地对待学术，也许就无须由国家出面来做这样的倡导。

不过，勤奋和严厉，只是先生形象的一个侧面，并不足以概括先生的风范。在先生身边，其实能够看到更多与此完全不同的面貌。

先生外表看似威严，为人处事其实非常随和，对后生晚辈，尤其如此。听先生讲课没有太长时间，就和先生彼此熟悉起来。我这才弄明白，先生说他"从来不洗澡"，是不去公共浴池，每天在家里沐浴（那时大多数家庭里通常还不具备洗浴条件）；"从来不看电影"似乎也只是中年以后的事情，年轻时并不是这样。不仅如此，而且还知道先生对饮食起居和仪态装束都相当讲究，甚至达到很精致的程度，绝不是那种邋遢不修边幅、只知道板着面孔读书的苦行僧式学者。除了收藏古籍碑帖、作诗写字刻图章等文人雅事，先生还有很多与学术毫不相干的喜好：喜欢养猫（赐猫名以"若寅"，与孙女"若琰"联名），喜欢笔尖尖细的高档金笔，喜欢精致的名牌手表；喜欢吃奶油、猪排、金华火腿和东坡肉，尤其是红烧肘子或是东坡肘子；甚至还很欣赏自己在照片里的表情，知道有人说他长得像反派角色明星陈述，竟得意地嘿嘿发笑。其实就连先生读书，大多也只是为满足自己的情趣。先生读李商隐的诗如此，读吴梅村的诗如此，读王渔洋的诗如此；读《太平广记》和《西游记》同样如此；即使是读两《唐书》与《资治通鉴》，也依然如此。在课堂上听先生讲述李唐宫廷政治，神情一如谈论《太平广记》里的狐狸精，《西游记》里的牛魔王和天蓬元帅，无不情趣盎然。

先生读书撰文很勤，有时也很累，但绝无一丝一毫苦楚，若不是兴之所至，觉得好玩有趣味，绝不愿硬着头皮，勉强去做。因此，读先生的文章，不仅能够读到学识，还能够读到率真的性情。先生的文章，在自然积蓄的底蕴上，宛若天成妙趣，处处透射出机敏的灵性，绝然看不到那种自虐式的苦功。不过，也正因为过于率性，先生只把他的学问，写出很少很少一小部分，留给我们，而随身带走了更多更多。先生烂熟于胸的学问，有些方面没有写，是由于缺乏兴致动笔；有些方面是被他看作人所应知的常识，以为根本不必写；还有一些方面，则是有意回避不写。譬如在先秦史方面，先生对《左传》熟悉到大体可以背诵的程度，却没有写过很专门的文章，原因只是童书业先生系以治先秦史为专长，先生不愿别人误以为他是在承受着岳父的荫庇。

黄永年先生指导作者读书

　　随从先生读书没有多久，先生在我心中的形象，已在不知不觉间从最初的严师转换成为一位充溢着慈爱的长辈，每当私下里见面，我便放肆地插科打诨，和先生开起了玩笑。先生评判学术虽很严厉，但对学生的考试和学业论文，却从不做苛刻的要求，只是循循诱导学生主动学习，勤于思考。学生们听课时往往都有些担心，考试成绩一出来，则是皆大欢喜。读书期间，我曾练习写一篇关于唐长安城都亭驿位置的小考证文章，呈请先生指教，先生审读后鼓励我说，内容很好，方法也对头，不过文字表述实在不像样子。为帮助我提高表述能力，先生竟亲自动笔，逐字逐句一一仔细修改。后来我以《隋唐两京丛考》来作博士论文，就是基于先生这次批改文章的因缘。即使我等后学晚辈在学术上提出不同看法，先生也绝然不以为忤。譬如我写唐骊山华清宫长生殿的来由，与先生看法不同，先生还主动帮助修改文字，鼓励我发表。先生经常说，我是顾颉刚先生的学生，鼓励学生和老师商权讨论问题,这是顾门的传统。

我修养不好,很容易冲动,也很固执。有一次竟因事恶语顶撞先生,拂袖而走;还有一次与先生争执不休,毫不礼让,惹得先生拍案怒斥,厉声宣示要将我逐出师门。正是通过这两件事,让我深深体会到先生严厉外表之下异常宽厚的胸怀。事情过后,我依旧负气避开不理先生,都是先生主动找我谈话,没有训斥我的无礼,没有责骂我的轻狂,而是语重心长地劝导说:"辛德勇,你这样的脾气,一定要改一改,不然的话,将来在社会上不知要吃多少亏呀。"因为性格刚烈,先生自己曾受到过很多不公平的对待。每当回想起这些话的时候,我都能深切感受到先生话语中饱含的关怀和期望。先生谈话风趣诙谐,但性情刚毅,轻易不表露情感。读研究生时,我因基础差,为多看些书,连续有两个春节,留在学校,没有回家乡东北。先生知道后,为消解我的孤独,就让寿成师兄来叫我到家里去过除夕。除了吃年饭,先生什么也没有讲,但我能感受到先生的慈爱。1992 年我离开西安,调到北京工作,先生还是没有多说什么,只是请师母特地做我爱吃的锅贴,为我饯行。当时我饭量很大,烙出一锅锅贴,先生和家人都不吃,眼看着我独自狼吞虎咽,一扫而光,先生才放心地目送我去往车站。在西安随侍先生读书问学十年,留在心底里的最后一幕场景,就是先生看我吃锅贴的眼神。

2007 年 1 月 29 日

原刊《新京报》2007 年 2 月 1 日 C14 版,题目由该版编者改易为《黄永年:为学术的一生》。

黄永年先生教我读书买书

在上大学之前，我没有见到过几本中国古代文史书籍，除了因旧时村学通行而在市面上还广泛流通的《唐诗三百首》和《古文观止》，只翻阅过一本近人林大椿编纂的《唐五代词》，浏览过《史记》的大部分本纪和列传，也看到过一两本《汉书》的人物列传。1977年考上大学，被从文科考生当中错招到理科念书。那时，不仅根本没有转系调换专业一说，学校甚至还满校园张贴告示，严禁像我这样缺乏"专业思想"的学生，私自偷听其他科系的课程。在这种情形下，虽然不甘心就范，也只能在课下自己跑到图书馆去读些想看的书。但既缺乏相应的预备知识，又没有老师指点，只能是顺手胡乱翻检，完全没有头绪。后来能够找到初入书山的路径，都仰赖业师黄永年先生的点拨教诲。

本科毕业后我去读硕士、博士学位，专业方向本来都是随从史念海先生研治历史地理学。业师史念海先生是我国历史地理学科的创建人之一，学术泰斗，但面对像我这样懵然无知的门外汉，具体怎样来引入文史研究领域，史念海先生由于年事已高并且事务繁忙，顾不上对所有事情都一一指教，有些基础工作，就请黄永年先生来协助完成，阅读文史书籍，就是如此。

黄永年先生开设有目录学课程，学校里很多文史专业的研究生都来选修，教室里座无虚席。这里面有很多同学，基础比我要好，了解目录学对于文史研究的重要性，其中有一些人也了解黄永年先生在这一领域的精深造诣，我却只是按照导师史念海先生的强制性要求，懵懵然走入黄永年先生的课堂，在听课学习的过程中，才逐渐理解到学习这门知识的重要性。

根据文献的性质、史料来源、撰述旨趣和时代早晚等，来掌握并区分辨析各种典籍的史料价值，是学习目录学知识的主要用途，这也是目录学课程所要讲述的核心内容。这些知识，说起来很重要，初学起来却十分乏味，若非遇有良师引导入门，很多人对此都是望而生厌，以至终生无法得其要领。

在并世学者当中，我不知道是不是还有什么人在这方面具有比先生更为通博的学识，但至少很难有人会做到像先生那样，将这门看似枯燥不堪的学问，讲得如此妙趣横生，满堂溢彩。先生讲述目录学知识，能够吸引学生的地方，语言诙谐幽默，其实还只是表面原因。在大学的讲台上，从来也不缺乏语言生动的教员，能够讲成时下万众尊崇的明星学者，但随着学生水平的提高和见识的增长，其中颇有一些"名嘴"，很难持续获得学生的敬重，原因即在于缺乏足够的深度。假若仅仅是就书目而论书，目录学课程难免会被讲成余嘉锡先生痛加贬斥的所谓"书衣之学"。先生讲述这些内容，则有两项明显与此不同的特征，即一是重视将每一具体的文献，都置之于学术源流的背景当中，来阐述其内容和性质；二是注重揭示各种文献在某一具体历史研究领域当中的史料价值。这样来讲述目录学知识，想法本来很平常，并没有什么过人之处；难得是这样的做法，不是随便什么人想要做就都能够做到。

　　经、史、子、集四部典籍，包罗万象，清楚每一部书在学术源流中的位置，需要全面了解古代学术文化史，这已经很不容易做到；再要讲出这些典籍在当代各个文史学术领域内的史料价值，又需要普遍了解这些领域所要研究的对象和主要问题，包括有重要意义的前沿进展，其对讲授者学术视野和能力的考验，可想而知。黄永年先生讲授目录学，能够得到各个专业学生普遍持久的敬重，其中最重要的原因，就在于先生能够为我们提供这些从事专业研究所终生需要的基础知识，从而引领我们找到步入学术殿堂的正确途径。

　　在掌握相关的目录学基本知识之后，黄永年先生特别强调，一个人能否通过研读史料而从中发现有价值的问题，再通过分析相关史料来很好地解决问题，除了个人的天分之外，在很大程度上，是取决于每个人能否静下心来细心读书。先生文献学知识广博，熟悉各种史料，而且自己还收藏有很多稀见善本古书，分析问题时运用各类典籍得心应手，出神入化。他却一贯主张，研究历史问题，要以读懂读好常用基本典籍为主，特别强调要花大力气读正史。在历史研究中重视从史料入手，首先是要重视悉心研读基本史料，而不是刻意找寻生僻新鲜乃至怪异离奇的史料，或是读书不分轻重主次，泛滥无所归依。这是先生在讲课中向我们传授的治学要诀。像历代正史这一类传世史料，虽然叠经披览，但仍蕴涵有取之不尽的历史信息，有待研究者识别利用。在这当中，有些史料价值，是随着研究者视角的变化而不断显现出来的；有些是随着相关研究的进展而被重新认识到的；还有很多，则主要是由于前人读书不够仔细而被埋没，或者被错误理解，但不管是哪一种情况，要想充分利用这些史料，一个最简单但也最为可靠的办法，就是仔细读书，尤其是留意那些容易被人忽略的细节。先生研治隋唐和北朝历史的重要创见，就大多是这样细心读书的结果。先生曾经几次和我谈过，他之所以能够针对陈寅恪先生的学术观点提出许多不同看法，就是缘于在陈寅恪先生已有的研究基础上，更用心地细读两《唐书》等正史，以及《资治通鉴》和《册府元龟》这样一些基本史料。

黄永年先生治学强调从史料中发现问题，从细微的现象和具体的史实入手切入问题，同时也强调分析和论述历史问题，眼光一定要开阔，手段要尽可能丰富。先生要求学生系统学习目录学知识，其中一个重要的目的，就是用以开阔研究视野，丰富研究手段，在这样一个侧面或者说是基本点上，形成比较全面的研究素养。每一个人的研究，都会有所侧重，但先生主张，一个研究者，不管主要从事哪一领域的研究，不论是某一时期的断代史，还是某一部门的专门史，都要首先熟悉整个中国历史的基本史料，同时也都要尽可能全面地了解所有各类文献，然后才是与每个人具体专业关系最为密切的"专业文献"。

通过跟随先生学习目录学课程，我对各类文献史料，逐渐有所了解；更为重要的是，正是遵循先生指教的这些读书路径，我才逐渐具备了起码的文史研究基础。虽然真正领会和掌握的目录学知识，至今也还极为肤浅，却已经在尝试研究问题时，得到诸多收益。

黄永年先生讲授的另外一门有关历史文献的基础课程，是古籍版本学。当年在学校上这门课，由于自己基础较差，为多拿出一些时间来学习目录学知识和历史地理专业知识，只听了两堂课，就私自溜走开了小差。真正向先生学习版本学知识，已经是调到北京工作、开始买旧书以后的事情。

孔夫子有言曰："知之者不如好之者，好之者不如乐之者。"如同目录学知识一样，黄永年先生的版本学知识，也完全出于自学。所不同的是，先生的目录学知识，是在读书的过程中逐渐获得的；而他自学版本学知识，除了阅读相关书籍之外，还有一条重要途径，这就是在旧书铺里购买旧本古籍。由于先生治学强调读常见书，购买古书，并不是为写文章寻求稀僻史料，只不过是作为一种文玩而已。然而，正是通过这种乐在其中的赏玩，先生才无师自通，掌握了丰富的古籍版本知识。同先生的这种经历多少有些相像，我能够在博士毕业工作后还提起兴趣跟从先生学习一些版本学知识，首先也是因为想买旧书的缘故。

先生买旧书，包括的门类范围虽然很宽泛，但在性质上都是侧重"正经正史"性的基本典籍，这正与先生读书的侧重点相吻合。由此可以看出，虽说先生宣称买旧书只是一种业馀雅好，实际上还是寸步不离其治学的旨趣。其实也正是通过经常摩挲翻阅这些典籍，先生才对历史文献具备了大多数学人难以企及的广泛而又具体的认识。轮到我买旧书的时候，这类堂堂正正的基本典籍，在旧书店里已经很难遇到有特色的版本，但我还是遵从先生指教的路数，用比较低廉的价格，买到一些富有学术价值的重要典籍。譬如史可法《史忠正公集》的乾隆原刻本、陈澧《东塾读书记》的最早刻本，就都是以极为平常甚至可以说是非常便宜的价格，从旧书店中几乎无人过问的书堆里细心搜

史忠正公集卷二

曾孫山清敬輯
元孫友慶恭校
開純恭校

書

復攝政睿親王書

南中向接好音法隨遣使問訊吳大將軍未敢遽通左
右非委隆誼於草莽也誠以大夫無私交春秋之義今
侘傺之際忽捧琬琰之章真不啻從天而降也循讀再
三殷殷至意若以逆賊尚稽天討煩貴國憂法且感且
愧懼左右不察謂南中臣民媮安江左竟忘君父之怨

清乾隆原刻本《史忠正公集》内文

寻到手，并得到先生的嘉许。不过，由于这类书现在实在太过稀少，我买旧书，更多地还是在遵从先生将消遣与治学结合起来这一基本原则的基础上，首先去关注那些具有独特史料价值的文献。这一点虽然与先生购书的重点，略微有所不同，但我一直恪守师训，绝不以利用这些孤密罕传的生僻文献，作为治学的重点，而是注重在传世基本典籍的源流背景下来认识这些稀见文献的独特价值。

古刻旧本，由于传世稀少，其中有一部分书，很早就具有文物性质，而其文物性愈高，价格愈贵，学人也就愈难购藏。身为一介书生，黄永年先生向我传授他的切身体会说，买旧书千万不要与人争强斗胜，花大价钱买旧书，并没有太大意思；寻觅旧书很大一个乐趣，就是在常人不注意的书籍当中，发现有价值的好书。清人学术著作，过去不受古董家注意，常人也很难认识其价值，价格相对比较低廉，因而成为黄永年先生藏书当中颇有特色的一项内容。先生对清代学术之熟悉，如数家珍，在研究中引证清人的研究成果，可以信手拈来，毫不费力，我想和他这方面丰富的收藏，应当有很密切的关系。我自己也正是在如法行事地购买了一些清人学术著作的过程中，逐渐加深了对这些内容的了解和认识，这对我研究学术问题有很大帮助。

按照我的理解，黄永年先生虽然说买旧书主要是出于赏玩的目的，但这种赏玩是以他丰富的目录学知识作为前提条件的，即这种赏玩更多地是着眼于特定学术内容的书籍的版刻。相对来说，多数藏书家首先看重的版刻形式，在先生这里应居于稍次要一些的层次。譬如先生基本不收藏明代的朱墨套印本，就是由于这类书大多内容太过平常而且校勘质量往往比较低下。我开始买旧书的时候，北京书肆上这类明末朱墨套印本，价钱还不算很贵，我还能够对付着买上一两部。有一次在旧书店里陪侍先生买书，我指着一部凌家或是闵家的朱墨套印本询问先生说，这书刻得很漂亮，我是不是可以买一部留下把玩？先生断然批评说："辛德勇，你是念书人。过去正经念书人的书架上，要是摆上这样的套印本，是很为人不齿的，所以你不要买这样的书。"显而易见，先生购买收藏古籍，纯粹是念书人的路数，他是赏玩念书人关注的书籍。屈指算来，我在北京逛旧书店买古书，也有十五个年头了，至今箧中仍未存有一部朱墨套印本书籍（套印历史地图除外），就是因为在老老实实地依循着先生走过的轨辙。

先生从年纪很轻时就开始买旧书，直到去世前几个月，还委托友人杨成凯先生，在北京代买过一部书籍，但他多年来一直是精挑细选，只撷取很少一部分精品，从未放手滥收，因此，藏书的数量，并不算很多。但是，在常年徜徉于旧书店中挑选书籍的过程当中，经手经眼无数古籍，这必定会大大丰富先生的文献学知识。所以，虽说先生买旧书的直接动机是出自赏玩，但先生的古代文献目录学和古籍版本学的研究成就，可以说在很大程度上，是建立在这种自娱自乐性学人消遣的基础之上的。在先生的指点下买旧书，使我对此深有感触。其实，从本质上来讲，不仅是研治版本目录之学，黄永年先生读所有的书，做所有的研究，首先都是出自他求知好奇的性情。有真性情，也才能做好真学问。

2007 年 3 月 1 日记

原刊《书品》2007 年第 2 期

我与绍良先生的书缘

我涉学甚浅，向周绍良先生请益的机缘并不很多。过去见面时，是毕恭毕敬地执后学晚辈之礼，未尝稍有疏忽；而在这里写文章怀念他，却径以"绍良先生"相称，似乎有违长幼尊卑的礼数。这样称呼先生，本是出于情感上的亲近。我最初得以谒见先生，并在后来还能够有幸一再当面聆受先生的教诲，全是仰仗业师黄永年先生的情面。黄永年先生和绍良先生是多年老友，和我谈起先生时，从来都是这样称呼，私下里和业师交谈时，不知不觉地也就一直遵用下来。现在若是改换一种叫法，虽说更显尊敬，却会使我觉得有些陌生，而从第一次谒见时起，先生在我心中，就是一位亲切的长者。这种亲近感的产生，在很大程度上与书有所关连，这就是这里所要追忆的我与绍良先生的书缘。

第一次见到绍良先生，是在 1986 年，那是我在陕西师范大学读博士学位第二年的时候。业师黄永年先生，特地邀请绍良先生来西安，为几位行将毕业的学长主持答辩，同时做一场学术报告。

还没有见到绍良先生，就先得到一种非常平易近人的印象。那时到外地请知名学者来主持答辩，或者是做学术报告，按照惯例，是要由学校安排车子，派专人到车站迎接。正当接站的同学为绍良先生没有通知火车车次而急得一筹莫展的时候，绍良先生却已经肩挎背包，自己乘坐公共汽车，来到了校园。同学们私下议论，纷纷感叹真是名门大家出身，对这些事情很不在意。及至聆听绍良先生讲学，神态话语，也是至为平易，因而，不禁打消对名家的畏惧，产生了请绍良先生签名的想法。

此前大约半年左右时间，我在西安刚刚买到了绍良先生的文集《绍良丛稿》。自己读书不多，许多文章，直到现在也还不大看得明白，当时更是朦朦胧胧，不过，对其中《从老庄思想论〈兰亭序〉之真伪》和《关索考》这两篇文章，却是特别感兴趣。

《关索考》吸引我，是因为两年前我随业师史念海先生到西南考察古代交通道路，曾经注意到那里许多地名与关索有关，但对于所谓"关索"其人的来历，却是一无所知。绍良先生在这篇文章中，详细阐释了关索的来历，正解答了我想了解的问题；而绍良先生在文中征引文献之广博，运用古籍版本知识之得心应手，则令我叹服不已。绍良先生的精彩论述，诱使我直到现在，还想在此基础上，继续进一步探讨这些地名与当地在明代所处的特殊社会历史状况的联系。

在《从老庄思想论〈兰亭序〉之真伪》一文当中，绍良先生综合运用各方面知识分析问题的精湛程度，更是令人有出神入化之感。王羲之的《兰亭序》，虽然有多种摹本传世，但真迹在唐代初年以后就已经遗失不存，以致一些人对存世摹本是否源自王羲之的手笔，做过种种猜测。及至清末，李文田更干脆推定，不仅是字迹，而且连这篇序文，都与王羲之其人毫无关联，甚至《兰亭序》所体现的思想，也与王羲之不符。李文田的观点，后来在 20 世纪 60 年代，又被郭沫若进一步发挥，遂一度成为通行的主流看法（如杨震方著《碑帖叙录》即是如此叙述）。绍良先生在这篇文章中，针对李、郭二人的论点，逐一加以辨析，以一系列坚强有力的论据，论定《兰亭序》确为王羲之所撰所书，重新恢复了这一名作的本来面目，堪称定论。绍良先生论证这一问题所运用的知识，上到玄虚的老、庄哲学思想异同流变之判别，下至质实的书法字体演化脉络之认识、把握，无处不体现出其"通人"、"通论"的治学特征。如论《兰亭序》与《临河序》必为一事，其论证的基点，实际上应当是对当时文章篇名命名方式通例的准确认知；论《世说新语》注引《临河序》较传世《兰亭序》摹本多出的文字，是因为刘孝标据以作注的文本，并非出自右军文集，而是兰亭集会时的原始记录，则是基于他对这类文人社集笔墨传录形式和古人诗文集编纂方式的通透了解；等等。

在买到《绍良丛稿》之前，我没有拜读过绍良先生的文章。曾听某同学议论说，学术界颇有一些人以为，绍良先生虽极勤奋，学术成果亦甚为丰富，惟其治学却远不及周家其他同辈学人聪颖。我所学甚为寡陋，至今也没有读过多少周氏家族其他学人的著述，对这种评判不敢妄加裁断；不过，读过绍良先生这篇文章后，却不禁惊叹绍良先生才识过人，脑子里当即冒出"大师"二字，以相仰慕，而且后来随着与绍良先生的接触，这种感觉更是与日俱增，愈加钦敬不已。二十年前，学术界还不大行用"大师"这样的称号，不像现在，不管年长的大师，还是年少的大师，都是层出不穷，已经屡见不鲜。大师的判断标准，可能人各有别，而我觉得只有像绍良先生这样学识渊博通透的学者，才能担当得起这样的称号。

见到自己衷心景仰的前辈，为人处事却是这样朴实谦逊，便暗自猜想，绍良先生应当愿意满足我这样一个年轻人的一点心愿。于是，在听完先生的学术报告后，就贸然赶到寓所，拜见先生，并请求签名，留作纪念。听了我的请求，绍良先生很和蔼地笑了笑，随手在《绍良丛稿》的扉页上题写道："德勇同志　　周绍良八六、五、廿六。"令我意想不到的是，绍良先生随之又很随便地说了这样一句话："我这书在北京没人看，到处都在降价卖。"当时，我只是觉得先生讲话很实在，不装样子，因为我在西安买到的同样是降价书。过了好多年以后，我才深切地体会到，这句平平淡淡脱口而出的大实话，实际上更多地是源自绍良先生对其学术造诣与境界的坚定自信。

博士学业结束后，我忝为教员，给学生讲课，经常用两句话来表述对学术研究的看法：学术是朴素的，学术是寂寞的。前者是讲学术研究的目的，是从复杂的历史现象中，揭示出蕴藏其中的简单实质，而不是相反——将人所共知的简单事实甚至是生活常识，弄得玄妙莫测；后者是讲曲高必然和寡，而真正富有价值的学术研究，只能是阳春白雪。绍良先生的朴实与静寂，是我在摸索学术研究路径时矢心向往的楷模。

在得到绍良先生的签名很多年以后，我开始渐渐和"藏书"发生了一些联系。在图书收藏者之间，名人的签名本，往往很受青睐，我却一直没有对此过多留意，主动请名人为藏书签名，总共也只有过两三次，在这当中，只有绍良先生，既是海内外闻名的藏书家，又是我至为景仰的学术大师，而且这也是我平生第一次请人签名。到北京工作以后，绍良先生还送过我他的著作，不过，先生年事已高，我不便再劳扰他老人家题字。所以，这本载录着我崇敬心绪的《绍良丛稿》，也就成为我今生当中最为珍贵的一部签名本了。

我私下拜谒绍良先生，是缘于为这本书签名；以后受教于先生者，也多是与古籍旧本的藏弄相关。绍良先生收藏的书籍中，有很多种类是常人不大留意的，古代历书就是其中一个重要品种，明代万历以后的历书，好像已经大体齐备。就在这次西安讲学期间，黄永年师设宴招待绍良先生，我也遵命叨陪末座。席间永年师询问先生，是否已收有明万历某年的历书，若是没有，将奉赠一部，绍良先生恰好正缺少这一种，于是，永年师便命我翌日陪侍绍良先生，到他家里去取这一本历书。永年师收藏古籍，是正经正史的路数，与绍良先生几乎是截然相反，并不着意罗致这类下里巴人的物件，这本历书，是被人拆散作为衬纸，夹在一部明版书当中，而被永年师无意得到的。请绍良先生到家里去取，就是想让绍良先生看看这本历书，是怎样作为废纸而被完整无缺地保存下来的。绍良先生一见到历书，即洋溢出一脸真趣；后来时或有机会听先生闲谈，每当谈到美味佳肴的时候，往往也是这样一种神态。有真性情，才能写出先生那样通透的文章；也只有具有真性情的人，才能体会到收藏的深层愉悦。

绍良先生收藏书籍，视野非常开阔，这自然是基于他广博的学术素养。我曾在《书品》上胡乱写过一篇题为《书林剩话》的小文章，谈论自己学习古籍版刻的零星体会。在谈古籍定价的时候，提到一份上海文艺斋书坊在光绪七年时刊印的广告，载有这家书坊所刻几种书籍的价目。这份广告，原本夹在这家书坊刊印的《防海纪略》一书当中，

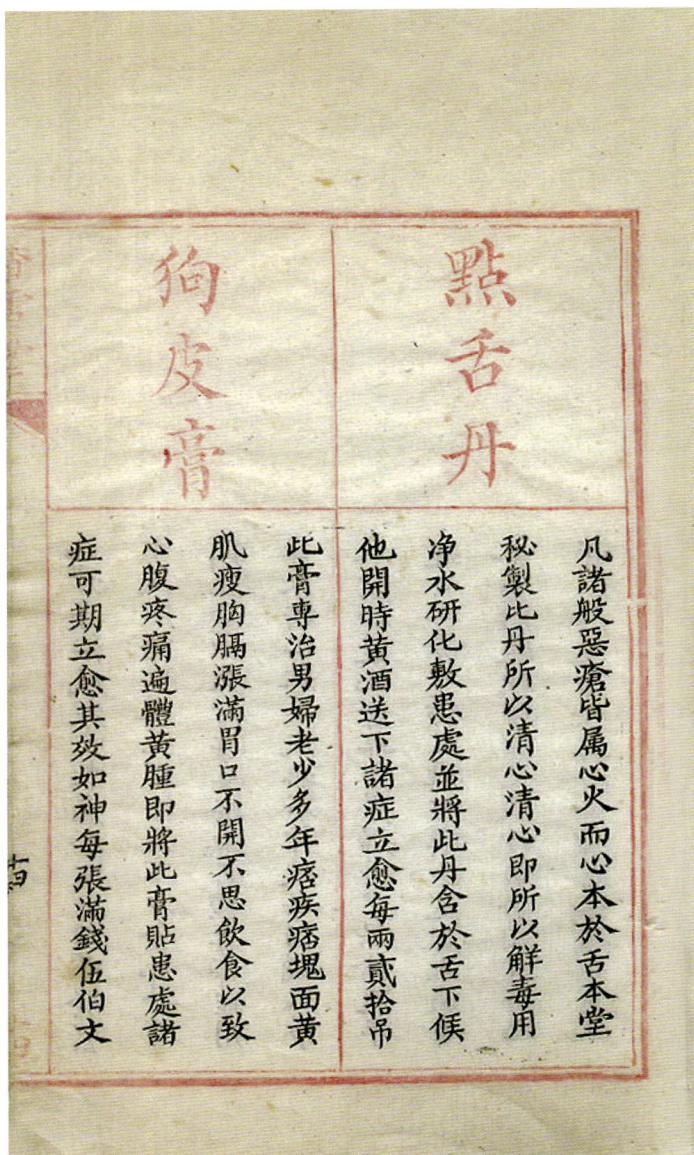

凡諸般惡瘡皆属心火而心本於舌本堂

秘製此丹所以清心清心即所以解毒用

净水研化敷患處並將此丹含於舌下候

他開時黄酒送下諸症立愈每兩貳拾吊

點舌丹

此膏專治男婦老少多年瘰疬痞塊面黄

肌瘦胸膈漲滿胃口不開不思飲食以致

心腹疼痛遍體黄腫即將此膏貼患處諸

症可期立愈其效如神每張滿錢伍伯文

狗皮膏

清末民国初年间《桂林轩、香雪堂各色货物簿》内文

是我买书时无意得到的。我在《书林剩话》一文中所谈论的古籍定价，实在陋略可笑，自然不值先生一哂，绍良先生却因关注古代商业广告，特地写信给我，希望看一看这张书坊的广告。收到信后，我马上打电话给先生，表示若是先生有用，就把这张广告送给先生，留作史料；同时，向先生报告，我另外还收到一册北京桂林轩和香雪堂两家商号（没有做过考究，似乎是一家商号的两块招牌，前者卖化妆品，后者卖膏药等常用药品）的商品广告，书签题作《桂林轩、香雪堂各色货物簿》，先生若有参考价值，可一并奉上，由先生藏储。绍良先生表示，也很想看看这份桂林轩的广告册，只是他年事已高，这些东西还是由我自己留存为宜，若是方便的话，让我给他复印一份留作研究资料即可。我很快将这两份资料复印出来，并一同携带上原件，到先生府上拜访。绍良先生翻看后，觉得都很有用处，鼓励我继续关注各类历史文献资料。

　　有一次我陪侍黄永年师到绍良先生府上，观赏先生收藏的宝物，当看到一些举世罕见的宝卷和元代刻本制义书籍时，先生解释说："我收藏的这些，都是过去没人要的东西。"其实，在我看来，这正是基于先生有意让自己浸润于历史之中而产生的一种感觉和意识。要想走进历史，你本来没有选择的馀地，只有通过一切可能的途径，去与其亲近。从学术研究的角度看，浸润于真切历史氛围当中的人，也就自然容易写出通透畅达的文章；面对纷纭变幻的历史，只掌握其中某一狭窄侧面甚至只是其中一个点的知识，不能不限制研究者对历史现象认识的深刻性和准确性。

　　为鼓励我收集有价值的历史文献，绍良先生送给过我几次书，其中最珍贵的是一本万历末年刊刻的《玉匣记》，这是研究明代社会风俗极为难得的史料。翻检《中国古籍善本书目》，知明代的《玉匣记》，国内公藏目前还没有见到过著录，其罕见程度，可想而知。这些年来，我能够陆续收集到一些稀见的基层社会生活史料，如迄今为止尚无人听闻的早期麻将牌谱《登瀛雅集谱》等，这与绍良先生的影响和鼓励是密不可分的。

　　绍良先生在藏书方面对我的引领，还包括一些很直接的批评教诲。六年前，我曾在《中国典籍与文化》上刊发一篇短文，谈论寒斋所得清孔广牧著《先圣生卒年月日考》一书。绍良先生看到后，很快写来这样一封信：

德勇同志：

　　在《中国典籍与文化》上读到尊著《先圣生卒年月日考》，此书刊刻虽晚，但不沾"局"气，殊佳；犹存早年常熟、嘉兴一带形式，颇难得。尊文开头就说"先圣"是孔夫子的封号，这恐怕不妥。"先圣"不闻有此封号，一般尊称都叫"至圣先师"，在过（去）一些家塾所供牌位上都是这样写的，包括一些私塾。至于官立学官所立牌位，大约有一定的格式，用"文宣王"的称呼。"先圣"二字乃孔广牧对其先人的尊称，因为既不便径称"至圣"，更不能用"师"字，所以简称"先圣"，既照顾了家族关系，又不失体面，两全其美。未知尊意以为如何？鄙见如此，头晕目眩，殊不恭也。

我的错误，当然颇为荒唐，绍良先生本一望即知，但先生特地写下这封信，意在点拨我认真读好书，引导我多努力学习一些基本知识，所以才这样不厌其烦地一一教示（除了关于孔子称谓的解释之外，信中附带提到的《先圣生卒年月日考》"犹存早年常熟、嘉兴一带形式"这句话，亦非如先生之深于书者不能道）。此前不久，我刚刚拜访过绍良先生，知道他身体欠安，已经很少工作，却仍然这样殷殷垂教于我这个并无正规师承关系的不才后学，受教后自是感动不已。

　　绍良先生虽已仙逝不归，但是他的这种教诲，不仅警示我在收集古籍旧本时，谨防堕入玩物丧志一途，同时，也是我在尝试从事学术研究时，用来警醒自己正视自身浅薄寡陋的一面镜子。

2006 年 2 月 28 日记

原刊白化文主编《周绍良先生纪念文集》，
北京图书馆出版社，2006 年 8 月

《绍良书话》序言

　　周启晋先生整理编辑绍良先生论书文稿既竟，嘱我写一点感想，附缀篇末，闻命后十分惶恐。绍良先生是寰海内外僧俗两界学人至为景仰的大师，陋略如我之浅学晚辈，实在不够资格也没有能力承当这一厚意。惟思昔唐人杜牧尝有言曰："自古序其文者，皆后世宗师其人而为之。"我虽然没有正式执贽叩拜，但从二十多年前初次谒见先生之时起，为人为学，即一直矢心师法于先生，自忖或可忝列私淑弟子之末；又考虑到这是一本专门讲述旧本古书的文集，其中还涉及许多典籍收藏的内容，而我在绍良先生教诲过的后学当中，于版本目录之学以及藏书赏书诸项雅事，聆受先生教益殊多，沾润恩泽既深，亦当负有绍述先生学业之责，故既不敢依循常理退避，只好妄自承用杜牧之宗师先贤的遗意，勉强在这里谈一谈受学的体会。

　　晚近以来，通行把专门讲旧书的文章，称作"书话"，这大概是从古代的诗话、词话移植过来的用法。诗话和词话是以诗词鉴赏为主体，书话的内容，则要丰富很多。虽然品味鉴赏书籍同样也是书话的主流，但单纯表述这方面内容的书话，只是众多书话类型当中的一种。除了品味鉴赏之外，书话的内容，至少还包括有考述文献的版本源流与阐释典籍的文献价值这两大方面。以上三大类内容，在现代书话当中，会有多种不同的体现形式，有的只单纯表述其中一类内容，有的是组合其中两类内容，还有一些则是会把这三类内容融合交织成为一体。乍看起来，纷纷纭纭，似乎不太容易识别门道，不过，假若按照作者的属性来区分，或许也可以将书话划分成为文人书话和学者书话两大类型。二者相对而言，文人书话，意在表露情趣，因而侧重品味鉴赏，写好这类书话，难度主要在于文笔；学者书话，意在叙说知识，因而侧重考述版本源流，或是阐释文献内涵的意蕴，写好这类书话，难度首先在于学识。

绍良先生这本书是学者的书话，而且是大学者的书话。这本书话集包括有"红学"、古墨、话本、小说、戏曲、唱本、佛经、佛像、民间宗教、占卜、饮食、物价等等众多知识领域的内容，既博且通。即使是在同辈博学的学者当中，似乎也再没有其他什么人，能够触及如此广泛的范围，并做出这样具体的论述；至于我辈后来者，学养先天不足，大多只能勉勉强强地去走某一领域"专家"的路数，像这样广博的局面，实在可望而不可及。专业的文史学者阅读绍良先生这些文章，自然如饮甘露，或者为相关研究提供直接的帮助，或者用以扩充辅助的知识，还有更多的学者，或许只是将其作为紧张工作之馀一种清雅的消遣。然而，学者写书话，也并不都是或者说并不只是以这一小部分专业工作者作为读者对象，一篇成功的学术性书话，普通的文史爱好者，同样乐于接受并能够从中获取丰富的知识。绍良先生已经发表过的这类书话文章，就受到了学术界以外许多读者的欢迎。

当年顾炎武谓文须有益于天下，贬斥文人者流不遗馀力，每每引

作者与周绍良、黄永年两位先生合影

述宋人刘挚告诫子弟之言，以为士子一旦自命为文人，其人便略不足观。亭林先生此语，乃是惩于明末学风空疏、文章轻佻以致倾覆江山社稷的伤痛，有感而发，自是一时过激之言。而今躬逢盛世，四海歌舞升平，赏析美文，如同品味醇酒清茶，本是人生一种享受，若得珍本秘籍与妙笔佳文两陈其美，谁又何乐而不受之？况且亭林先生本人，初非不能文者，且谓凡不能撰作悦人之巧言美文，则"不足以为通人"，只不过他自己硬是要施展天下大勇，公然宣示说虽其能之亦不为之而已。事实上，所谓美文，形式应不仅局限于晚明小品那一路，亭林先生的文章，本堪称一代佳作。以文词优长著称的当代大藏书家黄裳先生，在论述清代版刻形式时曾经比喻说，软体写刻本美则美矣，但看多了，便犹如吃多了奶油食品而使人发腻。若是以清代的版刻形式来作比喻，晚明小品式的笔法，便颇近似于软体写刻本书籍。而我读绍良先生的文章，似即有如观赏上乘方体字刻本，更耐人品味，借用黄裳先生讲版刻的话来形容，其精雅的气息，疏朗的格局，所传递给人的愉悦，实际是要超出于软体写刻本之上的。这是与江南园林式曲径幽廊完全不同的另一番景象，除了起码的基础知识以外，欣赏它也需要有相应的心绪。我读绍良先生的书话，总能联想到先生厚重的身躯和硕大的头颅。

　　谈论典籍藏弄和文献源流的书话，其情趣可以更多地寄寓于作者所关注和讲述的书籍当中，有充实的内容可说，不必纯粹靠打点文字来装扮文章，这是藏书家和文献学家在客观条件上优胜于普通文士的地方。绍良先生是一位悟明人生的智者，收藏和研究古籍亦一如其处世、读书，总是超乎于流俗的喧嚣之外，享受着自己独有的发现与宁静中的喜悦。绍良先生藏书，不大留意主流藏书家竞相购藏的佳椠名刊，而更侧重于鲜少有人过问的各色社会生活史料性读物。这样的收藏趣味，是基于其广阔的学术视野的。绍良先生关注古代社会生活的方方面面，因应了"世事洞明皆学问"那句老话。阅读绍良先生留下的这些书话，就像听老人家品评各色美味小吃，使我们得以一一领略其独家特色。

人生需要超越很多东西，才能养成绍良先生这样一种情趣。藏书需要逐渐提升境界，读书作文也需要不断提升境界，安身立命更需要提升境界。绍良先生曾经在一首诗中，这样表述过他的人生境界："云雾永无尽，波涛苦相缠；唯以闲适情，一切听自然。得失不萦心，名利皆夙缘；挥手归去来，生死两忘筌。"我想，用心去读绍良先生的书话，潜移默化之间，或许会帮助那些自觉提升境界的人，多忘却一些世俗的东西，逐渐淡出于名利场之外。

2007 年 4 月 4 日记

访书肆与赶书市

落伍的一年

过去的 2006 年，是我在藏书爱好者的队列中落伍的一年。这不仅是指没有买到什么特别值得称道的好书，而是确实已经跟不上浪涛般滚滚前行的队伍，不再去拍卖会观光，不再为买一本旧书而反复查阅资料，不再因痴情于某一册旧书而寝食难安，甚至连北京城内的古旧书店，也只是很偶然地顺便去过三五次。

本来在春天的时候，曾经找到一个追随藏书大军的办法，这就是在网上购书。连续几个月，买到一大批有用的好书；还通过网络，结识不少喜欢旧书的朋友。特别是那些出让书籍的人，大多恪守信誉，毫厘不爽。透过一个个仔细包装的邮包，能够清晰感觉到，这些卖书人和我一样珍爱书籍。更令我感动的是，有一些朋友，盛情馈赠书籍，天南地北，素未谋面，不知何以为报。后来不再去网上买书，只是由于遇到了无赖。多年前北京的潘家园还是荒凉的空地时，曾侍奉周振鹤先生前去买书。周振鹤先生在路东的大坑边儿上选书，我远远观看，周先生询问缘故，我说嫌脏；周先生说他不在意，只要有好书，哪怕边儿上有大粪也没有关系。我不行，踩上大粪，会影响买书的兴致。

　　网上的路走不通，就还是退回到最传统的老路，到古旧书店去买书。然而，今非昔比，书店里已经很少有价廉物美的好书，书瘾深重和精于门道的旧书爱好者，已经不大光顾此地；只有像我这样的落伍者，对旧书店的气息，才会情有独钟。一年中，在北京的旧书店里，还是买到两部好书，都是日文著述。一部是在琉璃厂邃雅斋买到的青木富太郎著《東洋學の成立とその發展》，1940年萤雪书院原版；另一部是小野忠重著《支那版畫叢考》，1944年双林社原版，购自北大附近的合众书局。书价都相当昂贵，《支那版畫叢考》的费用甚至比在日本买还要贵出许多，品相也很差，但内容颇有价值，难得一遇，能够买到，还是很兴奋。

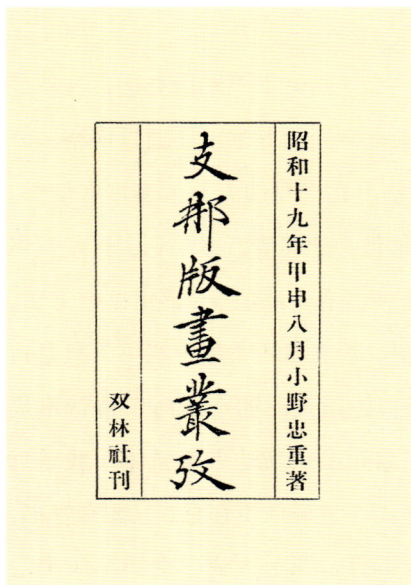

日本铅印本《支那版画丛考》扉页

　　这一年间买旧书比较重要的"收获"，大多是日文书。这主要是因为前后去过日本两次。春天在日本大阪买书的情况，我另写有专文，与喜欢旧书的朋友交流，这里不必再多叙述。夏天去东京公干，除了周末，每天都像读研究生时一样，早出晚归，呆在东洋文库的图书馆里，老老实实读书。整整一个月期间，竟然只去过两次神田的旧书店街，顺路去看过一次东京大学附近的琳琅阁等旧书店，又因为已经自甘落伍，并没有多买书。买到的几种比较重要的旧书，几乎都是在新宿京王百货商店内举行的一次古旧书展卖会上（东京每个周末都有不止一场这类古旧书展卖活动，包括这场在内，这次在日本我只去看过两场），而且内容大多与中外交通有关，其中包括：英国人玉尔著、法国人考迪埃补注之 *Cathay and the Way Thither* 第一卷的日文译本《東西交涉史》（2000日元），1944 年帝国书院原版。因为有译者的学术性注释而具有英文原版所不具备的独特价值。岩村忍著《十三世紀東西交涉史序說》（1000日元），1942 年三省堂再版。金子健二著《東洋文化西漸史》（1500日元），1943 年富山房原版。森克己著《日宋貿易の研究》（1500日元），1948年国立书院原版。藤田元春著《日支交通の研究（中近世篇）》（2500日元），1938 年富山房再版。一次碰到这么多重要学术著作很不容易，而且价格还都很便宜。另外，还买到有最近正需要参考的栗原朋信著《秦漢史の研究》（3990 元），看起来价格似乎不算很便宜，但栗原氏此书，售价一向偏高，在山本书店等专门的学术书店里，标价一般至少都要在 12000 日元以上，相比之下，还是应当为之庆幸。不过这些都是学术研究用书，不入藏书家法眼，与藏书稍有关联者，只有一部岛生芳夫著《本の話》（1050日元），1944 年大雅堂原版，一望而知，这是一本关于书的书。

线装古籍，去年一年所得，更是乏善可陈。网上买到过一些民间读物，在正宗藏书家眼里，形同拣拾垃圾。在日本买到一部光绪刻本李兆洛著《李氏五种合刊》，书本极为平常，根本不值一提，但这是我本行专业用基本书籍；更重要的是价格便宜得简直令人难以置信，——几乎完好无损的12册书，只要2000日元，折合国币100多元。需要知道，在这当中还包含一册朱墨套印的《历代地理沿革图》！算是拣了一回洋便宜。

2007 年 1 月 26 日记

原刊《藏书报》2007 年 2 月 5 日第 4 版

在书市的最后一个秋日里

　　第一次到北京琉璃厂古旧书市上去买书，是在 1992 年春天。这一年一过元旦，就住到北京，等待调动工作的进京户口指标。中国书店的古旧书市，在 1991 年秋天就开始举办了，但当时我还在西安工作。在报纸上读到 5 角钱一本卖线装零本的报道，真是不胜艳羡，无奈僻处西鄙，无缘预身其间。

　　古旧书市头两年，买书的人不管心里有多么急迫，大多还都要尽量保持读书人的斯文和矜持：虽然一大早就聚集在门口，等待入场，门一开便快步疾走，但还不会狂奔；翻看书籍时，对稍感一些兴趣书，都要先夹在腋下，但还不至于不管是什么书，都要先抢到手中再说。无奈嗜书者愈来愈众，没两三年，书市首日的早晨，就演化成烟尘飞扬的战场一般。在线装古籍的摊位上，学养和眼力，对于买书已经毫无作用，需要的只是结结实实的力气。但当时确实有许多好书，价钱实在便宜，自己也还算身强力壮，便每次都凑过去拣拣漏儿。

　　书市热气腾腾的盛况，持续了不到十年上下时间。这几年温度骤降，好像从夏天进入了秋天。这种走势，同古旧书籍市价的飙升，正好相反，用科学的术语来讲，叫作"负相关"。这并不仅仅是一种现象上的关联，事实上，其内在的原因，也正是缘于古旧书籍市价的持续上涨。中国书店储存的陈年老货，虽然数量还有不少，但随着拍卖市场的兴隆和新兴个体旧书店的繁盛，店里继续收购旧书的路子，基本上已经断绝，在书市上抛售出去的书，是有去无回。货源有时而尽，书价却在以高速率无限攀升；在书市上买书的人当中，又往往是转贩的书商，要多于最终用书的读书人。无奈之下，中国书店的经营者只得收紧"书根"，不再投放书籍。不仅是书市，就连其下属书店，这两年也已经很少配发古旧书籍。

没有什么有诱惑力的旧书，逛书店，赶书市，毫无兴味可言。去年秋天，在书市上只买到几本民国经济、社会方面的资料书，但总还算有所收获；今年春天，更是扫兴，几乎一本像样的书也没有看到。架上摆的，大多都是平常在哪里都能够找得到的货色，而且价格一点儿也不比平时便宜，场面冷清到了古旧书市有史以来的最低点，昭示着结束书市的寒流，转瞬就要降临；至少对于我来说，已经没有什么意义。

因为不再关心书市，竟连秋季这一场举办的具体时间，久久都毫不知晓。直到书市开始前两天，偶然有人问我何时前去选购书籍，这才想到十几年来每年秋天都要举行一度的这一古旧书籍集中售卖活动。不过想起春天的萧瑟景象，竟丝毫也提不起赶场的兴致，要不是第二天晚上，专门从上海赶来买书的忘年老友周振鹤先生，在电话里特地指点说这次书市还是值得一看的话，我是无论如何也不会前往的。周振鹤先生不只做学问是大家，还不愧为藏书大家，精熟个中门道，虽然远居海上，却清楚了解到北京的书市上将会上一批线装残本零册，而且价格不高。书市上已经连续几年，没什么线装书可看了，这真是一个诱人心动的消息。

第二天赶了个早，尾随着第一批书蠹步入场内。一上楼，果然见有一大堆线装古书，码放在案子上。不知是书市连续冷清几年，人们一时还恢复不了往日的热度；还是买古书的年轻人，经过这十几年的历练，眼界抬高，对残本零册古籍已经没有多大兴趣的缘故，选购线装书的人，虽然很多，但是并没有前些年那样的疯狂。大家都在紧张而又沉静地翻检选择，看好了，自己喜欢，才揽在怀里。

久违的廉价线装旧书，离去更久的平静气氛，使我沉浸在搜寻书籍的愉悦之中，竟全然没有理会到，身边已经陆续来到好几位同样热衷此道的老朋友，其中也包括为我点拨路径的周振鹤先生。专心选书的结果，是将近两个小时下来，找出一堆值得收入囊中的书籍。虽然大部分书籍很破烂，但并不都是残书，里面也有许多全本，或是丛书零本。

书市归来后几天，见到有人在互联网上发帖子，大意谓在书市上以廉价买到姚薇元的《北朝胡姓考》，以为此书乃是这次书市上唯一值得一买的书籍，除此之外，俱不足道也。姚薇元这部书，名气很大，在 1949 年以后出版的学术著述当中，确属比较少见，旧书肆里不是经常能够遇到，但毕竟是迟至 1958 年才出版的书籍，印刷将近 2000 册，需要的话，图书馆里终归不会太难找。在市面上买书，名著当然重要，马上派上用场固然也重要，但更重要的着眼点，应当是平常不易查找，用的时候，可以起到弥补图书馆藏书不足的效用。我在乱书堆中，就拣选到一些这样的书籍。

　　近年受西洋人影响，研究中国基层社会众生相，成为历史学界一部分人非常关注的选题，传统的蒙学教育，是其中一项重要内容。过去的蒙学书籍，自然是研究蒙学教育历史的基本资料，但过去几乎没有什么人，会拿蒙学书籍当回事儿，除了宋明古本，清代特别是清末到民国初期的蒙学读物，图书馆和藏书家一般都不会收藏。现在到荒村远乡，虽然还能搜罗到一些这类东西，然而，大学里的学者，若是需要查找原始版本，却常常并不容易。因此，这类一向不登大雅之堂的小儿用书，现在已经很有收藏的必要。这与郑振铎等人在民国时期集藏明末世俗用书，情形和意义，都可以说相差无几。

　　《三字经》人人都知道，但看过旧刻本《三字经》的年轻人，却不会很多；甚至在研究中国古代历史的学者当中，也有相当多一批中年以下的学者，同样从来没有看到过以前行用过的刻本或印本，原因就是现在要想找来看看，并不是一件想到就能做到的事情。

　　我只看过清末通行的版本。这些版本，往往是将版面分成上、中、下三栏，中栏和下栏刊刻《三字经》本文，上栏处则是编选一些幼学所需的其他知识。这次我在书市上找到两本《三字经》，一部是清末刻本，要 10 元钱；另一部是民国初年石印本，标价 20 元。

　　《三字经》是识字课本，识了字还要读书。传统蒙学教育中与之相匹配的蒙学读物，还通行有供学生阅读用的古诗选本《千家诗》。清末这部刻本，在上栏处选刻有直白易懂而又寓有教化意义的古诗名篇，一定程度上相当于是这两类书籍的融合。当今中小学教科书中惯常选用的"锄禾日当午，汗滴禾下土"和"遍身绮罗者，不是养蚕人"，以及"医得眼前疮，剜却心头肉"等等，都被编入其中。相互对比考察一下，其间的联系与差别，似乎很耐人寻味。

　　民国的这部书是石印本，其定价高于上一部清末刻本，大概是因为书中上栏处不是文字，而是图画。现在市面上带图的书籍，一般比纯文字的书籍，售价要贵一些。这部书的内容，实际上经过改良，与传统的《三字经》，已经有很大差别，书的全名是"绘图增注历史三字经"，插图中列有"武昌起义图"。家里另外还存有几本这类经过改造的《三字经》，对比研究一下新本对原本的更改，会看到为适应社会变动，这种老套蒙学书籍内容在民国初年的变迁。

　　除此之外，书市上得到的同类童蒙读物，还有清末民初间石印本《绘图增注朱子治家格言》(10元)，以及石印本清人罗泽南著《小学韵语》(10元)。所谓"朱子治家格言"，就是"黎明即起，洒扫庭除"这一套教养训词，另有说法谓出自清初人朱用纯（号柏庐），实际上恐怕既与朱文公毫无牵扯，也不关涉朱柏庐先生什么干系。在清代流行的通俗道德教化说辞当中，类似托名于贤达闻人的情况还有一些，我已搜集一些相关资料，日后或许会去做专门探讨。

　　衣食住行是社会生活史研究的主要内容。过去各类宅第都要贴对子，对子的内容，则要与特定的住所和时令行事相匹配。我们现在所看到的古代楹联，大多都存留在名胜要地，这些地方的对联，自有高档次的文人执笔，文句水准和书写的内容，都与大众宅院以及庶民公共活动场所的对联，有很大差别。

　　当时编写有一种相当于现今所说"对联大全"性质的工具书，专供中下层社会民众，从中采摘，依样画葫芦。要想了解庶民社会所用对联的一般状况，这会是非常有用的资料。除了明代以前的刊本以外，图书馆和藏书家过去对这一类书籍，大多也是不屑一顾，所以，需要查看时，找寻起来，便往往不会很顺手。由于传本日趋稀少，近年通行的市价，一般也都比较高。很幸运的是，书市上我竟找到两部清代中期以后的这种书籍，而且价格还相当低廉。

这两部书都是小巾箱本。一部题"新刻精选对联"，上下两卷各自装为一册，署"文裕成雕"。此本字作写刻体，在同类书坊刻书中，版刻堪称精整且尚属初印，标价仅40元，算得上是拣了一个小漏儿。另一部卷端未题写书名而内封面已经佚失，因此已经无从获知书名。这部书的字体也是写刻，审其版刻字体，似乎要晚于前一部书，应当梓行于清末。与前一部书相比，刷印稍迟，但字迹尚很清晰，售价仅为10元，当然便宜至极。

随手翻检这两部小书，可见举凡各类宅邸场所和喜丧行事所需的对联类型，几乎无不应有尽有。在前一部书中可以看到，像"天增岁月人增寿，春满乾坤福满门"这种时下惯用的春联，清朝就已是很俗套的写法；又如剃头铺常用的对联，有"髪去但觉身体爽，面净又见眉目清"、"一年生意从头起，万贯财源应手来"；泡澡的"塘子"，是"荡漾香汤和脉气，淋漓汗津长精神"；抽鸦片的"菸店"，则是"高谈四座吐云气，长啸一声飞雨花"，还有"满座祥云招隽客，一堂和气乐嘉宾"，等等。后一部书篇幅虽稍显单薄，但内容与前者并无重复雷同，特别详于丧葬仪式所用对联，是研究古代丧事很有用的资料。

内容稀奇古怪的书籍，找到有天津王贤宾著《意气功详解》、汪怡著《诗牌新编》、尹桐阳著《合音例证》、董明铭著《说文今释》，还有"北京悟善总社"编辑的《鬼神语》，都是薄薄一册的民国铅印本，除了后两种是洋装本外，其馀均为线装。

《意气功详解》是讲修炼气功养生的书籍，伪称系由岳武穆传习而来，内容倒是没什么神神怪怪的东西，只是讲授练功方法和习练功法对祛病延年的作用。封面、封底都已经脱去，不详具体印制年代。练气功有时会演变成为严重的社会问题，了解各类气功的历史传承关系，很有必要，而相关的书籍，并不容易看到。这部书价格仅为 10 元，当然不能错过。

《诗牌新编》是 1943 年 2 月在北京出版的，这种书似乎也仅能有此一次"绝版"。所谓"诗牌"，简单地说，就是一种以凑成诗句来和

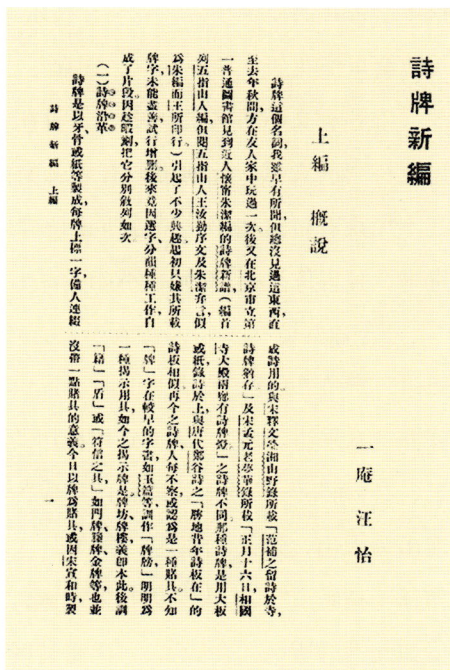

民国铅印本《诗牌新编》内文

牌的麻将打法，是文人将诗钟、诗社这一类诗会情趣与麻将牌游戏方式结合在一起的一种风雅消遣。其玩法大致是统计古人使用频率，预先选定数百个诗词常用单字，分成平仄两类，填在牌上，替代条、筒、万等牌面，为防止所选单字不敷使用，另设若干无字牌，可以替代任何一个缺字；玩时一如麻将牌，四人一局（也可以五、六人，或三人、二人，乃至一个人自娱自乐），坐下后约定和法，上出下吃，率先凑成诗词篇章者即可告和牌。

通行的博弈史研究书籍，似乎都没有讲到过这种游戏方式，当是缘于它不够流行。打牌本来是一件轻松的消遣（当然，赤红着眼睛赌钱是另一回事），凑集诗句则需要凝神敛气，搜索枯肠。这样玩牌，就如同松本清张式的侦探小说，硬要在娱乐文字里体现神圣的教化主题一样，鸡鸭窝里摆花架，两不相宜，实在是一件很煞风景的事情。

诗牌有文献可徵的历史，作者汪怡也只是追溯到清朝光绪年间；记述诗牌的文献，此前也只有近人朱洁编著的《诗牌新谱》一书。现在不用说看过这些书，就连听说诗牌的人，恐怕都很难找寻了，遇此奇书，且售价只有 10 元，不能不说书运奇佳。

《合音例证》二卷，初版于 1927 年春，我买到的是同年秋天的再版本，定价 20 元。作者当时身为民国、河北两大学的教授，并在北京开办"六书讲习所"。此书是用反切的原理，疏释古代典籍中"一言而二，二言而一"的词语，或释两字应为一字之反切，如释《汉书》之祁连山为天山，乃是"祁连"合音为"天"；或释一字应属两字之合音，如释《易经》"其人天"为其人凿额，乃是"天为凿颠之合音"，等等。诸如此类的所谓"合音"，尹氏将其区分为九种类型，并举述二百零一个例证，一一阐释。虽说其中颇有一些例证牵强附会、迹近穿凿，但尹桐阳沿承清儒高邮王氏父子以同音通假诠释经典方法的馀绪，缘音求义而能别辟生面，系统阐释反切盛行之前的"合音"行用规律，其所提示的解析途径，对于辨析古代典籍中的一些疑难问题，还是会大有启迪。

董明铭的《说文今释》，定价也只有 10 元，是在民国七年 10 月，由陕西教育图书社印制。这本书的样子，看起来就怪头怪脑。全书只有一卷，却还要划分卷次，标明卷一，用作者家乡的陕西话来说，明明神经是有"吗嗒"。翻看内容，更显怪诞不经，大有"波者水之皮"的味道。如释泾水之"泾"为南北经向直行之义，渭水之"渭"为东西纬向横行之义，如此，则泾属渭汭，即成经纬交织，洵属奇思妙想。盖作者于此道素无根柢，对清儒小学成就，所知无几，只因在民国六年偶然"漫游江海"，见"国人多肆力于此"，回到家中，便仓促攒成此书。无知者无畏，向来如此。这种无人顾问的书籍，传世自然极为有限，不妨取以存照。况且愚者千虑，尚有一得，怪诞的人，思维往往出人意表，其可观之处，必然更多。

《鬼神语》题"风徽伯张安道真人乩著"，卷首还印有托名清代古文学家姚鼐"降笔"的"弁言"，实际上是"救世新教"的宗教宣传品。"救世新教"是民国时期创立的一种新兴宗教，此书卷末即附有该教的"入教规则"。

这部《鬼神语》是民国十五年 2 月的第三版，初版本印制于前一年的 6 月。虽说不是最早的版本，略有缺憾，但也已经很难遇上，尽管标价达 100 元，还是要将其收入书囊。书中的内容，当然是满篇鬼话，但翻看一下人怎么来讲鬼话，也是一种别样的消遣。全书系分别以天干、地支划分为二十二篇章，依次为：神鬼情状、神之凭依、鬼之气质、人鬼一体、人鬼灵光、善魂恶魄、鬼之元素、人鬼地点、鬼之存在、鬼之视线；人之灵魂、灵魂消长、神鬼分量、鬼之行动、鬼之经历、人鬼相接、鬼之发现、鬼神特能、鬼之能力、鬼之平居、鬼之等级。综括其大旨，无非是受到一定近代科学与基督教说教影响，以类似科学的思维方式，来阐扬鬼神之学，亦即所谓"灵学"。

与此"救世新教"相类似的教派，民国还有很多。这类新兴宗教，过去习惯上多称为民间宗教。马西沙先生等人撰著《中国民间宗教史》，内容详赡质实，唯其例上起汉代，下止清末，没有述及民国时期。新兴宗教的涌现，是现代社会各国普遍存在的现象，需要从学术角度深入加以探究。民国时期的新兴宗教，上承历代王朝，下传当今社会，是与社会现实密切相关的一个环节，在梳理清楚古代渊源的基础上，更值得好好探究，而《鬼神语》这类传教书籍，则是最基本的研究史料。由于这样的铅印书籍没有古董价值，不像版刻书籍，不拘是否看懂内容，仍有玩家取以把玩，所以，时代虽近，却最容易散佚毁失，再加上破除"四旧"风暴的涤荡，时至今日，传本已经相当稀少。

除了这部《鬼神语》之外，在书市上还拣到好多种线装本民间宗教或是民间信仰、教化方面的读物，价格都很便宜，包括有：《万佛经读本》（铅印，10元）、《无极内经》（铅印，50元）、《了凡先生四训》（铅印，10元）、《三教正宗》（刻本，10元）、《三圣经灵验图注》（石印，30元）、《高王观世音经注解》（刻本，又一册铅印，均10元）、《纯阳吕祖心经》（刻本，10元）、《关圣帝君觉世真经》（刻本，10元）、《敬灶宝训》（石印，10元）、《十魔九难》(刻本，10元)、《金科辑要闺范篇》(铅印，40元)等。这些民间读物，同样处在日渐亡失泯灭之中，需要有心人存储护持。

稀见难遇是购买旧书第一位的原则，但本行专业用功直接需要，毕竟也不能忽略，只是首选的目标，还是民国时期的旧书。贵远贱近，是稍逊于孤秘罕传的第二项通则。这类书找到有正中书局《社会科学丛刊》中的萧明新著《新县政之管理》(20元)、商务印书馆《新时代史地丛书》中的周景濂著《中葡外交史》(30元)。后者同一套书中还见有《中法外交史》，价格相同，随手翻了翻，感觉写得太疏略，于是弃而未取。随后与周振鹤先生一同吃午饭时，周先生肯定了我的取舍，并指教说，《中葡外交史》水平很高，现在仍没有同类著述可以取代；而《中法外交史》撰述草草，远不能与《中葡外交史》相并比。目录学方面的书籍，得到一部北平图书馆印行的《古逸书录丛辑》零本《宋国史艺文志辑本》。此书铅印线装一册，价40元，也很实惠。这些书算不上多么少见，但若着意寻觅，仍然还要看机缘。

比较重要一些的本行专业用书籍，是买到一本中国地理学界老前辈胡焕庸的《中国人口之分布》。这书是16开的薄册，仅40多页，封面、封底俱缺失不存，搞不清是单独出版发行的小册子，还是期刊论文的抽印本。文中第一次以县为单位统计分析了中国各地的人口密度等级，配有大幅彩图，是中国人口地理学史上的里程碑式著述；从历史地理学的角度来看，则是研究民国时期人口分布最重要的资料，花10元钱就将这种最早的印本拿到手里，让人很是得意。

期刊杂志，本来基本不买，不意在40元一册售卖刊物的杂乱书堆里，翻出一本北平研究院《史学集刊》。这是1947年出版的第五期，上面载有我很需要的钟凤年研究《水经注》的文章，平时不便查找，而这样的学术期刊，在北京的旧书店里，通常要卖到 150 — 200 元一册，根本不敢问津，这次机不可失，赶紧收下。这一期上另外一些文章，如冯家升的《火药的发现及其传布》等，也都相当重要，无论从哪一方面看，都是值得一买。

更便宜的实用书籍，是 5 元钱一册，买到 10 本民国影印《学津讨原》丛书的零本，其中包括有《西京杂记》、《大唐创业起居注》、《靖康纪闻》、《北狩见闻录》、《唐史论断》、《通鉴疑问》、《泉志》、《齐民要术》、《耒耜经》、《汉制考》等，每一种书都完整无缺。20 世纪 90 年代初，琉璃厂古籍书市刚开张的时候，卖这种线装丛书零本，是 5 角钱、1 元钱一本。十几年来，物价和工资已经上涨很多。现在的 5 元钱一本，可能比当时的 1 元钱一本还要便宜。可是不知为什么，许多人对此都弃而不取，不然的话，我也不能从容拣到这个便宜。

旧书市上每次都是古今中外，样样多少都有一些，这次也不例外。外文书的价格，大多都比较贵，这也是民国以来的老行情。英文书只买了两部 20 世纪 20 年代英国伦敦出版的世界经济地理（*Eco-nomic Geography*，1925）和商业地理（*The Geography of Commerce*，1927）书籍（40 元一册），内容十分平常，虽有一些与中国相关的内容，但都很简略，不能用作研究的依据，不过是聊备增广见闻而已。

不过，日文书倒是买到一本值得一提的书籍，这是岛恭彦著《东洋社会与西欧思想》（東洋社會と西歐思想）。此书初版本印行于 1941 年，还是在战争期间。我买到的是世界评论社在 1948 年出版的再版本，比初版本增加了两篇附录。如同书名所示，作者试图用西欧的思想观念，来审视东洋社会；复又站在东洋社会的立场上，来审视西欧人士对东洋社会的研究。作者的学术背景，是曾对近世欧洲社会思想做过比较具体的研究；这本书实际上又是由一组专题论文构成，所做分析，应当具有一定思想深度。时下关注中西文化交流的学者有很多，但在国内学者当中，还见不到这类对西方思想文化有较高造诣的人士，所以，深层次的分析探索，显然还很不够。自己虽然没有能力过多涉猎这一领域的知识，但 10 元钱一册买来一读，开阔一下视野，还是非常值得。

买书首先是看内容，其次也要看价钱。价钱若是特别低廉，即使用不上多少，也不妨买下，日后还可以与他人交换书籍。乱书堆中有一本《医学真传》，是清乾隆年间王琦编刻《医林指月》丛书中的第一种，为清人高世栻所著。王琦刊刻过《李太白诗集》、《李长吉歌诗》等书籍，都是清代有名的刻本。此《医林指月》之版式、字体，一如《李太白集》等书，刻印精良，应是出自同一批刻工之手。虽是丛书零本，但如此佳刻，且首尾俱完整无缺，前面还带有王琦为丛书撰写的序言和丛书总目，一册书厚逾 80 页，标价 60 元，往多里算，也仅及市价的五分之一，自然不宜放过不收。

在书市上耗去大半天时间，买到的最有史料价值的书籍，其实是一本中学生的作文集。这本书首尾都脱落不存，内容是河北易县中学在 1916 年前后一、二、三、四各年级学生的作文选集，每篇文章附有教师批改的文字，书名为"易水文源"。这本作文集的研究利用价值，当然首先是用作研究近代教育史的资料，但我购置此书，更看重这些作文乃是研究民国时期历史地理的绝佳史料。易县中学的学生，除了本县子弟之外，还有一部分来自邻近县份。在这些中学生作文的选题

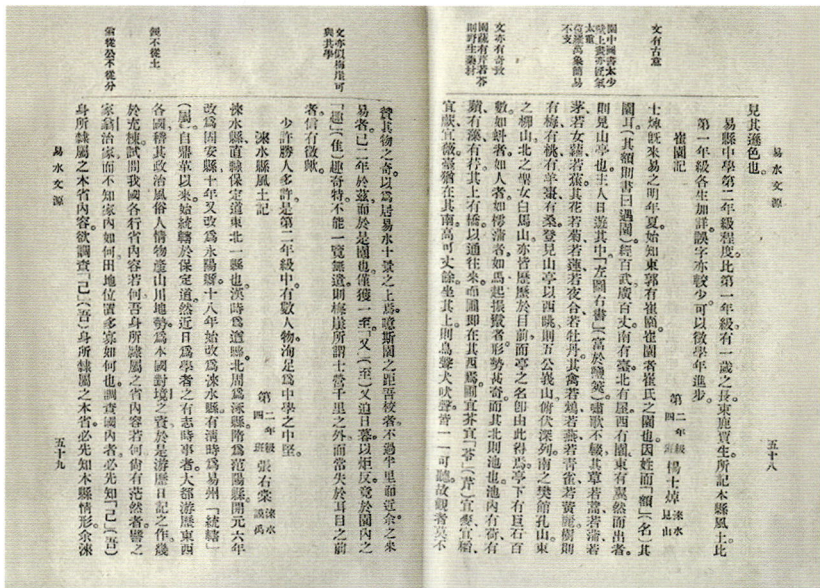

民国铅印本《易水文源》内文

当中，乡土风物占有很大比例，其所记易县以及周围相邻各地的地理状况，涉及许多非常具体的细节，详细程度往往会超过当地舆地志乘很多，完全可以当作一部形式独特的方志来阅读。用这一本书作为史料，就可以写出一篇揭示民国初期易县地理面貌的大文章。这种北方小地方的学生作文，在当时根本就不会有人去理会，时过境迁之后，更是打着灯笼也找不到的史料，而我只花费区区10元，便得以收入书囊，书市结束多日之后，还为之连连兴奋不已。当然，只有我这种吃学术饭而且又杂七杂八什么都感兴趣的人，才会格外看重这类东西，普通读者，大多是不会留意的，定价很低，本是符合市场的行情，并不是有什么疏漏。

　　兴奋之馀，是体味到更多的无奈和遗憾。在这里虽然买到许多意想不到的好书，但琉璃厂古旧书市并不会由此重兴旧况。这次书市上的旧书，基本上都是中国书店海淀分店一家前几年积存下来的老货。听说中国书店总店最近正全面收缩线装古籍的经营网点，除了文化遗产书店等个别分店，大多数分店以后将不再经营线装古籍，已有存书则统统奉命上缴。这次海淀书店在书市上摆放的古籍，就是挑选送交总店之后的弃馀畸零之物。

　　在这样的背景下，古旧书市非但不能重兴，而且更为萧索的灰暗冬天，转瞬就会降临。这次很令人兴奋的书市，不过是最后一个秋日里的回光返照。在这里不厌其繁地拉杂记下买到的每一本旧书，就是想为曾经激动无数旧书癖好者的琉璃厂古旧书市，留下一份写照。这里是我购买线装古籍起步的地方。离开书市的时候，心里竟涌上一种与狂胪文献的中年相惜别的情绪。

2005 年 10 月 2 日记

原刊《历史学家茶座》第三辑，
山东教育出版社，2006 年 2 月

有朋自远方淘得好书来

买旧书的乐趣，主要存在于自己挑挑拣拣的过程当中，别人很难替代。不过，有时受条件限制，确实无法亲临其境，有人能够出面帮助买到好书，同样令人欣喜；若是运气好买到珍本秘籍，更值得庆幸。假如你只是特别喜欢哪一种书或是哪一类书，别人替你选书，或许还不会存在太大麻烦；但杂七杂八喜欢很多内容，倩人代劳，便近于不可想象。然而，这只是一般的常理常规，有时在很特殊的情况下，同样也可以做到。

很早就有朋友说我买书运气好，经常会遇到意想不到的好书；甚至连业师黄永年先生也曾赞叹说，在这方面我辛德勇算得上是个有福之人。其实，我买旧书最难得的福分，是有好朋友竟然能够远隔大海洪波为我淘书。由朋友来替我淘书，需要同时具备几个条件：第一，要懂书爱书；第二，要买书藏书；第三要读书用书；第四，要能体察我喜好什么书，需要什么书。符合前三个条件的朋友还不算十分难找，但同时还具备第四个条件，却实在不太容易。因为我买书实在过于庞杂，很多书并不是要马上直接派上用场，选书时有一种微妙的感觉，连自己都说不清楚是什么。非常幸运的是，我的好朋友日本和歌山大学研究中国史的泷野邦雄教授，博览群书且天资颖悟异常，在看到我买什么书、读什么书之后，很快就能很细微地体察到我的好尚和需要，十多年来，竟自作主张在日本代我选购了许多书籍，几乎每一本都如同我自己挑选的一样让我喜欢。昔孔夫子有名言曰："有朋自远方来，不亦乐乎？"套用下来，对于癖好旧书的人来说，有朋友自远方淘得好书来，应该算得上人间一大至乐了。

泷野邦雄先生为我买下的好书有很多，无法一一记述。2006年3月，我到大阪参加学术会议，由于泷野先生正好居住在这里，他就把近期代我购置的几部旧书拿给了我。会议期间晚上没有事情可做，就一边翻阅这些书籍消遣，一边随手记一些感想，或随兴之所至发一些议论。现在将其稍加整理，公布出来，以志对泷野先生多年真诚帮助的由衷感谢。

按照我自己的体会，中国学人在日本买旧书，价格便宜，是要比书籍罕遇难求更为通用的第一准则。泷野先生帮我选书，首先遵循的也是这一准则，但为此就要耗费更多的时间和精力，跑更多的路途。跑旧书店，在中国，即使是北京、上海，旧书店也就那么几家，时间若不特别紧张，跑跑路或许也算不上有多么大的辛苦。可是，在大阪，却远远不是这样简单，因为旧书店数量太多，分布也太过于分散，不像东京还有两处高度集中的分布区。我所认识的其他日本学者，或是旅居日本的中国朋友，甚至没有一个人能够对此说出个子午卯酉来，更不用说隔三差五地就到各处巡视一趟了。

在泷野先生为我买下的这几本书当中，最便宜的是一本竹内照夫著《春秋》，只有100日元。这是日本评论社版《东洋思想丛书》中的一种，昭和十七年 4 月初版。我得到的这本是同年 7 月的第二次印本。篇幅不大，是相当于中国小 32 开的精装本，介绍有关《春秋》以及公羊、谷梁、左氏三传的基本情况，没有太多独到的见解，论述却很平实明晰，且文笔流畅，颇为适合初学者阅读。这种书看似简单，其实最难着笔，对于《春秋》尤其是《左传》的叙述，更不宜把握轻重。惟其欠缺之处是不知出于什么原因，基本没有采及当时中国第一流学者已有的一些重要研究见解，而竹内氏在书中所引述的卫聚贤、张西堂诸人的观点，在中国并不算特别出色。

昭和十七年为 1942 年。就在这同一年，中国研究上古史和上古文献最著名的学者顾颉刚，在战时大后方陪都重庆的沙坪坝，为中央大学历史系学生开设春秋战国史课程，而实际讲授的内容，则是以《春秋》及其三传为主的春秋战国史料问题。四十六年后的 1988 年，香港中华书局以《春秋三传及国语之综合研究》为题（这是顾氏生前亲拟的书名），出版了由刘起釪笔述的授课内容。虽说只是口授的讲义，所讲述的内容，却都是顾颉刚最为得意的研究心得，属于顾氏古史考辨的核心成分，自是胜义纷呈。初学者以两书并储，循竹内氏之书进门，再藉顾氏之书登堂入室，这样来研读《春秋》及其三传，似当更易于达其肯綮。

有意思的是，在"七七事变"前即四处奔走呼号鼓吹抗战的顾颉刚，这次讲授《春秋》及其三传，完全是在作纯粹的学术研究，并没有涉及现时问题；而作为入侵国学者的竹内照夫，不知有意还是无意，却在论述《公羊传》时，特别提到其中的"攘夷"观念，这真是一件耐人寻味的事情。

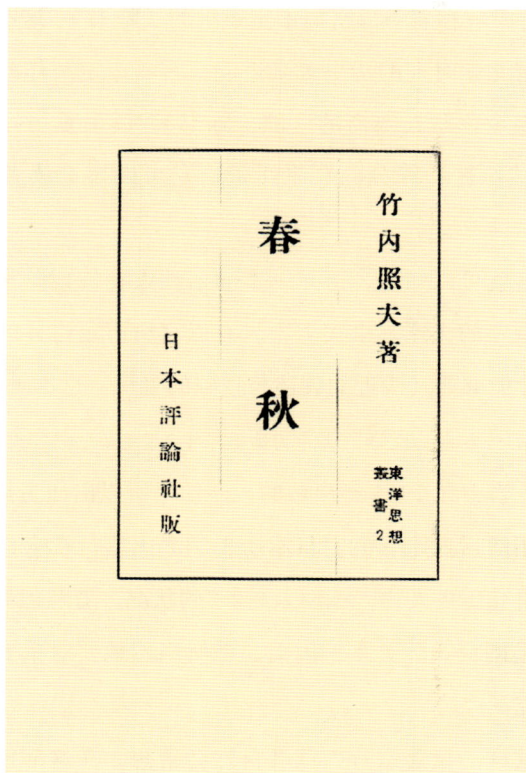

日本铅印本《春秋》扉页

　　另一本价格比较低廉的书籍,是宫崎市定著《隋炀帝》(《隋の煬帝》)。昭和六十二年(1987)版《中公文库》中的纸皮小文库本,210日元,本来说不上特别便宜。泷野先生帮我选这部书,在很大程度上,是因为他知道我有幸收存着一部宫崎市定手批的《陈书》。这本隋炀帝的传记,乃是由南北朝时期的历史背景讲起,宫崎市定写作此书时,自然应当利用过现今珍藏在寒斋的这部《陈书》。读书是与知识结缘,收存书籍则是结识这种缘分的联系纽带,它可以拉进读者与作者的时空间隔。

　　一看书名就可以知道,这是一本通俗性人物传记。宫崎市定是中国史研究领域中的大家。事实上,只有以宫崎市定这样的大手笔来写这等读物,才能够兼具浅近的表述与独到的见识。这本《隋炀帝》,最初是收在宫崎氏本人"监修"(与中国编著丛书习惯用的"主编"大体相近)的《中国人物丛书》当中在1965年出版的,而他之所以出面主持监修这套丛书,乃是鉴于战后二十年间,日本历史学界因盛行社会经济史的研究方法而蔑视研究历史人物(尤其是执政者)的状况,着意倡导历史研究的终极目的应是阐释人际关系,因而,理所当然地要对重要历史人物的生平进行研究。

　　了解到这样的撰著宗旨,读者自然会猜想,在这部传记浅近的形式背后,应当蕴涵着不少作者的研究见解。事实也正是这样。譬如,在绝大多数史学家看来,弑父夺位,是隋炀帝无法洗刷的一大罪过;可是,宫崎市定却认为,"弑逆"一事与其他许多对于隋炀帝的恶评一样,乃是在唐代逐渐"层累"递进生成的。在本书附录的《隋代史杂考》一文中,宫崎市定详细论述了自己的观点。他提出这一见解,一方面，有令人信服的史料辨析作支撑；同时，还举述《论语·子张》中子贡讲过的话，谓"纣之不善，不若是之甚也。是以君子恶居下流，天下之恶皆归焉"，从历史通例的角度，阐释了形成这种现象的内在因缘，所说看起来很令人信服。很多年以前，我在研究隋唐长安、洛阳两城的地理问题时，曾做过一部《大业杂记》的辑校本。《大业杂记》是一部编年体史书，记录隋炀帝大业一朝史事；作者杜宝，为炀帝旧臣而降从于李唐。据杜氏自序，其撰著此书，乃是有感于"贞观修史，未尽实录"。试看今所见《大业杂记》佚文，俱属直陈其事，且于炀帝种种兴造，尚有夸饰之意，而略无贬抑诋毁言词，故疑杜氏所云"未尽实录"者，或许正是作为隋朝旧臣不满唐朝史官恣意丑诋杨广而发。通观这本《隋炀帝》全书，剥去后世归之于隋炀帝的种种不实恶词（或者可以径称之为"恶谥"），本是宫崎氏此书的一个核心内容。

　　谈到所谓隋炀帝"弑逆"的问题，使我联想到周一良在 1947 年发表的一篇文章。周氏这篇文章的题目是"佛家史观中之隋炀帝"，收录在作者 1963 年出版的《魏晋南北朝史论文集》里（1997 年北京大学出版的周氏同名文集，上篇收录 1949 年以前的文章，都是重收 1963 年这本文集中的篇目，却没有收录这篇《佛家史观中之隋炀帝》，不知其是否对此文论点已经另有思考）。文中谈到，在唐代僧人的相关著述中，凡述及隋炀帝，每多褒扬之词，而绝少提及其败行。周一良判断说，这样的记述，"其非信史，自无疑义"。然而，若是遵循宫崎市定的思路来看，这些尘世之外的佛家记载，岂不正是炀帝或未尝弑父夺位的绝佳佐证？历史研究的魅力就在这里，同样的史料，换一个思路，竟有可能解析出截然相反的结论，关键看你是否能够找到正确的门径。

对于具体的问题而言,治学的正确门径,很难一概而论,往往因事、因时而异。不过, 从研究手段来讲,宫崎市定在《隋代史杂考》一文中总结有关"隋"这一国号的既有研究时,却是道出了其中一个很重要的方面,即在中国古代历史研究中,绝对不能忽视清代考据学家苦心惨淡的研究成果。这样的说法,看似平常,却是深尝学术研究甘苦之后所得出的铭心经验,不容疏忽看过。我想,清代学者的考证研究,既可以成为我们研究的起点;同时,更应该继承为基本的研究方法。宫崎市定对所谓隋炀帝"弑逆"的辨析,其实也正是沿承了清朝学者的史料考辨路数。

同类的人物传记,泷野先生还为我选购了一本梅原郁撰著的《文天祥》。500 日元的书价,粗看好像比《隋炀帝》贵一些,可这是收在《中国人物丛书》中的初版首印本,而且是精装,带有纸函,实际是比宫崎市定的《隋炀帝》要更为便宜。

替我选择此书,是因为先前我曾向泷野先生讲过,近来正在撰写一篇文章,论述宋代的石刻地图《禹迹图》和《华夷图》,其中涉及到两宋时期华夷观念的演变问题,所以,泷野先生曾特地为我复印过几种相关的日文论述,现在又买下了这本《文天祥》,为我提供参考。

与丛书监修者宫崎市定所设定的纂述主旨相同,作者梅原郁,也想通过这样的传记,来体现他的学术见解。具体来说,其核心内容,是要摆脱后世从某种既定的价值观出发戴在文天祥头上的"忠义"、"爱国"和"抵抗英雄"等诸多桂冠,而在传主所处的具体历史背景下,忠实地复原其生活样式。

那么,作者最终复原出来的文天祥,又究竟是怎样一个人物呢?

让我们来看看本书结语所做的描述：

> 文天祥所选择的活法，与其所处之南宋时期的时代风气正相背戾；他得以留名于后世，其最重要的理由，也正是在这一点上。"士大夫"通过科举而成为国家官僚，支配普通民众。对于这些士大夫来说，儒教亦即孔孟的说教，是人类永恒的规范，原则上他们应当浸润其中，并依此来创建美好的社会。然而，十二至十三世纪社会的实际情形，却已经使这些成为全然脱离现时的空论。在公元前春秋战国时代社会背景下产生的儒教教义，即使其中蕴涵有许多永恒的真理，也根本不可能原封不动地适用于南宋的社会实际。当时的实际情形，是不管"忠"也好，还是"义"也好，儒教中的这些道德信条，虽然会经常附着在士大夫的头脑之内，却并不能说它还存活于实际生活当中。

在这样的时代背景之下，文天祥不甘随波逐流，忠实于儒教道德所要求的纯正人性，这才被后世那些已经根本无法像他一样实践这些道德要求的士大夫，作为憧憬的目标，不断贴上各种标签，最终将其塑造成为"忠义"的象征。

乍看此番言论，可能会有很多中国读者，感觉不太舒服，甚至产生反感，怀疑作者是不是在有意贬低中国的民族英雄。然而，梅原郁这一著述宗旨，事实上更多的是出自他对日本本国历史的一种反思。在第二次世界大战期间，日本当政者利用文天祥和他的《正气歌》，将其装扮成为一种历史上普遍存在的人生价值认识，宣扬所谓"忠君爱国”观念，愚弄广大民众，为其白白送死。梅原郁正是痛感于此，希望通过揭示文天祥固有的历史面目，来唤醒社会公众的自我意识，以便从统治者的蒙蔽当中解脱出来。

不设置任何前提条件，便将社会民众的自我生存价值，与所谓国家、民族的荣辱过度紧密地联结为一体，是统治者奴役民众古今一贯的手段。抛开具体的历史环境不论，大多数人几乎是生而热爱自己祖国的，如同爱自己的母亲一样，情愿为之而献身，这并不需要当权者来提醒告诫。但是，祖国并不能无条件地等同于任何一个现实的政权，更不能成为操弄权柄者的化身。梅原郁的论述，或许也有其片面之处，但回顾历史，正视现实，确是发人深思，我们的确需要认真思考，究竟什么是更为本质、更为重要的人生价值和国家利益。在当今社会，统治者若是想鼓动民众为国牺牲，那么，这个国家是不是首先要做到胡适所说的那样，“承认人人各有其价值，人人都可以自由发展他的生活方式”，“要使得那种承认个人价值的生活方式有实现的可能”。

读者不一定都要赞同作者的观点。但是，一部好的历史人物传记，却一定要能够提出不同于流俗的见解，能够发人所未发之论。

与上面几本比较通俗的历史读物不同，仁井田陞的《中国的传统与革命》（《中国の伝统と革命》），是很专业的研究文集，尽管其中也包含有一小部分通俗性的文章。正因为是专业书，读者少，相应地书价也就要略高一些，20世纪70年代平凡社《东洋文库》丛书中的两册布面精装本，首次印刷，售价各680日元。

仁井田陞是日本非常著名的老一辈中国法制史研究专家。过去我曾买到过两部他的著作，一部为《中国法制史》，是岩波书店出版的布面精装文库本，收在《岩波全书》丛书当中，开本装帧，都与这部《中国的传统与革命》相类似；另一部是《中国法制史研究》之《土地法·取引法》分册，由东京大学出版会出版发行，是很堂皇的大开本。这两部书分别出版于 20 世纪 50 年代和 60 年代，都先于这次泷野先生为我买到的《中国的传统与革命》。

　　有些考究的学人，以为写学术文章时引用这种袖珍文库本，不够雅致，未免会暴露出几分寒酸伧父相。我对使用的书籍，从来没有这样的讲究，手头什么方便，即用什么版本，只要不影响理解文义就行。

　　日本学者的学术著作，比较讲究的大开"正装"本（"正装"这个词是我的杜撰，特指日本出版的古代文史研究学术著作的独特装帧形式），价格相当昂贵。可是，它一旦被收入某一通行的文库（宽泛地讲，可以将文库本理解为袖珍丛书本），价格就会较原版降低数倍乃至十多倍以下，除了字迹变小，阅读稍显吃力之外，文字校订同样谨饬不苟，甚至有时还会改正原版的一些文字讹误，内容基本不受什么影响，所以，就我的购买能力而言，还是要将文库本作为首选。遗憾的只是由于读者面窄，能够被收入文库的学术著作，数量非常有限，不得已时只好花高价购买单行的大开"正装"本书籍。再说，并不是每一部学术著作，都会印制成气派的大开本，也有一部分很专业的学术书籍，其初版面世，就是收在某一文库当中，你无论怎么看不起它的相貌，也别无选择。事实上，仁井田陞的《中国的传统与革命》以及《中国法制史》，就都是如此。其实，悉心品味，或许你会发现，这种印制考究的精装文库本，似乎更能体现出日本式的精致。精细雅洁，才是地道的日本韵味。

　　这部《中国的传统与革命》，是在仁井田陞逝世以后选编的一部文集。此前已经出版过两部同样性质的选集，一部是《中国的法、社会和历史》(《中国の法と社会と歴史》)，一部题作《究竟什么是东洋》(《東洋とは何か》)，所以，这部书又被称作"第三遗稿集"。书名定为"中国的传统与革命"，是基于仁井田氏的法制史研究和其他中国历史研究都一向着眼于历史与现实的联系，用他自己的话来说，就是："历史并非仅仅存在于过去，现在和未来都处于历史发展的进程之中。我审视历史的目光，都与现实相联结，更准确地说，是立足于现实，并且以此为出发点，来面向未来。……只有在新中国的变革或者说是否定当中，才能够捕捉到中国的过去。"翻检文集中的论文，正处处都体现出他的这种研究视角，甚至有一篇长文，专门探讨中华人民共和国的婚姻法。事实上，这已经成为仁井田陞中国历史研究的一大特色，几乎在其所有研究中都有所体现，譬如其较早出版的《中国法制史》一书就是如此。

阅读欧美学者研究中国历史的论著，往往会不同程度地给人以一种隔靴搔痒的感觉，文化上过于隔膜，可能是造成这种状况的一项主要原因。日本学者本来就比较了解中国古代文化，再如此倾心关注中国的现实，便愈加减弱了这种种族文化的隔膜，从而能够得出深邃贴切的学术见解。

像所有富有成就的大学者一样，仁井田陞的学术视野相当广阔，除了法制史研究之外，还涉及到其他许多领域。在这部文集中，就收录有一组关于历史文献的文章。这组文章，内容算不上十分艰深，风格也相对比较轻松，所以，很适合对古文献感兴趣的普通读者阅读；特别是其中几篇有关旧书店和图书馆的记述，喜欢旧书的朋友，应该更感兴趣。下面即简要谈谈其中的两篇文章。

《文求堂与我》(《文求堂とわたくし》) 一文，讲述了作者与东京著名的文求堂书店老板田中庆太郎之间的长久交谊。文中谈到他在大学本科读法学时，完全依靠自学来逐步摸索熟悉中国历史文献的经历。在文求堂书店，当仁井田氏平生第一次去买木刻本古籍时，尚且全然不知《唐书》乃有新、旧之别，所以，当其提出购买《唐书》之后，书店主人田中庆太郎询问他是买《新唐书》还是《旧唐书》时，仁井田陞竟然以为"新"的总要比"旧"的好些，就这样稀里糊涂地买下了《新唐书》一书。后来，仁井田陞在 1934 年，出版《唐令拾遗》一书，荣获日本学术界最高奖赏学士院奖。在这部书籍的编纂过程当中，更得到了田中庆太郎的大力帮助。仁井田陞的故事，很形象地反映出旧书店对古代文史学者成长所起的重要作用。

《大木文库私记——特别是其中的官箴、公牍与民众的关联》(《大木文庫私記——とくに官箴・公牘と民衆とのかかわり——》) 一文，是记述中国古代法学书籍专藏大木文库藏书的基本状况。这批书籍原来的主人大木干一，曾长期在北京、天津做律师工作，在此期间收集了大量中国古代法律典籍，因偶得明人"读数卷残书"图章，自颜其藏书斋号曰"读残书堂"。读残书堂藏书，后经仁井田陞等人积极斡旋，有偿赠与东京大学东洋文化研究所，书籍数量总计 3358 部，44870 卷。东京大学东洋文化研究所接受这批藏书后，仁井田陞相继发表有《大木文库与大木先生》(《大木文庫と大木さん》)、《大木文库分类目录序》、《大木文库分类目录后记》(《大木文庫分類目録あとがき》) 诸文，阐述相关问题。这篇《大木文库私记——特别是其中的官箴、公牍与民众的关联》，与上述诸文相比，记述最为精详，所以才被编入本书。

大木幹一自编有藏书目录，北京的藏书家田涛，曾将其中与中国古代政法直接相关的部分书籍目录（据云约占大木文库全部藏书的三分之二），编为《日本国大木干一所藏中国法学古籍书目》一书，在中国由法律出版社出版。在著名唐史专家池田温的推荐下，田涛在书末附载了仁井田陞这篇文章，以供中国读者参考。这本来是一件好事，可是，不知缘何所致，译文与原文出入甚大，特别是未作任何说明，即毫无缘由地略去了在所列举书籍后面附注的版本，对于这篇评介藏书的文章来说，损害原作非浅。类似的翻译问题，时下并不少见。因此，重要的书籍，即使已有中文译本，有条件时最好还是置备一部原本，尽可能直接阅读原文。

几年以前，泷野先生陪我在京都逛书店时，我曾买过一本傅芸子的《正仓院考古记》。正仓院位于奈良东大寺大佛殿西北，傅芸子谓之为“日本皇室所有之一特殊宝库”，其中收藏有大量隋唐时期传入日本的中国文物。20世纪30年代至40年代初期，傅芸子在日本京都大学教授中国语言文学，在此期间，得以参观正仓院，撰成此书，在1941年，由东京著名的文求堂书店出版。

我对古物缺乏起码的常识。这主要是由于文物考古方面的书籍，价格昂贵，非力所克及。没有条件经常接触实物，又买不起书，不能观摩揣摩，要想系统掌握相关的知识，我觉得几乎是不可能的。因此，便干脆根本不去触碰这类书籍，一般也不看文物展览，甚至在日本遇到过两次正仓院每年一度的短暂曝晾展观时期，也丝毫没有兴致前去观览。

当年买下这本书，并不是自己用，而是送给业师黄永年先生的。正仓院中收藏有很多唐代文物，黄永年先生则在很年轻时，就十分关注古物研究，对唐代文物，尤为究心，写过一些重要的研究文章。傅芸子这部书，应当是现代学者系统研究正仓院所藏隋唐文物的创始之作，故狩野直喜在所撰序言中赞誉说："斯书一出，知世之考唐代文化者，得以为指针；稽天平文化者，又得以明其来历与冶镕变化之美。"所以，黄永年先生多次与我谈过这部书的重要价值。那次我来京都，恰好遇到一本，而且还是日本研究唐代历史和文学的著名学者平冈武夫的旧藏，于是，便购下呈送业师。没有想到，泷野先生暗地记下此事，这次竟又代我找到一本。

当年送给黄永年先生那部书，价格较高，好像是 12000 日元上下，泷野先生为我买下的这本却很便宜，仅为 3500 日元。在书末的版权页上，按照惯例粘贴有版权票，上面印有文求堂的拉丁拼写 BUNKYUDO 和一素描头像，应该就是书店主人田中庆太郎了，其上则钤盖有"芸子册作"朱文印记。上次为黄永年先生买这部书时，并没有多费心察看，这次有了属于自己的书，仔细审视，才注意到当时仅印制 1500 册，后来似乎也没有再版或是重印，所以，即使是在当年，流通数量也很有限，现在显然已经不太容易遇到，难怪黄永年先生一直没有得到过这部书，而我则不能不深深感谢泷野先生的这番厚谊。

买下后随手翻阅，尽管完全不懂此中行道，还是多少有所收获。譬如，与古书有关的雕版印刷的技术渊源问题，从美国人卡特撰写他的《中国印刷术的发明和它的西传》一书时起，很多人都谈到过纺织品印花技术与雕版印书技术，或许存在一定关联，然而，具体的研究，却很不充分。如宋人王谠撰《唐语林》卷四《贤媛》篇中所记载的一条有关"夹结"的史料，曾叙述说玄宗柳婕妤之妹："性巧慧，使工镂板为杂花，象之而为夹结。因婕妤生日，献王皇后一匹。上见而赏之，因敕宫中依样制之。当时甚秘，后渐出，乃为至贱所服。"其印染方式，与雕版印刷技术，显然有其相通之处，值得好好研究。今研究唐代经济史者，有人即视此"夹结"为柳氏所发明，并将其用作唐代印染业发达的重要例证。新疆吐鲁番出土有一批盛唐时期以这种工艺方式印染而成的丝织品实物，亦似乎正可以与这一记载相印证。

此"夹结"又作"夹缬"或"夹颉"。傅芸子于此《正仓院考古记》书中，在考释"山水夹缬屏风"时，曾就此谈到："实则隋大业中，炀帝已有'五色夹缬花罗裙'之制，当时流布臣间，必为不少。柳婕妤之妹恐系悟得其技巧，因以传世耳。开元九年安禄山献俘入京，玄宗亦有'夹颉罗顶额织成锦簾'之赐，其为流行珍品可知。"傅氏且谓当时在北京街头，尚可见以此法印染布匹者，其法系"以二板镂同样图案花纹，夹帛染之，并可施以二三重颜色，染毕解板，花纹相对，左右均整，色彩宜人"。

唐玄宗时雕版印刷可能已经出现，"夹结"印染法若是同出于此时，恐怕就不会与雕版印刷的产生有任何关系；假若依照傅芸子的考证，定此"夹结"印染法产生于隋炀帝时期或者更早（北宋人高承撰《事物纪原》，谓夹缬"秦汉间有之，不知何人造。陈、梁间贵贱通服之"，尝见有人云已经得到出土实物的印证，未详确否），则其是否会对雕版印刷的发明产生技术上的影响，就值得进一步探讨了。只是真正具有学术意义的探讨，需要指出布帛印染工艺与书籍印刷工艺之间的具体联系。就我过去泛泛浏览所随意看到一些研究来看，"夹结"的工艺与雕版印刷的工艺，似乎还存在很大区别。在这里我想对傅氏的这一研究，补充一点儿看法，就是《唐语林》中记载的柳氏在布帛印染方面的创制，恐怕应当是指绘制出独特的"杂花"图案，而在印染时是采用已然通行的"夹结"之法，而不是指发明"夹结"印染技术。

其实，傅芸子在日本居留期间，还写过一篇《东瀛观书记》，应是专门谈论日本所存中国古刻旧本书籍，我对它显然要比这部《正仓院考古记》更感兴趣。令人遗憾的是此文当时发表在《国闻周报》上，若不专门去大图书馆查找，平常实在难得一见，要是有人能够将其重新出版就好了。

泷野先生帮我选购的最后一本书，是青木正儿的《江南春》。中国文史学者都很熟悉，青木正儿是研究中国戏曲史等俗文学的名家，所著《中国近世戏曲史》，在中国很早就有译本。实际上青木正儿的研究，远不止俗文学这一狭小范围，他不仅对整个中国文学史都有深入系统的研究，还涉及到诸如饮食史等诸多领域。这部《江南春》，是青木氏的随笔集，收在平凡社出版的《东洋文库》丛书中。布面精装袖珍小本，1972年初版首次印刷，原价900日元，我这本售价则仅400日元。除了极个别的地方偶然划有笔道（日语中有专用词语，称作"引线"，很雅致，值得引进借用）之外，书品整洁，与新书并没有多大差别。

代我留下这本书，是因为泷野先生知道我喜欢搜集海外人士在中国旅行的行记，而在这部《江南春》当中，就有好多文章，是上个世纪20至30年代，青木正儿在中国滞留期间，对南北各地社会风俗景物的记录。由于书中的第一组文章是杭州、苏州、南京、扬州诸地的行记，故以"江南春"为题，编成文集后，又被借用为书名，其实书中还有许多对北京风情的记述，并不只是讲述江南景色。这些旅行，很大程度上是出自作者考察中国戏曲等民俗风情的学术目的，并非普通的观光或是猎奇的浪游，所做记述，往往有特定的着眼点，观察都很细腻，而且伴有对民俗风情历史渊源的追溯，因此，对研究民国以及更早历史时期的社会风俗，有很大价值，需要留待日后仔细阅读。

除了上述学术研究的资料价值之外，书中还有许多文史随笔，有的涉及到一些晚近学术史上的逸事，可备一时掌故。

譬如与旧书肆有关的一件事情，青木氏叙述自己的学术经历时，谈到与京都著名书肆汇文堂主人的密切交游，谓1916年汇文堂创办《册府》杂志，主要由青木正儿和其他一些京都"支那学"出身的年轻学者在上面匿名发表文章，对东京的学者，颇有不恭之词，以致引起对方不满，竟错误揣测这些文章乃是出自稻叶君山（即稻叶岩吉）和内藤湖南这些名宿之手，稻叶君山要求青木正儿公开说明，内藤湖南则笑而任之，并对青木正儿打趣说，假如《册府》得以流传于后世，那么青木正儿诸人便会被认作是汇文堂雇佣的写手。青木正儿本人很看重他和汇文堂书店的这段交往，自云正是在这种交往过程中，他才养成地道的"中国癖"（《文苑腐谈·支那かぶれ》，《竹头木屑·内藤湖南先生逸事》）。彼时文史学者的养成，与旧书肆关系竟至密迩如此，在以电子书为主要读本的今天，恐怕已经不易为年轻的学人想象了。

青木正儿在《中国近世戏曲史》的序言中曾自述说，他撰写此书，乃是欲继述王国维《宋元戏曲史》之志，事实上他也一直十分钦敬王国维的人格和学术造诣。在《江南春》一书中，收有两篇追忆王国维的文章（总题作《王静安先生の追憶》），一篇写在京都初次拜谒的印象，一篇写后来在上海寓所和北京清华学校会见的感想，细致地描述了王氏未为中国学人所记的一些风貌。文中给我印象最深的有两点：一是王国维虽然为近代研究戏曲史的奠基人，但却对青木正儿讲，他一向不喜欢看中国戏剧，而且也不懂音乐；二是当 1925 年 4 月，青木正儿自西山游玩的归途到清华学校去拜访王国维时，王氏竟然对他说还从来没有去过北京西山和颐和园。前一件事，当时给青木正儿的感觉是，王国维确实属于研治朴学的学者，殊为欠缺艺术的韵味；后一件事情，青木正儿当时以为这是出自王氏学究式的疏懒，逮至其自沉于昆明湖水之后，方始领悟到，这恐怕是缘于王国维难以面对颐和园"绿水青山不曾改，雨洗苍苔石兽间"（王氏《颐和园词》语）的情景。

早年负笈西京，从黄永年师肄业时，曾听黄永年先生专门讲解过王国维的《颐和园词》（黄永年先生后来撰有《说〈颐和园词〉兼评邓云乡本事》一文，收录在三秦出版社为其出版的文集《文史存稿》当中），虽然当时即懵懵懂懂，至今更已经全无记忆，但一直误以为民国以后尤其是在清华学校任教期间，王氏应该会经常去颐和园中游走，而由青木正儿的记述看来，最终在颐和园中辞世，很可能是他平生唯一一次入园。青木正儿这一记述，也有助于理解王国维之决意辞世同他对清室的情感以及政治态度这二者之间的关联。王国维自沉于昆明湖两年之后，陈寅恪撰写碑文纪念，谓"先生以一死见其独立自由之意志，非所论于一人之恩怨，一姓之兴亡"，但这究竟是陈氏藉此表露自己的意志，还是静安先生确实不论一姓之兴亡，或许还大有揣摩的馀地。

初稿草撰于 2006 年 3 月 17 日至 3 月 20 日期间

整理写定于 2007 年 5 月 27 日

原刊《历史学家茶座》2007 年第 3 期

（案刊发时改易题目为《日本淘书记》）

东京书市买书记

5月中旬的第一天，又来到东京这个充满诱惑的地方。行前刚刚迁居到稍大一点儿的房子，可还是远远放不开我的书籍。许多一时不大用得上的书，依旧堆在学校的研究室里，一捆一捆地，看上去跟码放砖头相差无几。条件实在有限，连束之高阁都谈不上。窘迫至此，买书自然要尽量收手，只是想到随着年龄的增长，游历海外的精力日渐耗减，一定会更多地自处陋室，为使日后能坐拥书城，更有兴致地逍遥闭门读书，既然来到这旧书的王国，免不了还是要去寻觅一番。给自己制定的限制条件，是以赶书市为主，尽量不多在旧书店铺里看，因此，这里记录的也主要是去书市买书的经历。至于所买到的书籍，在这种书市上，绝大多数都只能是平常专业用功和用以补充知识的读物，而且是以价格相对比较便宜为基本前提，没有特别的收藏价值；写在这里，主要是要与对相关学术著述感兴趣的朋友沟通交流。由于只是随手仓促记述，且身在旅中，行箧无书可资查核，所说事项或许会有很多疏漏舛误，尚待识者正之；至于因得书翻书而触发的一些杂乱感想，原本即略无深意，都是家常白话，姑妄听之置之可也。

城北古书即卖会

昨天傍晚来到东京驹泽大学，今天中午刚刚办理完相关的公务手续。在学校的食堂里急慌慌吃了顿午餐，随即赶赴神保町旧书店街。按照惯例，东京的书市大多在周末举办。今天是日本的土曜日，我们则习惯偷懒顺着数，称星期六，神保町的东京古书会馆十有八九会有书市，所以要赶着去看看。

坐地铁可以从驹泽大学直达神保町，方便出乎意想之外。"半藏门线"地铁在神保町旧书店街这里有两站，先是抵达"九段下"站，接着下面一站便是"神保町"。九段下车站靠近靖国神社一侧，在神保町旧书店街西头的起点上，而东京古书会馆是在东头一侧的明治大学对面。我选择在九段下这一站下车，想一路走过去，大致浏览一下旧书店街的风景；另外，专门经营和、汉古本典籍和中国文史研究书籍的山本书店，也在这一头上，很靠近九段下车站，店里的汉、和刻本古籍，即使不买，也不能不先去看看。

日本旧书店的规模，大多都比较小，这也是这一行业在许多国家共同的特点。由于店面太小，同时也是为了招揽顾客，每天开门营业以后，各家书店都要在门前摆放一些廉价的书籍，供专门寻觅便宜旧书的读者以及路过的行人挑选。这一排排旧书摊连接起来，实际上也就相当于一个常设不散的旧书市。

从九段下车站走过来，在最靠近这条旧书店街西头边儿上的松云堂书店门前，一眼看到一捆台湾出版的《明史研究专刊》，从创刊的第一期到第七期，标价1050日元。这一专刊属年刊性质，每期相当于一部论文集,平均每册 150 日元,折合国币不过 10 元上下,价格当然不贵。

该刊系由中国文化大学的吴智和私人创办并担任主编,这前七期出版于 1978 年至 1984 年间,当时台湾学术界的主流,还是依循着传统的实证方法,文章大多坦易平实,适合我本人严重落伍的学术取向。又该刊乃由吴智和其人自行筹资,一手经办。1949 年以后,大陆上以类似形式编辑出版的古代文史学术刊物,据我所知,只有友人唐晓峰先生近年创办的《九州》。要想切实办好学术刊物,像这样由具有学术见识和魄力者一人独任其事,应当是不可或缺的前提;若是官办或学术组织、团体办刊物,同样需要有这样一位独具专断职权的负责人,譬如听先师史念海先生讲,上个世纪 50 年代杨向奎主编《文史哲》时,即是如此。不然东掣其肘,西绊其足,当事者很难真正有所作为。

办好一个文史学术研究单位,实际上只有三件事:擢用富有学识的学者,养成端正的风尚;购置丰富的图书资料,提供基本的保障条件;编辑出版一流学术书刊,集中形成影响。不过,世风日下,实际上这其中哪一件事情,我们现在恐怕都很不容易办到;甚至就连极个别学者独善其身的追求,在许多人眼里,也久已属于很"另类"的奢侈存在。

日本著名的明清史研究专家山根幸夫,近年不幸去世,其藏书散入东京各旧书肆内,售价大多都比较昂贵。去年来东京时,我曾经在这家店里,以较低的价格,买到过一部薮内清撰著的有关中国古代科技史的书籍《中國文明の形成》(《中国文明的形成》),即是出自山根氏旧藏;不知这一摞《明史研究专刊》,是否也是其身后的遗物。山根幸夫生前是东洋文库的研究员,经常在东洋文库做研究。很多年前我第一次来日本时，是在东洋文库读书，时常在书库里或过道上遇见山根先生，先生还特地到我呆的"外国人研究员"的研究室里来看望过我，询问有没有什么问题，需要帮助解决。先生待人亲切，神色和言语都充溢着女性式的和蔼，那种发自肺腑的关切，在我心中留下了深深的印记。缘于这种亲切的回忆，去年夏天在东京时，还以较高书价买下一部山根先生研究明清史籍的专著《明清史籍の研究》(《明清史籍研究》)。

在松云堂书店门前的书摊上，还选购有两部台湾印行的书籍，一部是杨家骆主编的《历代人物年里通谱》，525日元；另一部是美国学者周策纵著《古巫医与"六诗考"——中国浪漫文学探源》，315日元。前者是常用工具书，手头没有，价又不贵，当然要买；后者是对内容感兴趣，即使再稍贵些，也不能不买。巫与史的关系，是我很关注的问题，周氏书中虽然没有直接谈到这一点，但书中的论述仍会有助于我加深对巫的了解。至于赋、比、兴、风、雅、颂这所谓"六诗"，更是一个聚讼千年令人好奇不已的问题。对于我来说，读书、做研究，最基本的动力和愿望，就是通过解析那些隐秘的问题，来满足自己的好奇感，并没有其它更高远的追求，也没有与外界"接轨"的渴望，以及与之相伴的兴奋和陶醉，或是焦虑与烦恼。

除此之外，在这家店门前，还买到两部日本学者武内义雄的著作，一部是《諸子概說》，315日元；另一部为《論語之研究》，1050日元。日本现在的书价，常常标定得有零有整，这是政府的5%消费税所致，不是店家愿意这样自己找麻烦。

这两部书都是在上个世纪30年代出版的。前者虽然只是概论性的入门书籍，为东京弘文堂书房《支那學入門叢書》当中的一种，但不惟内容简练得当，尚且每有精义，尝见后来日本一些很专门的研究著述，亦时常援据武内义雄在这部书中讲到的看法；加之印制开本、装帧都很庄重，一如其它专题研究性学术专著，故通常最低也是要卖（2000日元）上下。这本以如此低廉的价格售卖，主要是因为硬封皮曾被重装，装修时疏忽误将上下颠倒。买学术书，价格相差悬殊时，我是丝毫不在意这些外在形式缺陷的，像这样衣裳上下互易其位"颠之倒之"的书籍，过去在国内也图便宜买过几部。其实，这种书插在书架上时，尽可以按照封皮的上下顺序放，并不影响美观，你也感觉不到里面的内文正大头朝下做倒立；看书时反之，道理也是一样。书是死的，人是活的，想欣赏摩挲封面时，再翻转过来看就是了。

据本书篇末所附广告，知东京弘文堂书房出版的这套《支那學入門叢書》，第一期共计印行四种，乃是基于经、史、子、集四部典籍的考虑。武内氏此书自是属于子部导读，其馀三部分别为小岛祐马的《經學概說》、冈崎文夫的《支那史概說》和青木正儿的《支那文學概說》。如此安排，乃是意在"支那学入门"，要率先从基本典籍的认识和阅读开始。令人感叹的是，1949年以后国人的古代文史教育，直至今天，也还没有普遍形成这样的认识，学术自然缺乏足够的底蕴和后劲。丛书发刊词谓："小岛博士论理缜密，冈崎博士识见卓荦，武内博士考据精核，青木博士创造独步，各倾其底蕴而出之以简易平明之文，理深奥而用宏博。"丛书纂辑者云读此学界四位权威学者的导读，晚辈后生便可以无须左顾右盼，直接阔步迈入经史子集四部书籍的殿堂；假若未能知晓这样的路径，则必定会遭遇到高墙坚壁的阻挡，无法攀援穿窬。同中国的情形一样，像这类深入浅出的中国古代典籍概述书籍，只有当年那些老一辈饱学宿儒写得好，现在无论哪一国家的人士肯定都写不来了，所以，非买老的来读不可，买这样的旧书，并不只是出自旧书爱好者的癖好。

《論語之研究》为岩波书店 1939 年初版初印，品相完好，护页上还有一段毛笔题识，是本书出版十三年后，作者武内义雄为友人中岛氏藏书所写，内容是抄录曾国藩的三句话："读书第一要有志，第二要有识，第三要有恒。"用心去读《论语》，往往会激发读者去追慕圣贤的作为。很多年以前，我曾经在一部明汲古阁刻本《论语》的封皮上，见到钤有一清朝人印文曰："从此须做天下第一流人物。"第一流人物，当然不是绝大多数人能够轻易做到，但士子读书，自当知所从违，取法乎上，适得其中，这才不至于把人类所有的知识财富，都只是当作敲门砖用，愈读书愈发猥琐下作。

这部《論語之研究》是一部学术名著，在 1941 年举行的日本"国民学术协会"第一届学术表彰会上，获得奖赏。当时一同获奖者只有三人，其中还包括有研究日本植物的理科书籍《牧野日本植物圖鑒》，从这里也可以看出其遴选范围之广与获奖作品所受赏誉之重。

武内义雄在《論語之研究》一书当中最重要的核心创见，是由文献嬗变角度出发，先从今传本《论语》二十篇，上溯到王充在《论衡》当中所涉及到的"古论"二十一篇；再从这"古论"二十一篇当中，析分出《雍也》、《公冶长》、《为政》、《八佾》、《里仁》、《述而》、《泰伯》这河间七篇本，认为它应当是以鲁人曾子为中心所传授的《论语》，系曾子、孟子学派传承的孔子语录，也是《论语》最为初始的形态；继之又析分出《先进》、《颜渊》、《子路》、《宪问》、《卫灵公》、《子张》、《尧曰》这齐七篇本，应当是以子贡为中心所传授的《论语》，是齐人传承的孔子语录；再继之复析分出《学而》、《乡党》这齐、鲁二篇本，应当是折中齐、鲁儒学亦即子贡学派和曾子学派的传承所形成，或许是孟子游齐之后所撰集；其馀《子罕》、《季氏》、《阳货》、《微子》、《子张问》五篇，则应当是后人根据各种材料编纂的孔子语录补遗，内容驳杂不一，各部分的形成年代也先后不同，最晚的部分很可能已经迟至战国末期。武内氏身后相继不断出土的简牍典籍，使我们在当今有条件对他的研究做出更进一步的分析和验证，但不拘其结论能否成立，武内义雄所作的深入细致的探讨，无疑是对《论语》嬗变过程研究的重要贡献。如此学术经典，且留有作者手迹，售价仅 1000 日元出头，折合国币只有几十块钱，算是拣到一个不大不小的便宜，也是这一天里所得最感兴奋的书籍。

关于《论语》，近来在国内突然成为热门话题。有人因在电视台解说宣讲此书而一夜成名，书籍随之畅销寰海内外。于是，各出版社纷纷跟进，刊印相关普及性著述，亦不乏名教授预身其间。儒家经典受到社会广泛关注，终归是一件好事。将经典通俗化，受到大众的认可，并不是很容易做到的事情；用灵动的文笔来向大众表述学术见识和社会看法，甚至哪怕实际上只是学术界久已知之乃至古已有之的一般性常识，同样亦非轻而易举。能够受到普遍欢迎，讲述者和撰述者的才华均可羡可赞。有些学者对其煞是光火，挞伐抨击，不遗馀力，说起来义正词严，旁观者却似乎能从中嗅到一些酸味，看上去也好像很不成体统。至于其人所讲所写是否存在谬误荒唐，每位学者尽可各抒己见，见仁见智，让社会去选择、市场去淘汰。有所自负的研究者，最好能够兼擅此长，不满意别人的讲法，就自己动手去做得更理想一些，大可不必动辄呵斥教训别人。

学者对于大众文化领域内的这类东西，若是仅仅去做一个批评家，我以为正如同看历史题材的影视剧一样，本来就不是学术探究之作，不是给你预备的东西，花功夫去看，也只是选择了一种消遣而已，不喜欢的话，转换频道就是了，何必去为这些娱乐节目认真较劲呢？还是应当将主要精力放在学术研究上，像武内义雄氏此书一样，多提出一些能够在学术史上留下印记的创见。至少对于当前的中国学术界来说，学者们更有责任首先在一些基本立足点上有所坚持。天不生仲尼，也不会万古长如夜，但中华文明叠经劫难而始终不坠其绪，正是因为历代相承都有那么一些追慕于孔夫子身后孜孜秉持自己文化追求的学人。

过一条马路，与松云堂间隔几家店面，就是大名鼎鼎的山本书店。山本书店里有关中国的专业文史书籍非常丰富，只是价格极为昂贵，很少有价格能诱你怦然心动的，所以，每次到这里来，更多地是想看线装古籍，而不是现代学者的研究著述。不过，这次店里的情形却有些例外，线装古籍和去年在这里看到的相差不多，没有什么书能引起兴致，反倒是在一进门地方摆放的一小架洋装旧本里，竟找到几本很不错的廉价书籍。

在纯学术研究性书籍方面，有羽田亨著《西域文明史概论》，麻布面精装，仅500日元。这部书也是列在前述东京弘文堂书房出版的《支那學入門叢書》当中，初版于1931年。作者依据的材料，现今看来虽然稍显陈旧，但所做叙述却依然要远比时下这一代学人更有蕴藉。羽田亨出自白鸟库吉门下，可以说是日本西域史研究的第二代开拓者。虽然说其超越于乃师最重要的贡献，就是更为科学、系统、广泛地利用各种文字的出土文书，引导西域史研究进入全新的境界，这本《西域文明史概论》也是以利用新出土文书为主干，但羽田氏的学术内涵，与后来很多由文书到文书的学者有很大不同，当时日中两国最富传统学术修养的几位大师，如内藤湖南、狩野直喜、罗振玉、王国维等，对他都多有熏陶影响。

羽田亨此书出版后不久，在中国即印行有钱稻孙汉文译本，遗憾的是略去了原书的图片。我买到的这部日文原本已经是 1942 年的第 5 版印本。令人奇怪的是扉页、版权页和卷首所印的书名"西域文明史概论"，不知为什么，在内文的书眉处，虽时或也与此相同，更多地却是印作"西域文明の概觀"（西域文明概观），这对于做事精细的日本人来说，是出版物中相当罕见的失误。颇疑其书名在前后不同版次曾经有过更易，而重版时日本举国上下正深陷于对中国等地侵略扩张的歇斯底里之中，做事乱了手脚，才会出现这样严重的疏忽。

学术史料，在这里得到有台湾中国文献出版社依据刻本影印的沈曾植、张尔田著《蒙古源流笺证》。800 日元，算不上便宜，也说不上很贵，手头没有，就收留下来。蒙元史的书籍，极少涉猎，买到手里，多半也只是束之高阁。在这里花 300 日元买下的渡边敏夫著《暦》这本书，却与此不同，以后一定会从头认真阅读。历史是时间的学术，时间则借助历法来体现，研读历史书籍，便不能不尽可能多知晓一些历法知识；特别是在秦汉以前，包括阴阳五行在内的许多文化现象，

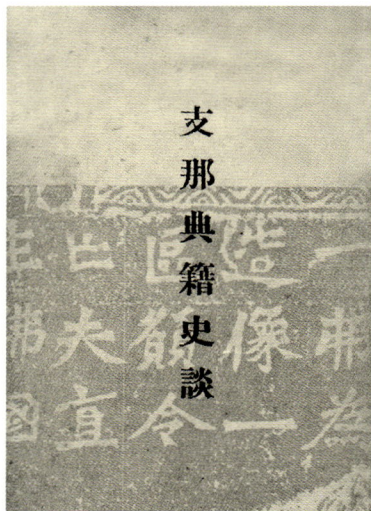

日本铅印本大内白月著
《支那典籍史谈》封面

都与天文历法具有密切关联，了解历法的构造也就变得尤为重要。古代的历法原理，不会随着今天的时代发展而发生任何改变，所以，买这种书并不怕旧（此书出版于 1940 年），就怕作者讲不清楚。我选择渡边敏夫这部书，就是因为翻看了一下，觉得它既内容丰富，又叙述明晰；当然，精装一大本约 300 页，价格也相当便宜。

在这批书中，内容最适合闲暇时随便翻看的是法本义弘著《支那文化杂考》。1943 年的初版本，精装 360 多页大本，竟然只收 200 日元，低得实在有些不太像话。书上用铅笔标有过去的书价，知曾被定作 3000 日元，而这才与它的实际身价相称。

这是一部作者的文集，与"杂谈"的书名相应，内容确实比较庞杂，既有学术性论文，也有随笔性散记，乃至旅行日志。其中四篇学术性论文，有两篇分别研究中国和日本的语词，水平一般，不足称道；还有一篇题作《文學史上における屈原並に離騷》(《文学史上的屈原与离骚》)，所说也无甚高论；另有一篇论文是《文学史上より观たる支那の南北》(《文学史上所见之中国的南方与北方》)，谈论中国南北的差异，倒是值得一读。其它文章则基本上都是有关上个世纪三四十年代中国现实的记述和议论，可以从中获取很多有价值的信息。这些文章的具体题目分别为：《現代支那の文化運動に就いて——特に國字改良運動と新生活運動に就いて》(《论现代中国的文化运动——特别是国字改良运动与新生活运动》)、《國立北京圖書館の概況就いて》(《国立北京图书馆概况介绍》)、《東亞文化協議會設立の意義》(《东亚文化协会成立的意义》)、《滿支留學生の指導に就いて》(《关于满洲和中国留学生的指导问题》)，以及《雲岡訪佛紀行》。作者出版这部文集时，身为中央大学教授，可是在此之前却曾在北平留学较长时间，后来又配合侵华日军，在北平做所谓文化工作，还做过多年"满洲国"和中国留学生的"指导监督"，故法本氏记述和议论的时事，颇有史料价值可资利用。

　　书中《東亞文化協議會設立の意義》一文所附"东亚文化协议会成立大会纪年摄影"照片，在三十多位与会者当中，竟出现有七八个身穿日本军服、手持军刀的"大日本皇军"军官。这样的"文化协议会"能是什么性质的组织，由此即可以看得一清二楚。顺便说一下，名列这次会议的中方人员，既有臭名昭著的汉奸王克敏、汤尔和、王揖唐、周作人之流，也有我们通常认为一直坚持不与日伪政权合作的陈垣、张大千等人。在沦陷区生存，有很多大后方体验不到的困难，不能过于简单地看待当时的这些活动，即使是为养家糊口，到日伪政权官办的"伪学校"里教教书，也不宜像傅斯年等人那样苛求，将其认作通敌的伪职。

《滿支留學生の指導に就いて》一文，乃是为日本政府出谋划策，分析中国到日本留学的学生，何以绝大部分人对日本略无好感，甫一学成回国，迅即反转身来，成为反日抗日先锋。就法本易弘氏对日本方面某些做法的反思而言，其中一些与当时特殊历史环境无关的社会原因，或许至今仍然值得日本政府和相关人士思考；只是这样陈旧的言论，恐怕早已无人记得。

另外，《國立北京圖書館の概況就いて》这篇文章，是向日本来华学习的"支那学徒"，亦即中国学留学生介绍相关情况的。作者法本氏因为曾经与当时在北京图书馆主事的副馆长袁同礼以及主要业务负责人徐鸿宝等人都有过比较密切的交往，所以，文中记述有很多他本人独有的切身经历。

关于藏书和书籍史的重要书籍，无论在哪家店里，价格往往都不大便宜，可这次在山本书店买到的大内白月著《支那典籍史談》，却只花费区区 500 日元，实在令人意想不到。此书出版于日本侵略战争结束前一年的 1944 年，当时印制 3000 册，算不上稀少，可现在却很不容易遇到；再说我得到的这部品相洁净整齐，更值得藏弄。书的叙述形式，介于中国旧式的《书林清话》与新式的版刻史、书籍史之间，即如作者所云，既追求历史叙述的系统性，同时也坚持轻松易读的趣味性。不过，就现在的读者而言，此书似乎更适合具有中国版刻史基本知识和较好历史文化素养的读者来做消遣性的浏览，而不太适宜初学者用作入门的导读性读物。中国还没有见到过同类著述。

《支那典籍史談》全书分为前、后两编。前编名《典籍發達の跡》

（《典籍发展之轨迹》），安排系统的章节，叙述版刻发展过程，但实际每一个具体的小节，还是带有很浓重中国传统笔记条目的特征；后编名《汉籍漫谈》，每一条目的叙述形式，更是与《书林清话》基本没有区别。美中不足的是封面选配的图案为北朝造像铭文拓本，似乎更适合书法史而不是书籍史的内容，装帧设计的用意有些令人费解。

毗邻山本书店有一家小川书店（正式店名叫"小川图书"），专门售卖西文书籍。店里当堂掌柜的为一位漂亮文雅的年轻女子，虽然只在这里买过一两本书，却是这条旧书街上我印象最深的店主，堪称满街斑斓旧书之外的一道另样景色。十多年来每次看到她，容颜似乎都没有多少改变。在书店门前地上摆放的旧书中，找到一册名为 *London's Natural History*（《伦敦自然史》，英国学者 R. S. R. Fitter 著，伦敦 Collins 出版社 1945 年版，1946 年重印本）的英文书籍，标价 1000 日元，算不上很便宜，但与我的专业多少有些关连，主要是讲伦敦地区动植物的历史变迁，买下留待开开眼界。

就在小川书店门前选书的时候，抬眼看到了本周昨今两天在东京古书会馆举办"城北古书即卖会"的招贴海报。这才是今天的主要目的地，随即不再沿街停留，一路疾行，直奔古书会馆。

书市招贴上的"城北"是东京旧书行业的习惯分区。依照旧书店所在的地点，分地区举行书市，是比较通行的一种集中售卖形式。"即卖会"的所谓"即卖"，是说现场谁看好哪本挑出来就卖给谁；与它直接相对应的是"入札会"，读者挑好书后需要先在现场投标亦即做所谓"入札"，日后开标，才能知道书入谁家。不言自明，"即卖"者均属普通旧书，够资格"入札"者则是高档珍品。

　　不知是不是已经接近收摊儿的缘故，在这里并没有看到令我特别动心的书籍。一共买了四本书。其中最廉价的是石田英一郎著《マヤ文明》（《玛雅文明》），中央公论社印行的文库本，100日元。因为没有念过历史系的课程，聊供补充常识。文库本百元一册，到处都能遇到，价格尽管低廉，却并没有什么便宜可言。不过，在这里买到的另一本小书《シナ奥地を行く》（《中国内陆行记》），只花210日元，却算比较便宜。本书为法国探险家D'OLLONE于20世纪初在中国云南、青海等地的探险考察行记，由矢岛文夫等译为日文。这个日文译本收录在东京白水社出版的《西域探险纪行全集》当中，过去我已经买到过五六种零本，也都是挑选的降价旧书，但价格最低时每册也是要在500日元以上，还没有遇到过像这样便宜的机会。

　　其馀两本书每册都是525日元，开本篇幅也大体相当，一本是河野收著《地政學入門》，东京原书房1981年出版；另一本是山中谦二著《地理發見時代史》，东京吉川弘文馆1969年出版，都是初版本。

　　"地政学"是从西文翻译出来的词汇，现在西文通常拼作Geopolitics，与政治地理学（Political Geography）的内涵相互有很多交错。中国过去对这一学科，通常采用"地缘政治学"的译法，与日本行用的"地政学"孰优孰劣，还可以斟酌。

　　地政学的基本学说，是由19世纪末至20世纪初的德国地理学家拉采尔（Friedrich Ratzel）首先提出，尽管在他的学说中已经充满了领土扩张的观念，但拉采尔毕竟只是一位纯粹的学者，纸上谈兵的学术看法，不过想想说说而已。后来第一次世界大战中的德国少将豪斯豪夫（Karl Haushofer），在退役后进一步发展拉采尔的领土扩张理论，使之更为系统化、具体化，并以拓展德意志民族的生存空间作为其研究的具体目标，直接影响希特勒施行征服世界的暴行；豪斯豪夫所著《太平洋地政治学》一书（在北京琉璃厂的旧书市上，我买到过此书的日文译本），更为日本军国主义的疯狂扩张，提供了具体的学理依据。在战争期间，日本也有人紧随其后，撰述有诸如《東亞の地政學》(《东亚地政学》，"东亚文化研究会"编著，1942年出版）之类的书籍，以配合"大东亚圣战"。所谓地政学也因此臭名远扬，战后多年，一直销声匿迹。

现在河野氏重提斯学，自言是要梳理汲取传统地政学说当中的合理因素，在此基础上尝试建立新型的地政学学说，以探求国家、民族的生存发展与地理环境之间的关系。粗粗翻阅之后，觉得对相关问题展开论述，确实很有必要，诚如作者所言，这些问题，事实上是在现实政治当中，各国政府都在仔细考量并一直具体运作的事情，与其大家都躲躲闪闪，暗地里做得而明面上说不得，还不如像这样堂堂正正地讲出来，从而引导其朝着更为理性的方向发展。至于军人出身而又担任日本防卫大学教授的河野氏，是否还另有什么秘而未宣的动机，谁也不好胡乱揣摩，径做诛心之论，还是心平气和地来阅读作者的论述，认真理解其学术见解为好。

作者关于地政学源流和理论方法的论述，一时还顾不上看，需要留待日后慢慢阅读。买下后大致翻阅最后一章《新しい日本の地政学の問題》(《新日本之地政学性问题》），倒没有什么老地政学的武力地域扩张观念，主旨乃是基于日本人口多和土地、能源、原材料等基本资源欠缺的海岛国家特点，强调要把未来的新日本，建设成为世界上最重要的文化观念和科学技术的输出地。为此要求政府改革教育模式，科技文化界要勇于改变擅长模仿而缺乏创意的传统习惯特征，摆脱欧美的阴影，独立创造出与其领先经济地位相称的思想文化和科学技术；同时，还要着力培养国际事务活动家，改变日本在外交和国际事务方面的稚拙状况；建立所谓"日本学"，树立有文化尊严的国际形象，等等。军人急的都是文人分内的事，太平世界，枉煞英雄竟无用武之地，文化这种软性实力的较量，确实要比刀枪剑戟复杂得多。河野氏思考的方向，固然充满理性，也符合日本的实际需要，但日本文化本身某些难以改变的根本性特征，或许既是带动其迅速学习各国先进文化连续获得飞跃发展的动力，同时也是妨碍其实现自我创造成为世界引领者的重大阻力，实际上恐怕无法兼得其利，我们不妨拭目以待。

《地理發見時代史》的作者山中谦二博士，是东京大学研究欧洲中世纪史的著名教授，本书撰述的主旨，即是作为全面研究和讲述西洋中世纪史的一个环节，来叙述西洋人海外发展和发现世界的具体历程。具体的叙述形式，是在正文中追求尽量简要地陈述基本史事，而把一些需要说明的细节，写为注释，非常便于普通读者阅读。日本学者撰写这一类著述，文笔质实，没有西洋人同类著述常有的枝蔓渲染，可能更贴近中国传统的表述和阅读习惯，至少我更爱读。

既然来神保町时给自己定下的主要目标是赶书市，从古书会馆出来后，尽管天色尚早，亦是径直返回住所，不再流连于旧书店街的景致。

最后的 BIG BOX 古书感谢市

昨日在神保町看到一张宣传广告，告示云本月 10 日至 16 日之间，在早稻田大学附近 Big Box 大楼举办"古书感谢市"。广告中有"每月恒例"一句词语，似乎每月都要在此举行一次这样的集中售卖活动。不过，这一次却有些特别，它是这一书市最终落幕之前的告别出演，我也算是赶上了日本旧书史上一个不大不小的历史性时刻（若干年前，还在京都举行的日本首场古书拍卖会上看过热闹）。

昨天下午从东京古书会馆出来，手里有一大包书，再往这里跑很累赘，加之时间已经比较仓促，所以，今天上午又专门跑这里来一次。东京这类常年不断举行的小规模书市，通常都是上午 10：00 开始。由于今天是 13 号，已经是书市的第四天，没有必要再急着赶早晨的开场，大约开卖半个小时以后，才来到场内。

这座 Big Box 大楼，位于早稻田大学附近的高田马场轻轨电车（东京 JR 山手线）站旁。由高田马场电车站到早稻田大学这条路，街道名称就叫早稻田大街，是东京城内规模仅次于神保町的旧书店街，共有旧书店三十多家。

多年混迹于学术界中，自己常常觉得脸红，因为实在做不成一个正儿八经的学问家。十多年内，来过早稻田大街已经很多次，但只是为买旧书而来，甚至还专门去过附近居民区内设在住宅里的一家非常偏僻的旧书店，令老板娘对我找路的能力惊讶不已，可是却一次也没有真正迈入过早稻田大学的校园，既没有想去开开眼，看看人家走的路是宽轨、窄轨，抑或铁轨、钢轨，也没有想去骚扰同行学者拜访交游，每次都是乘兴望书而来，欣喜获书而归，这次更只是以逛书市为目标，出了车站就拐到 Big Box 大楼，连早稻田旧书店街都没有去看。

所谓 Big Box，也就是大盒子，名字好像得自这幢大楼白、红两色的外观涂饰，是由日本一位常常引起争议的建筑师黑川纪章创意设计。由于正在整修施工，看不出来究竟有何独到之处；以前在附近经过的时候，也从来没有注意过它的模样。在我看来，所有当代建筑的外观，都差不多同样难看，往往越有名的设计越难看，全世界都是如此。当代建筑还有一个普遍特征，这就是除了那些特别奇形怪状的怪物之外，大多数建筑的造型都像火柴盒子，设计师在这个 Big Box 上面，究竟会施展出哪些别出心裁的手法，我也实在想像不到。

书市就设在大楼一层"东西线"地铁站出入口边上的空地上，摆有十几个摊位。日本的书市都是这样集中一处而分别设摊，每家的书籍有自己印制的价签儿，价签儿一般像中国公园门票的正副券一样，分成上下两段，分别印上同样的书店名称和书价，店家把上段实贴在书籍后封皮的里面，下段则虚浮在那里。读者在各处选书后，是在同一收款处统一付款结账。结账时收款人取下虚浮着的价签儿下段，先是用于与读者结算，书市结束后再用于与具体的店家结算。

地点很热闹，乘坐地铁的人来来往往从旁边经过，书市场内却比较冷清，没有几个人在书架旁选书。这让我很惬意，得以静下心来，从容浏览。一个多小时下来，选出十多种书籍。这些书籍的内容，大部分都与中国有关，这里不妨先从最远处没有关系的书说起。

首先是一本岩波文库本《英語發達小史》，150 日元。从小学到中学毕业，除了与汉语拼音字形一样而发音不同的二十六个拉丁字母以及"毛主席万岁"这句口号之外，一句外国话、一个外语单词也没有接触过。上大学好不容易有机会学外文了，又因为念的是地理系，属于最不受学校重视的小学科，英语老师紧缺，配给轮不上；俄语又因为政府不想与苏联通好，学校不开课；最后只好安排一位呆着没事干的俄语老师来带我们学日语。

俄语老师讲日语，乍听起来似乎有些荒唐，实际上也自有它的道理。因为同样都是人话，人起初又都是由林子里嗷嗷怪叫的猴子变过来的，各国各族人的语言文字，在内在实质上原本必然相通。正常的人通了一门外国语言文字之后，也就大体能够掌握所有语言文字互通的神髓和技巧，举一反三，一通百通，傻瓜才跟老师学哪门儿只是哪一门儿，欧美许多人能懂五花八门的外国语言文字，就是这个道理。国人与他们的差别，只是他们的文明化和国际化程度高，自幼即能接受到更好的教育并且有更多的机会接触应用各色语言文字而已。

这位俄语老师的日语课果然不同凡响。像他本人凭借俄语的基础从高起点起步现学现卖一样神速，一般要拖拖拉拉教上一学年，甚至更多至三四个学期的课程，他三下五去二，不到一学期即完成授业，备受我们敬佩拥戴。后来学校主管部门担心这种偏离常规的教法太不靠谱儿，想方设法找到好几位专门教日语的老师来给补苴，其中还包括一位从日本请来的家庭妇女，但都没讲上两堂课即被我们轰走，因为没有人想听早已领会过的内容（尽管在外语学习中从领会到掌握还有相当长一段距离）。看到外语学习竟可以这样速战速决，于是从大三起，便以教日语的俄语老师为榜样，自己找一面小镜子认认舌位唇形，大胆学起了英文。虽然时至今日也只能连蒙带猜勉强认出几部想买的书名，但我以为这并不意味着我没有猴子的遗传基因，或是过于痴呆愚笨，而是没有能够花费足够的时间。

上大学时先是要自己补课，学习由于"十年动乱"而耽误的本来应该在中学学习的许多基础常识；还偷偷摸摸自学了一些属于大学本科程度的古典文学、古代汉语、中国历史乃至考古学的知识；同时，也是从大三自学英语时起，还选择了后来的专业历史地理学，开始比较集中地摸索学习历史地理学知识，时间实在分配不过来，无论如何也不能像当初学日语时一样，早晨天蒙蒙亮就站在操场边上用功。后来专业压力大，更顾不过来，总之是没能付出应有的努力。买下这本小书，就是因为我还一直坚持着从俄语老师那里领会到的学习方法，即对于成年人来说，完全可以借助语言文字的一些深层规律，通过自学而比较快捷地具备简单应用一门语言文字的能力，至少对于单纯的读书需求来说，应该能够做到这一点。

这本《英語發達小史》的作者为英国学者 Henry Bradley，原名为 *The Making of English*，初版发行于 1904 年。我买到的日文译本，依据的是英国学者 Simeon Potter 所作的订补本，出版于 1968 年，译者名寺泽芳雄。我没有注意中国是否也有过汉文译本，但岩波文库翻译出版外国名著，其对译文质量的注重程度，恐怕不是近年国内出版商所能比拟。岩波文库创刊于 1927 年，到今年已满八十周年。它出版的这种小纸皮文库本，一直保持着素朴的装帧风格，价格也极为低廉，面向社会大众，但所收录的书籍，却都是经历时间汰选的学术经典，对日本文化的发展，影响巨大，成为举世公认的出版品牌。购买一个陌生学科内容书籍的时候，找一个这样值得信赖的品牌，应该是最为简便易行的办法。

井泽实写的这本《大航海時代夜話》，也是由岩波书店出版，是 1977 年印行的纸皮初版本，卖 500 日元，不到原定价的一半。所谓“大航海"，与地理大发现在很大程度上指的是同一件事情。前日在东京古书会馆买到的《地理發見時代史》，讲的就是地理大发现，所以，这两部书以后可以相互比照着看。二者之间有些明显的差别，则不待阅读，随手一翻也就看得出来。一是作者的出身和背景不同：井泽实是以职业外交官的身份而业馀从事撰述，《地理發見時代史》的作者山中谦二则是大学里面研究外国史的专家。二是写作形式不同：《大航海時代夜話》是一本专题文集，大部分文章曾在刊物上或是其它相关著述中公布过；《地理發見時代史》则是初次面世的系统研究论述。

不过，不要误以为业馀研究者的水平就一定会比从事这一专业的教授逊色。据《大航海時代夜話》篇末所附"解说"介绍，该书作者井泽实，于 1918 年在 21 岁时留学西班牙，通晓西班牙语、葡萄牙语和英语等多种欧美语言，是开创日本"伊比利亚学"的先驱者，同时还是一位以搜罗欧洲海外发展时代西班牙和葡萄牙文文献为主的著名藏书家。

事实上，井泽实曾蒙受日欧关系史研究专家村上直次郎的邀请，到大学里教书，有机会成为职业学者。不过，他谢绝了这样的邀请，一直是以外交官为职业，业馀从事研究。其间具体的缘由，虽然不得而知，但对于像井泽实这样自学出身进入历史研究领地的人来说，肯定会有一些与专业研究者不太协调的地方。读书驳杂，缺乏足够的专精和系统性，兴趣和涉猎的范围过于宽泛，从事研究的方法和选择研究的题目，完全依凭个人兴趣，不理会学术界的主流风尚，等等。这些都是很多依赖自学进入某一学术领地的人所共有的特点，井泽氏由于同时也是藏书家，这一特点便显得尤为突出，常常为一些专业学者所诟病。因此，从旁观角度看，井泽实的选择，显然更加有利于他随心所欲地按照自己的方式从事研究，从而免却学术界那些不成文规矩的束缚，享受到更多治学的真趣。再说对于他的藏书爱好来说，若不常年轮流居住于欧美各地，根本无法买到那些钟爱的书籍，这一点他或许更难割舍。

自学者的驳杂，有坏处也有好处。科班出身的人由于很早就过分专精，有一套固定的"范式"，有时难免会被束缚思路，蒙蔽眼界，而自学者则可能会因知识驳杂而发现前者无意关注或是无法看到的问题。在行文论述方面，自学者的风格就像手工作坊的制品，虽然不入时，却更带有个人的情趣。所以，就我本人来说，两相比较，还是更喜欢井泽实这本《大航海時代夜話》。特别是书中有一篇《大航海時代文獻解题》，还有一篇《スペイン語で書かれた書籍》(《谈谈西班牙文书籍》)，都同文献的收藏和研究有关 (其它许多文章也不同程度地带有以文献为核心或是以文献作切入点的笔记式著述特点)，更是山中谦二《地理發見時代史》未尝涉及而我尤其感兴趣的内容。

在这里还买到一本与此《大航海時代夜話》的宽泛主题相类似的书籍，是藤野明著《銅の文化史》(《铜文化史》)。这是东京新潮社《新潮选书》丛书当中的一种，出版于 1991 年，虽说是旧书，但书的洁净程度与刚刚出厂的新印本没有任何差别，售价 400 日元。

这只是一本很普通的大众读物，介绍所谓"铜文化"，可是我选购它，却是因为眼下正有很具体的需要。最近一段时间，研究中国古代的铜活字印本问题，想了解一些有关世界各地古代铜文化的知识，专门去图书馆跑了几次，都没有找到合适的书籍。本书作者藤野明，本是专攻有机化学的化学家，身为大阪市立大学名誉教授，因为自幼就对日本古代的铜冶炼和铜器制作感兴趣，多年搜集相关资料，写成此书。由于作者有科学家的素养和眼界，谈科技问题能真正说到点子上，这是此书的第一个优点。其次是因为作者为日本人，而且对这一问题产生兴趣，首先就是出于对日本古代铜文化的关注，所以，对日本情况的叙述，内容非常丰富，在书中占有一半以上的篇幅，而日本"铜文化"的一般情况，以及它在世界中的位置，正是我特别想要了解的问题。

研究中国历史问题，有时需要世界性的视野，这不仅应体现在诸如北方民族关系这类直接的政治势力消长方面的研究中，也应体现在诸多文化问题，如印刷术的发明应用以及发展传播的研究中。过去研究中国的铜活字印刷问题，只是就中国论中国，顶多涉及一点儿朝鲜，实际上深入研究这一问题，东、西两方都需要从更大范围的世界着眼，日本应该是这其中的一个重要环节。

关于日本与中国的关系，在这里还买到两本直接涉及这一问题的书籍，一部是和田清等人编译的《舊唐書倭人傳、宋史日本傳、元史日本傳》，另一部是曾我部静雄著《日中律令論》。

和田清等人这本书，是岩波文库小本，150日元。内容大体上相当于这几部正史日本传的笺注，而且还辑录有一些相关的中日文献，附在后面，是读正史很有用的参考资料。《日中律令論》收在东京吉川弘文馆出版的《日本歷史叢書》里面，是1963年的初版本，售价400日元。

关于中国古代的律令制度，是历史学界多年来一直关注的问题，特别是新出土文书涉及到这方面的内容较多，更吸引了大家的注意，称得上是中国史领域内的一大显学，而我对此却几乎没有什么了解，迫切需要补课。以前泛泛浏览，知道学术界通常以为，在汉代尤其是武帝时期以前，令与律的性质，实质上基本没有什么区别。对这样的看法，我一直困惑不解，感觉从行政体制运作过程中官吏具体执行、操作律令的角度来看，在令与律之间，必定要有非常明确的界限划分，不然会产生诸多混乱，违背制定律令制度的根本宗旨；而且从研究者所引述的文献来看，律、令二者之间事实上还是能够看出比较明显的区别的。因此，很想抽时间多看看专家们到底是怎样来具体地分析这一问题的，而这自然需要首先对律令制度的总体发展过程，有一个基本的了解。

本书前一半讲中国律令制度的演替，后一半讲日本律令制度的变迁，属于概说性质，买下来只是看好它叙述简明扼要，适于初学者，而且有日本情况相参照，对理解其原理和某些特别的问题，也会有所帮助。做专题研究要力求详明，做总体性概说则最忌繁复，要能得其要领，有通贯性的认识，往往越有见识者篇幅愈为简省，繁复则必然不得要领。动辄数卷、十数卷之通论性著述，其文必无甚可观。

说到简而得要的概说，在这里还买到两部专门研究中国历史问题的名著，一部是青木正儿的《支那文學思想史》，一部是加藤繁的《支那經濟史概說》，分别标价 400 和 350 日元，都很便宜。像《支那文學思想史》，在一些专门经营有关中国史籍的旧书店里，通常是要卖三四千日元。这本《支那文學思想史》收在前文提到过的东京弘文堂书房所出《支那學入門叢書》当中，出版于 1944 年；《支那經濟史概說》则是由岩波书店在 1943 年出版，都是最初的印本。在这两本书中，相比较而言，《支那文學思想史》书品更佳，内容也更吸引人，处处都能展现出饱读诗文后的见识，尤其为之欣喜。此外，同类优秀的概说书还找到有矢泽利彦著《東西文化交涉史》，东京中村出版社出版，初版于 1957 年，我买到是 1959 年的第三版，价格只有 200 日元。矢泽利彦所论"东西交涉"，实际讲的只是中国与欧洲的交往，好处是对中欧双方相互的影响，都有平衡的论述。

青木正儿、加藤繁两人都是非常著名的汉学家，矢泽利彦在中西交通史领域，也是卓有声誉的权威学者。但并不是有名的日本学者，就一定都能写出这样好的著述；也不是所有的著名学者，都同样令人敬重。这次在这里买到的吉川幸次郎著《支那人の古典とその生活》(《中国人的古典及其生活》，300 日元)，在我看来，就说不上是一本好书。在日本的著名汉学家中，我一直不大喜欢吉川幸次郎。这不在于他曾为侵华战争做鼓吹，当时很多日本学者都做过，有特定的历史背景，不必苛求，而是读吉川氏的一些文章，常常能够感受到一种带着厌恶的情绪来专门挑剔贬斥中国文明的怪味，非常令人反感。

翻看这本《支那人の古典とその生活》，一开篇，从重印序言里就能体味到一种强烈的对立情绪。吉川幸次郎阴阳怪气地指责说，中国人不懂得尊重日本文明。这话当然并不是毫无缘由，但他恐怕没有丝毫道理在这里来这样讲。

这部书本是日本侵华战争期间一部小文集的重印本，统共只收有两篇文章，都是当时的讲演稿，一篇即被这部文集所挪用作书名者，另一篇是《支那人の日本觀と日本人の支那觀》(《中国人的日本观与日本人的中国观》)。我买这本书，主要是想看后者，看看吉川幸次郎究竟怎样来谈论这一问题，因为这是对增进两国民众沟通非常重要的问题。

　　吉川一开场就讲到，导致日本出兵中国，虽然有政治、经济等各种各样的原因，但在这些因素之外更为重要的一个原因，应该是中日两个民族未能相互理解对方，甚至互有误解。那么，怎样才算尊重和理解日本了呢？吉川在文中举述了当时正在日本"来朝"的周作人和钱稻孙。吉川氏讲这番话的时间，是 1941 年 4 月。若仅仅作为当时的史料，我们完全可以平静地阅读，但是，需要知道，我买到的这部书，是 1964 年由岩波书店印行的"改版"重印本，他在重印序言中讲的那些话，实际上就是在重申这一看法。对于那样血腥的杀戮，一位受过良好教育的知识分子，一位研究中国古典文学的知名学者，在战争结束将近二十年后，难道还可以怪罪说是由于中国人没有能够理解日本文明的辉煌而自找的灾难吗？是不是中国人都应该效法周作人之辈以避免遭受血光之灾呢？为了更清楚地表明他对自己这些言论的顽固坚持，吉川幸次郎甚至还把当年的旧序也一字不差地抄录到重印序言当中。只要具有起码的人性和良知，也不会像这样原封不动地重印这些文章，只能说是混账透顶，丧心病狂日久，已经无以矫治了。中国人并不愿意生活在惨遭蹂躏的痛苦记忆之中，更不想对历史复仇，是日本总有吉川幸次郎这样一些人物来提醒我们，罪恶的意识在日本社会当中从来也没有清洗干净，甚至还有很深的根基。

　　与吉川幸次郎这本令人讨厌的文集不同，岩村忍著《東洋史の散步》（《在东洋史中散步》，东京新潮社《新潮选书》丛书，1970 年初版本，200 日元），是一部令人轻松愉快的历史随笔集。岩村忍主要研究蒙古史和中亚史，有日本研究游牧民第一人之誉，这部文集涉及的范围却不局限于此，而是上起中国文明的起源，下至十八世纪的中国与欧洲，还有对历史学一般研究方法的思索，以及宋人郑思肖的《心史》和《马可波罗游记》这样一些著述同日本的关连等等，博雅洒脱，思考问题的空间和时间视野，都极为开阔，与其形容成"散步"，不如比拟为在漫无边际的草原上骑马游荡，出入东西南北，穿越上下今古，进退回旋自如，值得慢慢一一领略品味。

能写出诱人的文章，是因为岩村忍本来就是一个饶有趣味的人。他解释以"散步"来作书名的缘由说，这是因为收在书里的这些文章，都是以散步的心情来写兴之所至的事情。岩村氏在后记里讲到，历史研究的目的与其它学科并没有什么本质区别，破解疑问是唯一的目标，而学者们在朝向自己选择的特定问题迈进的时候，路边往往会显现出一些充满诱惑的岔路，这些小路很可能坎坷不堪，说不定还险象丛生，你无法深入，但有时却可以怀揣着散步的心情走过去随便看看。这部文集，就是岩村忍如此这般散步的一部分记录。

看似随心所欲的轻松散步，其实写在这里的每一篇文章，都有独到的见识，而且几乎都是针对很具体的历史问题，并非不着边际的胡侃。文集出版后，日本研究相近领域的著名专家护雅夫和山田信夫，都专门写过文章，对文集中提出的学术见解给予了很高评价，护雅夫文章的标题就叫"随处都是崭新的见解"（《随所にざん新な说》），山田信夫则赞誉说，恐怕没有第二个人，能够像岩村忍这样漫不经心地讲述艰深复杂的问题。能够做到这些，当然首先是作者的天分，不过岩村忍其人也还有着普通学者所不具备的嗜好和经历，这些与他的研究著述，应当有直接的关系。

　　岩村忍非常喜欢书籍，收藏有很多珍稀的古本，他著有一部欧美有关中国文献的解题书籍《支那關係歐美名著略解》，就显然与他热衷于相关文献的搜集密切相关。爱好搜集书籍的学者，阅读一般都比较宽泛，往往也就会在研究过程中，看到更多的岔路，同时更容易被这些岔路上的景致所诱惑，触发出一些奇奇怪怪的联想。另一方面，即使不专门藏书，只要肯用功，读破万卷书，应该不足称奇。岩村忍与众不同的是，他并不只会闭门读书，而是还能够骑在马背上走万里路，在欧亚大陆的草原上做过很多细致的考察和考古发掘工作。将对现实的观察体会与对历史的理解融为一体，将读万卷书与走万里路兼于一身，这是古往今来没有几个学者能够做到的事情。岩村忍做到了别人不容易做到的事情，也就能写出常人不易写出的文章。

　　在本书的后记里，岩村忍最后写道："对于我来说，历史具有非凡的乐趣。何以如此愉悦，我自己也说不清楚。不过，探索一个又一个连环相扣的历史事实，比阅读优秀的侦探小说还令人快乐。真实的历史，不像侦探故事那样，既有开端，也有结局，这或许会使人多少感受到一些不安，但这岂不正是一种令人惊悚的悬疑吗？"在此之前，我见到的另一位将历史研究的魅力与阅读侦探小说联系起来的历史学家，是中国研究魏晋南北朝史的学者周一良。周一良这番话，很正式地写在一篇谈论清代乾嘉学术兴盛内在原因的文章里，但似乎并没有引起历史学者太多注意。这是一种只可与知者言而不易为常人解的情趣，周氏也是有他自己的体会。尝见有个别人将周一良这番话引申成为仿造侦探小说的逻辑结构去编造通俗的历史推理叙述，这与周氏本意，恐怕就大相径庭了。

关于中国古代史研究，买到三部日本学者的著作，分别为贝冢茂树著《中國古代史學の發展》(《中国上古史研究的进展》，东京弘文堂书房1946年初版，500日元)、驹井和爱著《中國古鏡の研究》(《中国古镜之研究》，东京岩波书店1953年初版，1000日元)，以及丹羽友三郎著《中國元代の監察官制》(《中国元代的监察官制度》，东京高文堂出版社1994年初版，400日元)。这些都是老一辈汉学家的专题研究，需要带回国内后正襟危坐拜读。

贝冢茂树和驹井和爱的书都是以考古学资料为基础的研究论著，半个多世纪以来新出土的大量考古资料，自然可以对他们的一些观点做出修正，但仅仅是依据一些当年人们看不见的材料就可以轻易得出的新见解，即使百分之百地正确，也不一定就意味着学术水平的提高和对问题认识的深化。譬如关于规矩纹铜镜亦即所谓 TLV 文镜，尹湾汉简的发现，固然很容易就证明了驹井和爱等许多学者过去将其视作六博图的推测并不正确，但新的研究也并没有对相关问题做出更深入的解析，包括驹井和爱在这部《中國古鏡の研究》一书中早已提出的一些问题。高水平学术研究的价值，并不会因材料的陈旧而削减。

在近现代史方面，也有正儿八经的收获。高村直助著《近代日本綿業と中國》(《近代日本绵业与中国》，东京大学初版会1982年初版，450日元)，研究近代世界市场背景下中国领土上中日绵纺织业的势力消长。我关心的则是与此相关的中国近代绵纺织业和棉花种植业的地域变迁。饭沼二郎编《熱河宣教の記録》(《热河传教实录》，东京未来社1965年初版，500日元)，是对 20 世纪 40 年代日本侵华期间日本基督教会在中国热河传教神职人员的采访记录，涉及到很多当地的风土人情，对研究传教以外的很多问题，也都有史料价值，包括我感兴趣的历史人文地理问题。

在这次"古书感谢节"上买到的另一部与现代史有关的书籍，是美国学者 Daniel Harrison Kulp 著、日人喜多野清一等译的《南支那の村落生活——家族主義の社會學》(《华南的乡村生活——家族主义的社会学研究》，东京生活社 1941 年初版，英文原名为 *Country Life in South China. The Sociology of Familism*，1925 年在美国纽约出版)。不专门研究这类问题，不知道中国是不是有过汉译本，至少在这部日译本出版时还没有见到。这是一部研究中国乡村生活的社会学名著，剖析韩江流域的一个乡村，当时的调查工作深入细致，重视社会心理的分析，现在已经成为研究中国华南乡村的绝佳史料，470 多页一大本标价 1000 日元，也不算贵 (稍后几天，在专门经营中国文史书籍的山本书店所印行的"古书目录"上，看到此书的标价是 7350 日元)，即使有中文译本也不会比这更便宜。

社会学的调查研究，短期内殊少有人会在同一个点上再次重复，是否实事求是，常常是天地良心的事情，比其它学科更需要学术的虔诚，从而也更需要良好的学术环境。时下国人的学术环境，显然不能同这位 Kulp 当年在美国的学术环境相比。所以，即使自那时以来这个乡村的社会环境没有发生过任何改变，现在再让中国的社会学者重新去做调查研究，我也宁愿选择这部看起来好像已经很陈旧的著作。

交款结账时主办者顺手塞给一张传单，读了以后才知道，在这里举办的"BIG BOX 古书感谢市"，始于 1974 年，至今已有三十四年，读者也应当向这么多年来一直持续举办这一活动的书商们表示感谢。中国的个体旧书店越来越多，业主们也有必要适当借鉴一些海外同道的成功做法，这些学起来应该不是很难。

早稻田古书掘出市

虽然昨天在早稻田大学附近的"BIG BOX 古书感谢市"上刚刚搜寻过书籍，但今天这里另有一场书市开张，于是又赶到这里。本来这头一天是想赶上一早儿的开场，无奈上午要去办些正经事，直到中午才腾出时间，赶到地方时，已经日过当午了。东京的书市常年连绵不断，多不胜数，这几天就另外还有两场，要是想场场不拉，就是丢掉职业专门到处乱跑也跑不过来，因为有时一天之内会在不同的地方同时举办好几场。我也不想像这样一场场连着赶下去，精力、财力都不允许，只是近日无风无雨，不冷不热，天气很适宜出行，就适当多看两处；过不了多久，就会进入雨湿闷热的季节，对于我这个来自中国北极地区的北佬来说，是最吃不消的折磨，自然要有更多时间留在室内，守着空调，安心读书做正经事。

书市的名称叫"早稻田古书掘出市"。"古书"一般就是泛指"旧书"，日本人更多是用"古本"的说法，不一定真"古"；"掘出"在这里大致相当于中国书友间常用的"捡漏儿"，也有让你独具法眼来寻觅发现宝物的意思，或许翻译成"淘金"会与原意更贴切一些，只不过是书商招惹人的把戏而已。书市设在早稻田大学正门前的空场上。也幸亏是来逛书市，我才弄明白早稻田大学的校门是开向何方。

尽管书市就摆设在大学门口，买书的人也并不很多，只是在最边上卖百元一册文库本的地方，聚集的大学生才稍微多一些，但也绝谈不上拥挤。日本人对这种书市显然司空见惯，根本不受它"掘出"招牌的蛊惑。在这里做旧书生意，实在很不容易，哪里会像中国近些年来那样火爆。

场内总共也不过十来个摊位，一个多钟头时间，已经足够仔细地看了个遍，"掘出"品虽然没有看到，可也找到一堆自己中意的书籍。人生无几，买书不能不越来越有所收敛，这两天已经买到不少书，邮寄也是笔很重的负担，挑选时便愈加尽量限制为专业用功的便宜书籍。

放大一点儿专业的概念，不管看懂看不懂，把中国史都视作自己所从属的行道，从古向今叙说，涉及年代最早的是白川静著《甲骨文の世界——古代殷王朝の構造》（《甲骨文的世界——古代殷王朝之构造》）。这是收在东京平凡社《东洋文库》丛书里的文库本，售价 600 日元。原来的定价虽然也只有 700 日元，但这是 1973 年的印本，现在《东洋文库》新出这样一本书籍，标价通常已涨到在 2000 日元上下。日本文库本的装帧，大多力求简省，以降低成本，因为文库本本来就是面向大众的普及型出版物。不过，平凡社出版的这套《东洋文库》，却是一反这种常规，布面、精装、纸函，除了开本和字体较小之外，其它都一如彼国出版的学术研究专著，相应地定价也就比普通文库本要高出很多。

《东洋文库》这种设计，是在竞争激烈的日本出版市场上使出的独特招数，而这也是基于它独到的内容定位。出版者应该是想通过这种形式，扩大文史学术研究著述的发行范围，推出一套能有较多人承受得起的东方学术经典读物。

对于商朝的历史，传世文献的记载极为有限，甚至不足以复原其轮廓，依据甲骨文资料对殷商历史做全面的综合性论述，应当说始自陈梦家的《殷墟卜辞综述》，白川静此书即是沿承陈梦家这一路数。作为后继的著述，作者当然会依据更多新的材料，并且也提出有新的问题和不同于以往的看法。除了描述自己所复原的殷商社会结构体系之外，白川静还想将这部著述写成认识甲骨文与殷商历史的入门书籍，这一点决定了其篇幅要比陈梦家的《殷墟卜辞综述》简省，文字叙述也更平易，所涉及的内容同时也更为集中。我对于甲骨文和殷商史实在隔膜，不过随手翻检一下，感觉至少在这后一点上，这部书是很成功的。与此书相匹配，白川氏先前已经出版过一部《金文の世界——殷周社會史》(《金文的世界——殷周社会史》)，也是收在《东洋文库》丛书里面。

驹井和爱的《中國考古學研究》，是作者的一部论文集，出版于1952 年，由东京世界社印行。所收论文涉及的年代，从石器时代一直到明朝，但绝大部分都是战国秦汉以后的内容，所以我把它放在白川静讲甲骨文的书籍后面来介绍。

驹井和爱是日本老一辈著名考古学家，文学博士，这本书虽然书名叫作"考古学研究"，实际内容却与当今中国考古学者的研究方法不大相同。当年日本这些考古学者的研究，除了西洋的现代田野方法之外，大多都还同时承续有中国传统金石器物之学的研究路数，注重结合传世文献的记载，擅长文献考订，不像现在新中国培养的大多数考古学者，有的人甚至一提起历史文献记载，就连连摆手说"老古书记的那玩意儿还有准儿"，以为只有现从地底下挖出来的东西才算数，甚至哪怕是古人挖出来的也不行，因而所做研究，往往只是就器物论器物，与历史活动常有很大的隔膜和距离。

这部《中國考古學研究》收录的论文，实际上并没有多少直接的野外调查发掘，主要都是对各种古器物以及古城址的研究，原版初印，品相整洁，1000 元，虽然算不上特别便宜，但也很值得买下一读。富有学术蕴藉的著述，即使当初的观点今天已经明确得到修正，也永远不会丧失其阅读价值；况且对学术问题的认识，常常需要循环往复，有些现在觉得需要修正的观点，再过若干年之后，说不定又会重新回改过来，类似的情况，在学术史上已经屡见不鲜。

日本学术界关于中国社会经济史的研究，在上个世纪曾经持续兴盛过很长一段时间，现在则和中国一样，早已归于沉寂，以至于我协助佐竹靖彦先生编辑的《中国史学》，每当轮到经济史专号的时候，佐竹先生都要为组织日本学者的稿件感到有些困难。在这里我找到两本日本学者研究中国社会经济史的著作，一部是井村薰雄的《中國古代社會經濟の研究》(《中国古代社会经济研究》)，东京西荻书店 1950 年初版，600 日元；另一部是清水泰次著《中国近世社会经济史》，东京西野书店 1950 年初版，400 日元。前者研究战国以前的古代社会经济；后者名为"近世"，实际只是研究明代。这两部书都是正经的学术专著，而且品相完好，触手如新，连外面套的纸函都整整齐齐，乃是出自同一个人的藏书，这样的价格，当然是很便宜。不过，即使是在专业学术书店里也不会卖的太贵，这是因为这一类题目在日本已经基本无人过问。

老一辈日本汉学家几乎无不渊雅弘博，当今一代学人则与中国古代文史学界的普遍情况相同，多是从入道时起抱定某个题目就一直研究到老，除此之外，基本不闻不问。日本研究中国古代文化的学者毕竟不像中国那样众多，由于最初选择题目时就会尽量避免相互冲突，各做各的，彼此自可井水不犯河水。不能相与切磋，每个人的结论和观点是否得当，以及认识水平的深浅高下，就很不容易及时得到评判。若是研究视角变化不大，某些问题随着总体研究进展的逐渐深入，或许还会重新得到审视。可是，同中国特别是中国台湾的情况相似，当今日本的中国史研究，颇有一批前沿学者越来越快地在追从美国日新月异的风尚。这样一来，即使是完全相同的研究对象，理论方法和研究范式一经转换，也会使所针对的问题彻底改头换面，根本不需要再与过去既有的认识对话，需要的只是及时变换为更新颖入时的方法而已，学术就这样一路狂飚猛进。

　　我是从理科半路出家混入历史研究领域来的，没有接受过正规的人文训练，严重缺乏人文思维，因而，对此总是感到有些迷惑。自然科学的每一部分和每一个问题，是像盖房子累砖头一样叠加在一起的，每一块砖都有特定的作用，也都不可替代。因而，哪怕学术之家已经建成高不可攀的摩天大楼，你也不能随意将某一块垫在底下的砖抽掉，弃置不顾。我理解，历史等人文学科与自然科学在具体研究中的差异，在于每一块砖都不容易一下子码放稳当，而正因为如此，恰恰应该比自然科学增加更多回头整理、夯实加固的工序。也就是说，除了真的是所谓"伪问题"之外，作为学科整体构成的一部分，几乎所有的研究领域，都经常需要重新研究，需要反复不断地讨论，才能逐渐得到更加确定和完满的结论。从这一意义上讲，匆忙寻觅一个新视角或是慌张奔向一个新问题，也许并不像自然科学中提出一个前所未有的假说那样重要，更加重要的工作，应该是很好地论证每一个摆在大家面前的问题（幸好日本学者做研究一向极为虔诚，论证问题肯花力气，自己尚且能够对自己负责，一定程度上可以减弱前面提到的弊病）。

在我看来，社会经济史的研究，无论如何也应该是历史研究中的一项核心内容，而学术界已有的研究，还远远不会终结对相关问题的探讨，特别是在某一问题成为热门课题的时候，往往越热越容易因从众效应而形成普遍的视觉盲点，看不到一些显而易见的误区，从而迷失于绝路歧途。喧嚣过后，冷眼端详，有时说不定能看出一些新的门道。中国大陆在 1949 年以后运用马克思历史唯物主义学说对中国经济史的研究，同样是属于社会经济史的范畴，虽然著述很多，但由于当时的政治原因，受到非学术成分的影响太重，因而，存在着更多的问题，值得进一步讨论。买下这两本几乎无人过问的书籍，就是基于这样的想法。

在这两部书中，井村薰雄的书，带有浓重的授课讲义色彩，论述的形式也颇为怪异，通篇使用体、用、相的概念，来论述自然、劳动力和资本这些生产力要素。读书最怕作者论述平庸，奇奇怪怪的想法，虽然免不了离奇荒唐，有时却可以在常人意想不到处给人以启发。清水泰次的《中國近世社會經濟史》则堪称难得的佳作，作者行文酣畅，通篇论述宛若一气呵成，咄咄逼人，其观点有多少可议之处尽可姑且置而不论，学术书的论述能写得这样精彩，就很让人敬佩。

接下来这本清水光盛著《支那社會の研究》(《中国社会研究》)，所论述的问题，现今在中国倒依然还是比较热门，不过这已是历时多年以后的第二个轮回，与清水光盛最初刊印这部书的 1939 年并不能直接联系到一起，而且具体的方法也已经大异其趣。我买到的不是初版，而是岩波书店 1941 年印行的第三版，不过作者似乎也没有新的修订。

本书并不是社会学调查分析式的研究，而是对时间范围很不明确的"旧支那"整个社会形态的综合论述，既使用一部分清代以及清代以前的典籍，也引述有当时学者的社会学调查资料，还有一部分作者本人的实际考察，论述范围既包括有国家的权力体制，也包括有城市与乡村的民众自治组织，还涉及到家族形态问题。700 日元一大厚本，总是值得买下，留作需要时参考。

我更喜欢读过时的老派著述，但同样也很愿意读新派的研究。在这里买到的一部上田信著《傳統中國——〈盆地〉〈宗族〉にみる明清時代》(《传统中国——由盆地和宗族所见之明清时代》，东京讲谈社 1995 年初版，500 日元)，就是用所谓"历史系统"的方法，试图通过浙江诸暨盆地内的宗族和社会状况，来反映明清中国社会的一些基本形态特征。相对于飞速发展的现代社会，研究者与背离我们远去的历史必定要越来越隔膜，中国人也是如此，外国人更加严重。在我看来，有些新研究方法的出现和流行，在很大程度上，正是基于研究者和研究成果的阅读者都同样严重存在着这样的隔膜，所以才不得不采用一些新的手段，来突破认知的障碍。其实，作者在自序里仿佛也谈到了与这相近的意思。大致翻看一下，感到作者的努力是颇为成功的，实现了他想来理解并描述中国社会的初衷，是部值得一读的好书。不过，中国人千万不要去竞相模仿，这样的研究，假若一被国人克隆复制，恐怕就一点点意思也没有了。

窪田文三的《支那外交通史》(《中国外交通史》)，是篇幅 500 多页的大本，1000 日元，并不算贵，在专业书店里，要卖四五千元。此书虽说名为"外交通史"，实际上只是讲鸦片战争以降的中国外交。作者窪田文三说自己对历史完全是门外汉，只是因为长期从事外交职业，鉴于当时日本只有以日本为本位的日中关系研究而对中国自身的外交缺乏全面了解，才动笔撰写此书，因此，这部书也可以说是一位日本外交官眼中的中国近代外交史（不知道这是不是第一部通论中国外交史的专著）。翻看一下，倒真的与历史学家的著述不同，全书对所依据的文献没有一句说明，只是叙述（他是外务省的官员，而且曾被派驻中国，当然一定会利用日本的外交档案）。

我们现在所说的历史学家，通常是指研究历史，其实写历史和研究历史有很大区别，大多数历史学家只是研究历史。这部书初版于1928年9月，我买到的是同年十月的印本，却已是第四版了，可见它在当时迅速流行的程度。窪田文三在书中说，直到庚子事变，列国公使困居笼城奄奄待毙，非借重日本增派兵力已无法解救的时候，欧美诸国才真正承认日本的列强地位。一个国家由弱国转变成为世界强国，需要从各个方面做出努力，对外部世界的了解是其中很重要的一个环节，像窪田文三这样来写中国的外交史，并且受到日本社会的广泛关注，就是一个很好的例证。在窪田文三这部《支那外交通史》出版十年之后，中国学者钱亦石的遗著《中国外交史》由生活书店印行，在形式上同样是没有标注史料出处的叙述，只是全书从明末欧洲人来华交往时说起，已不再仅仅局限于鸦片战争以后的事情。

买书我最看重的还是史料。没有想到在书市边缘专卖文库本的"百元均一"书摊儿上，竟然找到一本很有用的史料，是苏格兰人 Dugald Christie 著述、矢内原忠雄日译的《奉天三十年》（英文原名为 Thirty Years in Moukden. 1833-1913. 岩波书店，1938 年版，上下两册，200 日元）一书。作者

Christie 于 1883 年至 1922 年长达将近四十年时间，在中国辽宁沈阳作布道医师（Medical Missionary），边行医，边传教，身为当地名医，接触到各个方面很多事情，本书是他在这里居住满三十年时所记述的一些经历，后来由他的妻子编纂成书。Christie 自己说这部书既不是历史，也不是自传，不是中国东北的风土记，还不是传教历程的编年实录，只是轻轻地触碰的过去，是过去留下的一帧照片。实际上是分成一个一个专题的社会记录和叙述，对近现代东北地方史研究的价值不言而喻。

　　属于现代史史料性质的书籍，在这里还买到有"东亚同文书院支那研究部"编纂的《現代支那講座》（第二讲）一书（东京岩松堂书店 1939 年初版，500 日元）。"东亚同文书院"设在上海，在日本侵华期间，很大程度上成为直接服务于在华军事行动的日本文化机构，这本讲座的内容，也是直接为日军了解中国的情况提供资料。我买到的这本书，上面贴有"帝国生命调查课"的标签，还盖有"调查课之印"图章，知战时也是被情报部门用作参考。全书分为政治、法治、外交三篇，由相关专家，分别介绍和研究中国相关的问题。其中政治篇包括租界区域、国民党和共产党各个方面的情况；法治篇逐一分析民国政府的基本法、刑事法、民事法以及司法制度；外交篇分别讲解国民政府的外交和各地日伪政权的所谓外交，以及各国对华外交政策等问题。这些内容对专门的研究，当然都很有用处，一般人随便翻阅，也能从中吸收很多知识。对历史感兴趣的人，有条件时，都要尽可能多读一些这类当时的文献，得到的感受，同只读现今学者的研究论著是大不相同的。

　　属于当代史料的《中印境界问题》，是中国外文出版社 1962 年初版发行的日文书籍，大概可以算作是中国政府白皮书性质的文献（装帧是用灰白色纸皮），汇编中印边界冲突时中国政府的文件、官方报纸社论以及相关地图等，我特别喜欢有十几幅大张地图折叠插在书里。本来我早已买过这部书的中文原本，只是不知放在哪里，前一段时间想看怎么也找不到，正好在这里看到的日文本也不算贵（500 日元），印制又显然要比中文本考究许多，便顺手将其买下。

　　艺术史是中国大陆近年很热门的研究题目。除了变换传统的考古学或古器物之学研究的名目这一实质意义之外，对于大多数普通的历史学研究者来说，说句很失恭敬的调侃话，这在一定程度上或许与上天入地寻觅新材料的学术取向有关。要想在当代学林中取得"预流"的地位，最好兼有新方法与新材料之长，不得已时也起码要能擅有其一。第一等新材料，应该是从地下刚刚挖出来的；退而求其次者，是从海外图书馆、博物馆或是寺院教堂古堡山庄珍藏秘匿的书籍古物当中独具慧眼重新"发现"的；实在没办法了，也要找一些研究同一领域问题的前贤谁也不曾引述列举过的材料，总之，一定要新奇。我就亲耳听到某名教授说，别人请他审读文章，凡是谈论老问题特别是有名家研究过的问题而又没有什么特别新材料者，不需要看就可以判定：绝对不会有任何新的见解，统统刷掉。在我国，前人研究一般历史问题，看书的显然要比看画的多（这在一定程度上是由于画书太贵，吾国学者买不起所致，而不是这些人呆傻得竟不知道看画也能对研究有所帮助），因而，现在便需要反其道而行之，尽量看别人没怎么看的画，避免看别人早已看过的书。

　　调侃归调侃，不论是过去以古物本身的演变为对象的纯艺术史研究，还是现在仅仅将古代实物遗存作为史料对其历史内涵所做的解读性研究，只要不过分强调其新奇性，像做所有传统研究一样，静下心来踏踏实实地做，就都很有必要而且必定大有可为。自己因为完全不懂，方便时也买一两本入门书随便看看。

这次在这里先是找到一部美国学者 Michael Sullivan 著、新藤武弘译《中國美術史》（英文原名为 A Short History of Chinese Art.），与前文提到过的岩村忍著《東洋史の散步》列在同一套东京新潮社刊行的《新潮选书》丛书里，于 1973 年出版（300 日元）。由于完全懵然无知，翻看一下并没有看出所以然来。作者 Michael Sullivan 自言，此书本是写给西方那些对中国文化缺乏了解的读者，用于一般阅读的。本书 1961 年的初版本名为 An Introduction to Chinese Art，由此来看，Michael Sullivan 此语或许并不完全是自谦之词。至 1966 年再版时，其书始改用现在的名称，而日文译本所依据的底本，乃是 1973 年始基本修订完毕的最新版本。有意思的是这个最新修订本的英文母语本，当时还没有正式出版，译者使用的是作者提供的手稿（译者是作者的学生，所以有这样的条件）。我相信修订的英文本正式出版时，作者一定还会有所更改。因此，这个日文译本，会有一些大多数译本通常所不具备的独特版本价值。

作者 Michael Sullivan 和译者新藤武弘在后记里都讲到，起初 Michael Sullivan 对于将这部写给西方人的书翻译介绍给对中国古代美术具有深厚理解的日本读者，本来很有顾虑。针对作者这一顾虑，出版方新潮社告诉 Michael Sullivan，正是基于日本读者对西洋人独到眼光的浓厚兴趣，他们才决定出版此书；Michael Sullivan 闻此意向始同意出版日文版本。新潮社对读者心理的分析很有道理，随意翻开一看，就能够清楚体会一种很熟悉的分析视角，这就是李约瑟在研究中国古代科技史时曾使用过的以西方为参照背景对比分析中国特点的手法。不过，这也是西洋人研究中国问题时很自然地要采用的老套路，他们彼此之间的差别，往往只是在于对所研究问题认识的程度是否足以支撑其做出真正具有实质性意义的对比而已。

同类书还买了半部铃木敬等著《東洋美術史要說》（东京吉川弘文馆 1957 年版）。原书分上、下两卷，因只残存下卷一册，故仅标价 500 日元。剩存的下卷包括中国和朝鲜部分，还附有一点儿"西域"的内容。上图下文，一看版式就知道是最普通的大众读物，除了便宜，还看好它收录有很多收藏在日本的美术品图片，这应该是日本此类读物有别于中国的特色。

有关中国历史文化的一般通论性书籍，在"百元均一"的文库本书摊子上，还买到一本薮内清著《中国の數學》（《中国的数学》，东京岩波书店 1974 年初版《岩波新书》丛书本，100 日元）。内容确实只是很一般的通论，但叙述明快，还是比看中国的同类书籍感觉要顺畅一些。在国内的整个中国科技史领域内，数学史的研究，与天文学史的研究一样，与其它学科史相比较而言，是处于前列的、高水平的，薮内清研究中国科技史最主要的专长，也是古代天文学史和数学史，这部书综合了两国学者的研究成果，有些具体问题是薮内氏自己的研究结论。

薮内清在本书的序论部分论述他对中国古代数学的总体认识时，特别强调中国古代数学的官僚性特点。薮内氏指出，征收租赋、治水灌溉、天文观测与历法制作、地图测量这些都是官僚分内的管理性事务，而自从汉代以后，这些官僚又基本上都是从读书的儒生中选拔，所以，中国古代数学基本上都是由这样一些读书人来从事研究的，这是中国古代数学最重要的一个特征。当然，这并不意味着绝对没有单纯从事研究的数学专家和从民众中产生出来的数学家，但这样的数学人才，越向前追溯越为稀少，后代虽然略有增加，但也只不过是宋末到元明两朝之间的一时性现象，而且这些人大多数同样具有很好的儒学教养。显而易见，中国数学的历史发展，与中国的政治社会具有密切联系，在中国特有的社会环境中走出了独自的发展道路。

不管在中国，还是在日本，对中国自然科学史的研究，基本上一直没有脱离科学技术自身演绎体系的研究范畴，殊少关注科学技术发展与具体社会环境的联系，薮内氏谈到的这些，自然颇有道理，但这在很大程度上也只是基于与西方数学史的简单对比，并没有真正切入中国的历史文化环境。譬如官僚管理租赋征收对数学知识发展的影响问题，儒生出身的官员，通常并不直接处理这些钱粮俗事，在大多数情况下，是将其委诸下吏之手，而这些吏役的出身和实际社会地位，与州县大员之间存在着巨大的差距，官僚与算术之学的关系，显然并不那么简单。又比如薮内氏虽然设专门一章，论述了民间数学的发展问题，但主要论述的是宋末至元明间的情况，对中国数学发展史上非常关键的魏晋南北朝时期，却基本没有怎么联系当时的社会环境。中国科学技术史的进一步研究，若是能够将古代的学术，真正还原为当时人生活中的学术，而不只是停留为西方科学技术史年表旁的参照系列，将会为全面理解中国社会的历史面貌，提供更大助益。

进一趟书市，总应该有那么一两部能让你连续兴奋一段时间的书籍。在这一场书市上买到的最令我兴奋的书籍，是石田幹之助的名著《歐美に於ける支那研究》（《欧美各国的中国研究》）。能够将研究状况的概述写成名著，必须是像石田氏这样的名家。这部书如同日本学者许多学术著述一样，实际上是汇集一组专题论文的文集，其中也有几篇文章，不属于书名所能涵盖的主体内容，但同样与其具有比较密切的关系。譬如《我國における西域史の研究》（《我国的西域史研究》）一文，就是论述日本的西域史研究状况而非欧美；又如《アラビア探険の回顧》（《阿拉伯探险的回顾》）和《南海諸國に關する支那史料》（《有关南海诸国的中国史料》）这两篇文章，也与欧美的中国研究没有直接关系。

　　这本书是石田幹之助著作当中我最为渴求的一种，初版发行于1942 年 6 月，这次买到的是 1943 年 12 月的第三版，价格 1000 日元，算是相当便宜。前些年在一家旧书店里，曾见到标价一万多日元，因钱少且嫌贵没有买，但这应该是此书在日本市场上比较通行的价位。在这次书市的另一家摊位上，还见到有几本石田幹之助著作集的零本，是最先出版的前四册，标价 3000 日元虽然也不算贵，但翻看了一下，随笔性议论文章比较多，既然已经得此精华上品，就不妨先暂且放过，以后在书市上或许还可以找到更便宜的来买。去年就曾经在东京的一场书市上，买到与此开本装帧都很类似的江上波夫著作集的前四册零本，当时只花了两千日元。

　　此本卷首印有第二版前言，交待说实际需要补充订正的内容，改不胜改，只好姑且仅仅改正初版个别误书误植的错字。第三版连这样的说明也没有，很可能连文字都没有顾及修订。当时东亚战火正酣，原因很容易想像。作为一种学术研究状况的综述性著述，这部书中有很多内容可能会显得比较陈旧，但这只是针对研究相关专门问题的需求而言，而我想读这本书主要是将其用作史料解题性著述，因为书中介绍的很多早期的所谓"研究"，现在已经成为记录和认识当时中国社会的历史文献资料，从这一角度看，也就基本上不存在过时的问题，更应当被视作一部经典性论述。再说战后以来欧美各国学者对中国历史的研究，较诸以往，情趣迥异，因此，今天来读石田幹之助这部书，似乎并不是过不过时的问题，而更应该是入不入时的问题。

　　专业研究之外，属于为补课学习外国史常识的而购买的书籍，有伊藤贞夫等编《西洋古代史研究入門》(东京大学出版会1997年初版，800日元)和山崎元一著《古代インドの文明と社會》(《古代印度的文明与社会》，东京中央公论社《世界の歷史》系列丛书零种，450日元)。这两部书不仅是要买来瞎看，还完完全全是瞎买，特别是其中《西洋古代史研究入門》一书，并不是写给我这样知识一片空白的外行人看的，而是以初入此道的专业学者为读者对象，所以讲的都是各个专题面临的问题、研究现状和研究方法。

　　我胡乱买书，是因为脑子里常有一些胡乱的想法。我以为学习了解某些粗浅常识的最佳途径，并不一定都是专家们为你这种"棒槌"量身打造的普及读物，试着去看看专家自己看的书，有时说不定也会有不错的效果。曾听到有朋友说，中国历史学界普遍推崇的大学问家张政烺，在给学生授课时，每讲到一个问题，都要拍着硕大的脑门说，问题很复杂，实在讲不清楚。结果一个学期下来，没有一个问题能有明确的说法，弄得仰慕其大名的学生，始则诧异不已，随之则无不大失所望。其实真正进入研究状态而接近其深层面目的时候，我们对历史问题所能得出的现有认识，正像张政烺所讲的这样，大多都具有很强的相对性，并不像中学教科书里所讲的那样确切无疑。阅读这本《西洋古代史研究入門》所能得到的好处，就是能够知道通俗常识背后存在着的问题。

同样属于外国历史范畴的书，还买下两本翻译的西洋城市史研究著述，一部是比利时人 Henri Pirenne 著、今来陆郎译《西洋中世都市發達史——都市の起源と商業の復活》（《西洋中世纪都市发展史——都市的起源与商业的复活》，东京白扬社 1943 年初版，英文原名为 *Medieval Cities, Their Origins and the Revival of Trade*，300 日元）；另一部是英国学者 Arthur Korn 著、星野芳久译《都市形成の歷史》（《都市形成的历史》，英文原名为 *History Builds the Town*，1953 年初版，400 日元）。前者出自作者法语讲演稿的英译，据云是作者研究欧洲中世纪社会经济史的结晶之作；后者据称是以侧重都市产生的整体社会背景而见长。买这种书一是开阔眼界，二是想给研究中国古代城市作一般参考。

在书堆里来回转，多多少少也总会买些随便看热闹的书。在百元一册的文库本里，买下一本木原启吉著《歷史的環境》（东京岩波书店 1982 年印《岩波新书》初版本）。书的内容是讲我们中国所说的文化遗产保护问题。文化遗产保护在现实生活中固然重要，但只是民众的社会意识引导和政府合理对策问题，无论如何也不能上升成为一门学科，国内某些大学里设置不止一个专门的教授，更属荒唐。

拉拉杂杂谈了这么多枯燥乏味的学术性书籍，能让普通藏书爱好者感些兴趣的收获，可能只有最后这一本草野正名著《圖書館の歷史》（《图书馆的历史》，东京学芸图书株式会社 1975 年第三次修订初版本，600 日元）。

书大体上分为前后两编，前编讲西洋图书馆史，后编讲日本图书馆史，缺点是不像日本其它这类通论性著述，必然要讲上一通中国的情况，作为与西洋的对比；不过优点也正在这里，能腾出篇幅多写一些我们不够熟悉的事情，特别是日本的情况，对于了解古代典籍在日本的传承脉络，很有帮助，需要从从容容地细读。

爱书会古书即卖会

今天是 5 月 18 日，金曜日（星期五），来日本正好满一周。上次去东京古书会馆买书时，看到有预告，说今、明两天在古书会馆有"爱书会古本即卖会"，今天赶早来看看。这种"爱书会"，应当是旧书行业的民间团体，在东京有很多，诸如"好书会"、"古书爱好会"等等。像这类团体往往还会自办一些小型刊物，相互之间也不只是串通起来作卖旧书的勾当，确实有许多风雅的交流，因为这些旧书店的老板不仅爱书，还普遍有比较高的文化修养。

赶到稍晚一点儿，人都已经入场，没有看到书虫像热锅上的蚂蚁一样等待开门的场景。东京古书会馆的旧书展销，因为档次一般要稍高一些，往往会有一批旧书瘾深重的人，要提前等在门前，赶第一拨儿入场选书。不过，我也只是稍微晚了一小会儿，场内密密麻麻的读者，大部分还都带着满眼的期待，慌里慌张地在快速扫描，寻觅着自己最钟爱的货色。日本人虽然最讲究礼让，这个时候往往也会有稍稍不同于寻常的举止，要是自己关注的某一个书架还没有看够看好，旁边不管有多少人靠过来，大多也轻易不会腾让地方。

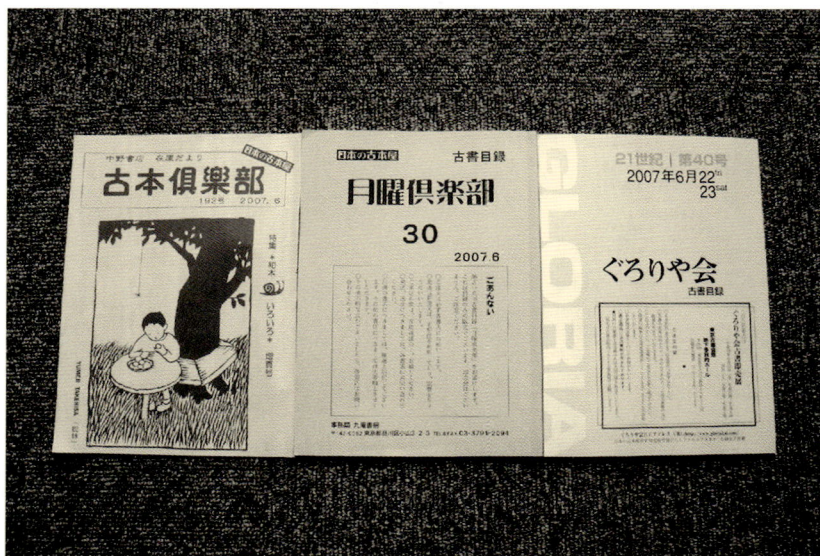

东京旧书业团体所编印的书目

　　进门后一眼就看到有满满一大排线装书，这当然是最吃紧的地方，来不得半点犹豫。不过，翻看线装书的人并不很多。用不到 20 分种巡视一遍下来，明白了没有多少人盯着看的缘由：价格太高，跟店里没有什么两样；书籍太平常，绝大部分都是蹩脚的大路货。

　　稍微有点儿意思的是，一部日本大正年间用旧版刷印的天文本《论语》，古香古色，雅致诱人。所谓"天文本"，或称"天文版"，是缘于这部《论语》的雕版时间为日本天文二年，时值中国明朝嘉靖十二年。清朝末年，那位撰述《书林清话》的叶德辉，曾在书肆买到一部流入中国的天文本《论语》，在用其它中日古本仔细对校之后，叶氏写有一篇《天文本论语校勘记》，刻入他的《观古堂所著书》当中。这部天文本《论语》原装应为两册，此本因已被改装成一册，且缺少函套和重新刷印的说明，定价仅 8000 日元，这在现在，可以说已经相当便宜。旁边另放有一部完好无缺的同一印本，标价就高达 25000 日元。相对于书的品质，虽说定价不算很高，可毕竟也是属于旧书当中的奢侈品了。蒙日本友人相赠，多年前我已存有一部，缺乏相应的实力再收副本，只能轻轻放回到架子上去。

　　没有找到有诱惑力的古书，很不甘心。又仔细看了一遍，确实没有什么像样的书籍可供挑选，最后只好拣了一部《毛主席诗词三十七首》。在日本要生活一段时间，茶馀饭后手头不能总没有线装书翻看，远离自己的书房，只好权且用它来解一解瘾。这是 1964 年 4 月文物出版社的印本，标价 500 日元，比一同摆着的破烂民国石印书籍还要低廉很多。

　　我买下它来，是因为这部书尽管不是古本，却完全是用传统的方法镌刻木版印制，并不是新式平板胶印本。镌刻的字体，是清末至民国初年间湖北黄冈刻工陶子麟那一路仿宋浙本风格，刀工用墨，都谨饬不苟，只是纸张稍差，与之不甚般配。估计当时一定另选用上好佳纸初印有少量进呈中南海游泳池旁和送给诸如康生等显要人物的"特供本"。旧体诗词配以古法刻本，堪充风雅的玩物；况且如此便宜的价格，在国内早已找不到了。日本人大概不大关注这类新书的版刻问题，普通读者也不会识别新雕版印本与影印旧本的区别。

毛泽东诗词线装本的印制方法，在中国当代出版印刷史上是一个绝无仅有的特例，不仅版次众多，而且包括有铅印、集字影印和雕版印刷等诸种形式，国内有人专门收藏。我也有过两种，都是像这样碰到便宜偶然随手收来，并没有特别的兴趣。一直到国民政府转迁至台湾之前，只要自己肯花钱，社会上的很多文人学士，都会附庸风雅，刻印一部诗文集之类的线装书送人玩玩，而到了 1949 年之后，除了伟大领袖毛泽东主席本人的诗词之外，似乎再也见不到什么人还能够享用此等玩物，那些僻处于社会一隅悄悄吟风弄月的遗老遗少，只好像当年印制《挺进报》的地下工作者一样找人刻蜡版来油印诗集词集了。

看过线装书后，就安下心来顺着摊位逐一寻找有用的旧书。在"杉波书林"书店的摊位上，一下子看到好几部有关中国社会问题的旧书，书很陈旧，价格也都相当便宜，其中包括秋泽修二著《支那社會構成》（东京白扬社 1941 年第 6 版，500 日元）、大田英一著《支那經濟の構造》（《中国经济结构》，东京日本评论社 1943 年初版，500 日元）、德国学者 K. A. Wittfogel 著、平野义太郎主持翻译的《解體過程における支那の經濟と社會》（《解体过程中的中国经济与社会》，东京中央公论社出版，分为上、下两卷，

1000 日元。初版都发行于 1933 年 5 月，我买到的这一部上卷标注为 1939 发行的第四版，下卷却注明为 1937 年发行的第五版，前后顺序颠倒，不知是何道理)、苏联学者 Л. Мадьяр 著、井上照丸译《支那農業經濟論》(东京学艺社 1935 年初版，500 日元)。

这些著述都是当时用西方社会经济学方法分析中国社会结构的重要著作，一般要比中国同一时期学者所做的工作，更有学术价值，只是学术界关注热点转移，现在才很少有人注意，其实都很值得仔细阅读；尤其是那些关于民国现状的调查和分析，现在已经具有很强的史料价值。其中 K. A. Wittfogel 以中文名字魏特夫而为中国学术界所熟知，前几年历史学界有些人还专门讨论过他的另一本书《东方专制主义》(*Oriental Despotism;A comparative Study of Total Power*) 的观点。据云此书本来有商务印书馆的中文译本，但我一直没有遇到过。这部日文译本上下两大厚册 1000 日元，即使加上邮费，价格也肯定要比国内旧书店卖中文译本稍微便宜一些。另外，在这部日译本中，还有作者在 1936 年 5 月特地为此 "日本版第四版" 撰写的一篇序言，申述一些重要学术观点，更是连德文原本也没有的内容。

魏特夫在这部书里，将马克思提出的 "亚细亚生产方式" 这一概念，发挥演绎成为中国社会的停滞性问题，并且论证指出，由于帝国主义列强的资本输入，已使当时的中国社会终结长期以来的停滞而走向解体；同时，伴随着这种解体的深入，必然会喷发出社会变革的能量。这种分析，虽然它未必符合马克思提出 "亚细亚生产方式" 的本意，却对人们把握中国社会的性质以及学术界论证中国历史的内在特征，产生了相当广泛和持久的影响，要想了解马克思主义史学流派对中国历史研究的影响，这应该是一部必读的基本著述。魏特夫从一位革命者的背景和立场出发所提出的这些观点，后来被本书的日文译者平野义太郎等加以引申，认为理应由日本来充当中国旧体制解体者的角色，使得此说扭曲变形，呈现出一幅很怪异的面目。

这家"杉波书林"书店的摊位占了很长一段位置，在里面还找到几本对我有用的书。与上述诸书内容相近的有一本田边胜正著《支那の農業經濟》（《中国农业经济》，东京日本评论社 1942 年初版），区别于上述诸书的特点，是实证性记述内容所占比重较大，统计资料更为翔实，从而也具有更高的经济史料价值。店家将这部书的价格定为 500 日元，本来已经很便宜了，可过一会儿我在另一家店的摊位上又看到了同样的一部书，定价更低，只有 300 日元，当然舍贵取贱，改买另一部书。这就是书市统一结账带给读者的好处。像这样同一版本的书籍，在同一场书市上价格不同，甚至相差悬殊，是经常会遇到的情况，若是分别结账，就不方便读者拣最便宜的拿。

在这家"杉波书林"店内，另外还找到有一部翻译的属于调查资料性质的书籍，不过不是社会经济方面的资料，而是民族史研究可以用作参考的书籍。这部书是从一部德文《图解世界民族学》中的第二卷部分当中翻译出来的有关北亚、中亚和西亚地区的内容，原作者为德国学者 A. Byhan，译者名本田弥太郎，译者设定的书名是《外郭アジアの民族と文化》（《亚洲周边地区的民族与文化》，400 日元）。我买到的日文初版本发行于 1944 年底，可是原书却是在这二十五年之前就已经面世。对于了解现实情况来说，有很多内容，在日本翻译出版的时候，即已明显过时，今天更多面目全非；但若用作古代历史研究的参照来说，却是越早越好，远比现在新做的考察更有资料价值。书中反映的情况很全面，美中不足是这部日文本出版的时候，日本的经济已经快要被战争拖垮，纸张极差，大量复制的照片也很不清晰。

专题研究性质的著述，在这家店的摊位上找到有广岛文理科大学东洋史研究室编纂的一部研究集刊《東洋の社會》（《东洋社会》），是由东京目黑书店在战后的 1948 年初版印行，题作该研究室所编"纪要"的创刊第一册。与日本这类"纪要"多印成中国大学的学报那样的大开本不同，这部集刊的开本大约相当于中国的小 32 开书籍，由于当时日本经济还很艰难，纸张也不像后来的学术书那样坚实厚重。

现代的洋装排印书籍，开本大小若是比中国过去的大 32 开本超过太多，我便感觉很不舒服：捧在手里，面积太大，分量往往也太重，拿不住；开眼看书，版面太宽，通栏印刷则读书来回换行累脖子费眼，分成双栏又换行太过频繁，不光累眼，还很费神，同时也嫌版面过于凌乱。上个世纪 80 年代后期史念海先生创办《中国历史地理论丛》季刊，就是在我的极力倡议怂恿并具体主持下，确定仿照上海古籍出版社的《中华文史论丛》，采用大 32 开本的版式。《中国历史地理论丛》季刊印制出来以后，先师对开本版式的效果，一直比较满意。后来在我因转调其它单位而离任之后，继任其事者才改弦更张，先是与国内通行的惯例接轨，改成 16 开，很快又与国际接轨，改成了所谓"国际开本"的大本。现在通行的学术集刊，不仅开本都是这种"国际开本"，而且只要有钱，纸张也要尽可能光亮坚挺（不知可否与开本配套径称作"国际纸张"？只是"国际上"稍讲究些的书籍，所用纸张的质地多比较柔和，模上去并没有那种金属一样又凉又滑又硬的感觉，开本更是五花八门，看不出哪一种更具有"标准性"的权威）,阔气且有足够的物理厚度和重量。记得好像是蔡元培讲过,与洋装书相比,读书他还是喜欢中国过去的线装本,轻盈而便于随意舒卷,躺在床上乃至乌篷船里看都很舒适。印书是给活人翻看而不是用作雕塑摆放展览,更不是只摆在学术成果展示柜里作门面给领导视察看,不能不考虑读者作为一种动物的生理适应性。

　　买下这部大学的研究"纪要",并不仅仅因为喜欢它开本小而且纸张轻盈,价格便宜,是很大的诱惑:约 400 页的篇幅,售价 300 日元。当然,这首先要对集刊所收论文比较感兴趣才行。如同书名所示,里面都是研究东洋社会史问题的文章,只是所说"东洋"实际上基本上都是有关中国、或虽不完全是中国但也属于中国周边地区的问题。这部《東洋の社會》里面刊载的具体文章分别是:加藤常贤《支那古姓氏の研究——夏禹姒姓考》(《中国古姓氏研究——夏禹姒姓考》)、杉本直治郎《インドシナ古代社會の史的性格》(《印度支那古代社会之历史性质》)、田山茂《蒙古於ける基礎社會の變遷について》(《论蒙古社会基础结构的变迁》)、鸳渊一《清朝前紀社會雜考》(《清开国前社会杂考》)、今堀诚二《近代に於ける開封の商業ギルドに就て》(《论近代开封的商业基尔特》)。这些文章都很有分量,其中今堀诚二的文章,举述很多实际调查资料,本身还有丰富的史料价值。

　　杉本直治郎在卷首的"小引"中记述其编纂缘起时讲到,这本"纪要"的编纂,肇始于 1944 年,乃是用以纪念该研究室成立 15 周年,但一年后纂辑成书付印时,正遭遇到美军在广岛投下原子弹,所有稿件统统化为乌有。于是,一切又从头做起,两年后复编成此书,杉本氏期望它能够成为劫火后再生的凤凰。日本学者在战后初期的生活,曾经相当艰难，遭遇原子弹灭顶之灾的广岛，当然要更为困苦。然而，他们对学术研究的执着努力，却一直没有因外界环境的恶劣而有丝毫懈怠，从而取得了举世瞩目的卓越成就。其实，以前在中国，也有过与此类似的情况。日本侵华期间，不管是在大后方颠沛流离，还是在沦陷区困守书斋，都有一批优秀的学者，在国家危亡的艰难岁月，以他们的精湛研究，承负起了赓续中国学术命脉的使命。读前辈学者的文章，除了吸收借鉴具体的学术见解，其文章背后所蕴涵的这种学术风范，还会给我们以强有力的引导和支撑。

　　日本学者对中国历史的研究，经历多年持续不断的积累，不仅程度很深，范围更广，早已囊括了所有领域。基于日本佛教传承与中国佛教的密切渊源关系，他们对佛教史的研究，似乎要比世俗领域更深更广，而中国方面由于相关研究曾长期受到政治因素的严重影响，相形之下，落伍的地方也就更多、更明显。这次来日本的主要目的，是想多了解一些日本研究中国佛教史的成果，遇到价格合适的书籍，当然也想买下。日本民众当中佛教信徒众多，对佛教史有兴趣的人，比关注世俗历史的人或许还要更多一些，这类研究著述的价格，也就一点儿也不便宜。

　　这次书市，在一家摊位上看到一套"讲座佛教"系列丛书的几册零本。由于"讲座"面向社会的普及性质，价格甚低，每册只要500日元，就选取了其中的《中国の佛教》(《中国佛教》)分册。虽说是相对比较通俗的读物，但执笔者都是研究中国佛教史的名家，而且程度一点儿也不浅显，只是没有像专题研究论文那样一一注明史料依据，论证过程亦稍显简单。

这部书中我最感兴趣的内容，是道端良秀撰写的《中國佛教の民众化》(《中国佛教的民众化》) 一章。道端良秀写有大量中国佛教史研究著作，长期侧重从社会经济史角度研究中国佛教，特别关注与上层信仰 (包括社会上层和知识上层两方面) 具有重大差别的民间信仰问题，在全世界范围内也可以说是研究这种中国佛教民众化问题最具权威的学者。这篇"讲座"文稿，是由东京大藏出版株式会社于 1958 年出版。后来道端良秀还出版有这方面的专题文集《中國仏教と社會との交涉》(《中国佛教与社会的联系》) 等著述，对这里涉及到的问题，继续做有更多的论述，但这篇文章所论述的问题，仍然具有很重要的学术价值，所以，道端氏晚年在结集出版《中国佛教全集》时，仍然把它收了进去。

另外，书中还列有《大藏經の成立と開版》(《大藏经的形成与开版》) 一章，系由当时的龙谷大学图书馆馆长研究净土教的专家小笠原宣秀撰写，虽然只是讲述一些很普通的知识，特别是对雕版大藏经版本源流的叙述，并没有什么特别的见解，但是其中有关大藏经形成过程的论述，却是专讲版本的著述不大涉及的问题，很适合喜欢古籍版本收藏而又不从事专门研究的人来了解相关的知识。

由于西文不行，而且买到西文原版书籍的机会也很少，对现今中国译本的质量，又常常不放心，遇到价格合适而又有用的日译西文著述，我都要尽量收入书斋。在这场书市上，见到一部加藤宪市译《マカートニー奉使记》(东京筑摩书房 1957 年初版)，是记录清代乾隆年间英国使节马戛尔尼 (George Macartney) 乾隆年间来华见闻的行程记，它在中欧关系史上，是一部具有标志性意义的著作。虽然我早已买到过商务印书馆出版的汉译本，但这部书的价格只有 500 日元，便还是将其收下，以备阅读汉文本遇到问题时，用作参考。虽然是简易的纸皮本，内文的纸张也已泛黄松脆，但书品完好，封面简洁淡雅的装饰设计，现在出版的新书，已经不再能够见到。实际上，正是封面装帧才吸引我最终决定买下这本书来。

当年余嘉锡先生贬斥藏书家的"书衣之学"，所说"书衣"乃是借用为表面形式的意思，指线装古籍的书名以及版刻体式等皮毛知识，说起来算不上十分贴切；现在买洋装书讲究封面的装帧设计，才是名副其实的"书衣之学"。

早年介绍中国地理状况的书籍，一直是我搜罗的对象，意在用作历史地理研究的史料。过去在中国的旧书市场上，这类书并不很贵，运气好时，在琉璃厂中国书店的书市上，甚至花上十块二十块钱，就能拣到一大捆，中文、西文、日文都买到过一些。不过，随着近年书价的快速攀升，这类旧书价格的升幅尤为显著，有照相图片者更甚，已经轻易不敢问津。与国内的同类书价相比，这次买到的藤田元春著《大陸支那の現實》(《大陆中国之现状》)，只花费 500 日元，应该算是非常便宜。

这部书首次出版于 1939 年 1 月，由京都富山房印行，我买到的是同年 2 月发行的第三版，足见在当时特殊的历史环境中其销售速度之快与发行数量之多。除了附有很多当时的照片这一普通旧书爱好者最感兴趣的内容之外，这部记述中国地理状况的书籍，与中国同一时期的同类著述相比，还有两大长处：一是以外国人的眼光，记述了很多中国学者往往忽略不记的内容；二是时时处处都将对现实的记述与其历史渊源融合在一起，所描述的地理景观都具有历史的深度。这前一个特点，是所有外国人写这类东西都有的特征，后一个特点，则既同日本独有的文化构成有关，也与作者藤田元春本人的知识结构有关。

由于在长期的古代历史发展过程中，日本吸收了大量中国文化，普遍阅读中国古代典籍，使得日本民众对中国古代地理知识的了解，往往要比对中国现实地理状况的认识要更加具体，更加清晰。这种历史地理知识，已经成为其认识现实地理状况的纽带，这便是《大陆支那の現實》这本书在描述中国地理状况时总要联系其历史背景的客观缘由。我刚开始读历史地理学的研究生时，就听到有人讲，在侵华战争期间，日本将领部署军事行动，都是手持顾祖禹的《读史方舆纪要》作为依据。这种传言未必可信，但基于上述原因，他们对中国古代的地理显然要比现实的状况有更为深刻也更为具体的记忆。以前我曾见到一位名叫大宫权平的日本地理学者，在上个世纪三十年代初期，编纂出版过一种《中华民国历史地图》（此图系分省逐年出版，每省一大单幅，我见到过的记得有北方的陕西、山西、河北、山东、河南和南方的浙江、江苏诸省，不知道最终是否出全了全国的每一个省份），乃是在民国的政区图上，标注各政区设置在历史时期的主要沿革变化和与重要历史问题相关的要地与名胜，这样独特的内容设计，也正是针对日本读者的上述知识背景。

在主观原因方面，则是由于藤田元春并不仅仅是一个地理学家，他更重要的学术身份，乃是研究古代中日交往的教授，在出版这本书时，即另外著有《日支交通の研究（中·近世篇）》《日中交往史研究（中·近世篇）》。丰富的中国历史地理素养，会促使并保证作者做出这样的记述。

不知是这种中国历史地理的素养赋予他以超越现实的见识，还是虚幻表象之下更为本质的现实状况促使他不得不然，藤田元春所论述的"支那"，把当时日本扶植的伪满洲国也包括在内。藤田氏这种表述方法，与日本政府的立场和政策显然存在着明显的矛盾。为此，他在序言里特别解释说，由于并不能将满洲国从地理上的"支那"当中切割出来，所以，这样做只是为了使读者能够准确地理解"支那"的整体地域性。这种解释真是有气无力，越说越不清楚。

对于我的专业历史地理学来说，不光是像这样的老地理书，老地图也是很好的专业参考资料。因此，十多年前旧书市场还很冷落的时候，由于价格不贵，遇到老地图，不管是中国、外国出版，也不管内容是关于中国还是世界，时常都会买下一些。现在回想起来，遗憾的只是有一次遇到大本原版的《申报》馆中国地图集，定价 600 元，因嫌价格贵想再等等，竟与之失之交臂，万万没有想到没过多久，老地图价格便一路狂涨飙升，弄得我在国内的旧书市场上，已经多年提不起兴趣去看这类东西。

日本各色各样的老地图虽然有很多，可我也同样从来没有留意。近些年来，国内的书商以及其它各路转贩旧书的淘金者，常到日本寻找货源，其主要的采购类别，有和刻本带版画书籍以及与日本侵华战事相关的资料，后者尤其注重包括明信片在内的各种图像、图片，其中也包括当时出版的有关中国的地图。我在日本书店里买旧书时，有的老板一旦明白我是中国人，会马上找出这类东西向我积极推荐。由于不想凑人多的热闹，再说与这些地图的实际价值相比，日本的售价也并不十分便宜，我还有其它更需要或是更好玩儿的书要买，便从来也没在他们那里买过旧地图。

在日本的旧书市上，通常并不大见得到过时的老地图集。不过，这次进场没有多久，就在一家书店的架子上，看到好多本年代较久的地图册，架子前有一位年近六十的日本人，正很紧张地在那里逐册仔细审视拣选。由于自己多年不碰这一类别，对此早已兴味索然，便没有凑过去惹这位老书迷着急。等到在场内其它店的架子上看够了再转回来的时候，看到仍然剩有几本地图，而那位老者早已不知所之，于是，便取下书来看看究竟。架子上总共还有 5 册地图集，其中 4 册外国图、1 册日本图，都是最普通的大众用简明地图，有些还是中学教学参考图集，出版发行时间都是在上个世纪二、三十年代。由于标价比较便宜，每册从 200 至 500 日元不等，值得买下留作参考，便将其统统收走。在这当中，有一本博多成象堂印制的《中等世界地图帖》，编制竟是出自日本地理学界的泰斗、同时也是著名的中国历史地理学家小川琢治之手，对于我还有点儿特殊的收藏意义。

虽然在书市上已经转了两个多小时，但还颇有精力，从古书会馆出来，便又来到附近专门经营西文书籍的崇文庄去看洋书。书店名气大，店里的书价格都很高，每次来时，进店大多都只是"看书"，"买书"则主要是在门前的地摊上拣一些店家看不上眼的货色，但在这里面依然可以找到有用的旧书。

今天运气不错，一过来就看到一本研究中国佛教的书籍，书名为 *Truth and Tradition in Chinese Buddhism*，1934 年由上海商务印书馆出版发行，书上还带有当年商务印书馆的发行标签，有对照的汉文书名，题作"中国佛教源流考"。对照其英文书名的原意，这似乎有比较明显的差别。不过研究这类问题的西方人，即使不能讲汉语，一般也都懂得汉文，译成这样，或许得到了作者的认可。从发行的商业利益考虑，这样的汉文书名可能会吸引更多的中国读者来购买。本书还有一个副标题：*A Study of Chinese Mahayana Buddhism*，已经标明它的主题只是中国的大乘佛教。全书篇幅 400 多页，卖 1000 日元，以中、日两国的行情来衡量，价格都还算不贵。

本书的作者是一位名叫 Karl Ludvig Reichelt 的挪威人，书上还印有作者一个汉文名字"艾香德"。挪威文原版出版于 1922 年，1927 年始由商务印书馆出版英文本，销路很好，至 1932 年已经出版发行三版，作者每次都有新的增订。不幸的是在 1932 年日军炸毁商务印书馆的那场灾难中，该书书版亦遭到焚毁。于是，在 1934 年，又第四次重新排印了我买到的这个版本。利用重版的机会，作者又对文字和插图做了一些新的修订，较之旧版，更为完善。

此书最早的版本虽然是用挪威文印刷发行，出版地却是瑞典，这是因为本书乃是源自作者 1921 年春天应邀在瑞典乌普苏拉斯堪地纳维亚大学所作的系列讲演，由主持方瑞典安排整理出书。像这样给西方普通大学生讲解深奥陌生的东方宗教，即使作者具有深邃的研究，也不可能去宣讲其高深的学术见解，只能是聊供听众了解一些佛教的基本知识和作者的一些评判而已。从作者为英文版所写的自序中也可以看出，商务印书馆在中国翻译出版此书，选择英文而不是中文，正是由于需要此书的只是在华的国际基督教理事会和其它一些西方学人，并不是中国的读者。

不过，作为史料，通过阅读这样的书籍，我们可以了解西方认识中国文化的历程，看到西方普通民众获取的印象与中国实际情形的具体差别。书无不各有其用，能否尽其所用，则主要取决于读者是不是

具有相应的兴趣。从另一方面看，即使是这类比较浅易的叙述，由于
时代的变迁，有时也会不经意间留存一些有独特价值的内容。譬如与
书籍相关的知识，作者根据自己在中国对僧侣生活的细致考察，在书
中记述了僧侣们日常所阅读经书的存放情况，谓寺院中的和尚在自己
的房间里触碰经卷时都相当恭敬，每天做功课念诵的经卷，一般是包
在绣花的红色包袱皮（这应该就是书帙）里，摆放到阿弥陀佛像座下，而
他们在自己僧房里使用的经卷，通常则是存放在一个小书匣子里面。
像这样具体的记述，在中国人的笔下就难得一见。

　　在神保町中心区域的旧书店中，崇文庄差不多是这条街上最东端
的一家店面，向西不远，隔着一条南北向大道，有一家大岛书店，也是
经营西文旧书。不过，大岛书店的规模和书籍的档次，都远远不能与崇
文庄相比，绝大多数是近年的出版物，相应地价格也要便宜很多；即使
是少量年代较为久远的书籍，价格同样要比崇文庄这样的大牌书店便宜。

　　小店看书自有小店的好处，这就是书架少，找书比较容易。看了
不多一会儿，就找到一部比较便宜的书籍，内容是论述民俗学方法在早
期历史研究中的作用，书名为 *Folklore as an Historical Science*，*George
Laurence Gomme* 著，1908 年伦敦 Methuen 出版公司出版发行。内容好
坏顾不上看，标价 600 日元，随便翻看一下也是值得。包括当年在内，
到今年这本书问世正好经历 100 周年，买这种老掉了牙的治学方法论书
来读，真犹如捧着本一个世纪以前的老地图作指南外出旅行一样，自己
都觉得滑稽可笑。

　　老书喜欢归喜欢，遇到合适的新书也是要买。稍过一会儿，在这里
又找到一本世界考古地图集，书名为 *Archaeological atlas of the World*，

英国铅印本 *Scenes and Characters of the Middle Ages*

编纂者署 David and Ruth Whitehouse，似乎应该是一对夫妻，出版商家为伦敦 Thames and Hudson 出版公司。此书为 1975 年初版，在我买的大量旧书当中，称得上是部新书。这种书虽然与我的专业有些关系，但并不十分密切，因而绝不会特意去找。1500 日元，算不上贵，也不算便宜，碰到了即不妨留作参考。

要是确实不想多花钱买旧书，最重要的一点是根本不要进书店；实在做不到的话，进去了也不要久留，最好走马观花瞟一眼就走。呆时间长仔细一看，往往就会惹来麻烦。这一天在大岛书店就是看书时间太久了，结果便被架上一部 19 世纪后期的英文历史研究书籍吸引住而不能自拔，破费掉 3200 日元。

这部书名为 *Scenes and Characters of the Middle Ages*，不知可否译为《中世纪的场景与形象特征》。内容是利用当时的版画画面，来复原欧洲中世纪时期的历史图像。作者系 Edward. L. Cutts，于 1872 年由伦敦 Virtue 出版公司初版印制。它吸引我花费高价的主要原因，是书中复制有 182 幅木版雕刻画，用作配合正文插图。虽然不过是复制的画面，但制版和印刷都很考究，颇能传达原图稚拙的韵味。在崇文庄和北泽书店等大店里，摆有许多远比这更为精美、更为古雅的西文图书，即使是原版的木版版画书也不特别稀奇，可价格却也远比这要昂贵，已不是我所能进入的地界。买到这部书，在学术上还让我增加了一点儿常识，这就是解析图画的历史蕴涵，在欧洲人那里，其实是一种并不新鲜的老把戏。

这也是这几天来我买到的唯一一部勉强可以视作艺术品把玩观赏的书籍，得到后喜不自禁，急于独自展观品味，没有心思再呆在书店里翻书，便当即返回寓所，结束这一天的寻访。

趣味古书即卖展

时间过去一周，今天是 5 月 25 日，又到了金曜日（星期五），东京古书会馆开办了新的一场展卖会，名为"趣味の古書即賣展"。把这几个汉字写成我们习惯看的样子，同时去掉"の"这个假名，也就是"趣味古书即卖展"。上周买到那本 1872 年出版的 *Scenes and Characters of the Middle Ages* 之后，本来想既然已经得到比较喜欢的书籍，就应该及时收手，不再到书市上成堆地买书，可是又觉得来到日本一次，既没有找到一部中意的线装书，也还没有一部像样的日本版的洋装书，而且就连这本 Edward. L. Cutts 撰著的西洋书，实际上在西洋书中也实在算不上什么，只不过是差强人意而已，所以，最终还是决定今天再去书市上碰碰运气，重点是想找两部价格可以接受的精品。

日本人生活讲究的是雅致，卖旧书也是有情趣的行当，所以，往往会给书市取个风雅一点儿的名称。这往往只是个招贴，用来记准时间、找到卖场以后，它叫什么名目，通常也就没有太大意义了。不过，今天的"趣味古书即卖展"，情况倒是确实稍稍有些不同寻常，"趣味"二字，似乎还多少具有某种实质性的指示意义。

从昨天下午开始降下的小雨，清晨醒来，听到还在淅淅沥沥地下着，像是一直没有中断。住在一楼，差不多有一面墙都是落地窗，滴到檐下的雨声，听起来分外清晰。说不清为什么，很小的时候就愿意一个人坐在窗前，静静地听这样的雨声。

大学一年级时，附庸风雅读古代诗词，当时最喜欢读宋人蒋捷那一首写听雨感受的词："少年听雨歌楼上，红烛昏罗帐；壮年听雨客舟中，江阔云低，断雁叫西风；而今听雨僧庐下，鬓已星星也，悲欢离合总无凭，一任阶前点滴到天明。"快三十年没有翻看过原文了，记忆可能不够准确。现在重新想到这首词，内心的感受，已经和当年那种青年人刚刚走向世界时莫名的惆怅忧伤大不相同。出身清寒，歌楼罗帐连想像都想像不好是什么样子，但少年无所顾忌的欢乐，大多数人都曾经有过。"江阔云低，断雁叫西风"的切肤感受，壮年后则经历了不止一次，这也是一个男人生命中理当要有的淬火式洗礼。两年前鬓角开始出现斑驳白发，而说来真是奇巧，由于驹泽大学为日本禅门曹洞宗创办，我在这里住宿的会馆，主要是用来接待来校研修的佛门弟子，正式的名称是"佛学研修馆竹友寮"，出入往来，所见都是头颅光亮的和尚师傅，恰与僧庐差相仿佛（出国前为了与这里的环境相协调，我还特地剃了极短的寸头，外貌已经与住在同一屋檐下的僧人非常接近），而且整个一栋楼，只住有我一个尘世的俗人，所以，听到雨声，不由得一下子就联想到蒋捷所吟暮年僧庐听雨的情景。

原本以为这样的天气，书市上人会比较清净，没想到提前十多分钟赶到东京古书会馆时，门前已经聚集将近上百号人，急切地等待开场，比这几天参加的哪一场书市人都要多。人群中男女老少一应俱全，除了像我这样背着"北京大学中国古代史研究中心"书包的中国佬，还有好几位隆准深目的西洋老外，包括一位金发碧眼的女性书迷。

我喜欢做事守时，年轻时与人相约，哪怕只是与常见面的朋友随便聊聊天儿，常常即会因中途遇事耽搁而跑步如约赴会，因此，非常敬重日本人做事恪守时间的好习惯。展卖的场所是设在大楼地下室一间较大的屋子里，门口外面设有存放背包的地方，结账也在这里。入场的门一直开着，探起头来，可以清楚看到里面的一排排书架，但外面更多的人却是不停地仰起头来去看旁边墙上悬挂的钟表，时针没有转到地方，绝对不能进场，再急也没有用。

时间一到，犹如开闸放水，顷刻间所有人一下子滔滔涌入场内，相互拥挤推进时所用的力度，仅次于上班通勤高峰挤地铁，在彼此彬彬礼让的日本，通常很少见到类似的场面，足见旧书之祸害，其惑人迷乱癫狂，乃不分国度族属。

入场后迅速绕场察看一周之后，马上明白这场"趣味古书即卖展"的旧书"趣味"，在这种普通小规模书市当中，确实要算比较浓厚一些，光是陈列有线装刻本的摊位就达五、六处之多，年代偏早一些的洋装旧书，在总体比例上也明显偏多，另外还摆出有像浮世绘、字画、碑帖拓本等这样一些具有比较明显收藏性质的品种。姑且不论场上具体会有多少种书确实能够满足旧书收藏者的"趣味"需求，仅仅是这些不同于一般阅读的类别，就足以吸引更多收藏爱好者提起来此寻觅宝物的兴趣。

直到后来选完书结账时，我才看到，原来这场书市预先印制过一小本展卖品书目，32开小本，55页，以参展书店为单元，密密麻麻地印满了编号、书名、出版社、出版年代、册数和价格，其中很多书还包括有对版次、品相的说明。不过，印出来的还只能是要目，举述店家以为人气比较高的书籍，并不能囊括所有书籍，所以标示为"出品目录抄"。一定是上周已经在东京古书会馆和其它一些地方散发了这本目录，所以才招引来这么多痴情的书迷，可惜我当时没有留意。由于有书目分发，读者可以按照目录上的编号，在开展前一天正午 12 点之前，向店家提出预约。假如这本书只有你一个预约，书就是你的了，无需担心在展厅内抢不到手；但若另外还有他人也提出预约此书，那就还要由展卖方进行抽签，抽签的结果，要等到书市首日下午 1 点以后，才能公布出来。

常逛书市的人，都会根据自己的嗜好、每一场书市的不同情况，以及对书市情况的了解程度，形成一些各有特色的逛法。在日本逛这种书市，我的路数是入场后先通场扫描，假若各处都是大体相当的普通旧书，就静下心来，慢慢逐一拣选；书的种类、性状若是有较大差别，就要先从最吃紧的类别看起，而只要有线装书，总是最先从这里入手。

线装书摊位不止一家，看的时候就不能盯住一处不动地方，也是要先尽快大致浏览一遍，把感兴趣的书籍姑且抓到手里，然后再回过头来逐处细看。中国书多是清代中期以后的庸劣刻本，而且与和刻本一样，内容多乡儒气，不足观。连续看了三个摊位，情况不相上下，没有什么中意的书可选。转到第四家书店，是以和刻本释家书籍为主。随手翻看了十几部书，因为本来就看不懂佛经，架上的书版刻时代又晚，基本上都相当于中国清代中期以后，平常至极，更让人觉得没有一丝一毫"趣味"。不过，就在我要转身弃到下一家线装摊位的时候，却瞥见一个让我怦然心动的书名——《辟邪集》。

时下在日本买和刻本书籍，你要是通晓日本历史文化，或是懂得日本的版刻印刷史知识，或许能有很多好书可选，不然的话，仅仅是购买日本翻刻的中国古籍，或是日本人所撰写的记述中国情况的著述，

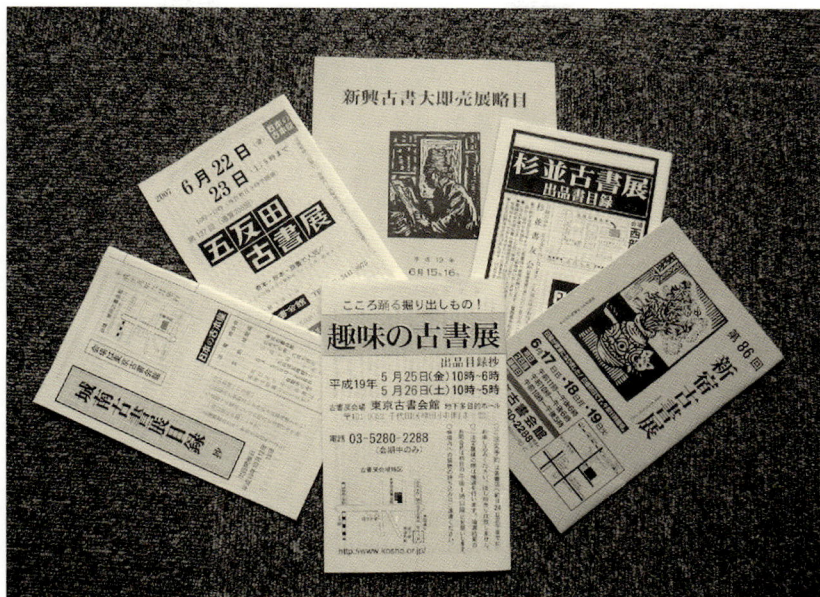

东京书市售卖书籍要目

我觉得并没有太多中意的书籍。后者书籍种类非常有限，价格也都很贵，譬如像《唐土名胜图绘》、《清俗纪闻》之类，同时还有些太大路了，花很多钱买，实在划不来；前者种类倒是有很多，但要想选一部有点儿特色的好书，也并非易事。

首先来看印制工艺。和刻本印制，绝大多数都是使用日本皮纸，色黄者古雅，色白者洁净。用这些纸印出书来，不论观感，还是手感，都比中国通行的竹纸乃至宣纸要舒服很多，所以，不拘版刻、内容是好是孬，只要价格不是很贵，喜欢收藏线装古籍的人，还是应该随便买上一两部，聊备摩挲赏玩；只是这样找来的书籍，自然稀松平常，乃绝无任何收藏特色可言。

其次，日本版刻的字体和版式，简单地说就是亦步亦趋地模仿中国的形式，中国变，日本就迅速跟着变。翻刻中国书籍，雕版风格都相当接近原本，其尤为精细者则形神毕肖，点划与原本已不易分辨。不过，时下肆上所见，大多都是相当于中国清代以后的刊本，能够早至明末者已经难得一遇。这些晚近刻本一般都附有日式训点，使得版面颇显凌乱，若是单纯购以欣赏版刻，兴致必然要受到影响；而若兼顾或是侧重考虑内容，经由日本翻刻而中国国内已经罕见流传的书籍，品种更极为有限，机会实在只是可遇而不可求之。

然而，《辟邪集》恰恰就是这样一部足以让你喜出望外的和刻汉籍。所谓"辟邪"是讲批驳邪教，而这里批驳的"邪教"不是别个，乃是明朝末年由利玛窦等人刚刚传入中国的西洋"正教"天主教。

宗教是一种排他的精神信仰，但各种不同的宗教也秉持有共同的教义，这就是"惟我独尊"。对于某一宗教的信众来说，除了本教之外的所有教门，统统都属于邪教，信仰愈为纯正虔诚，这种排斥便随之愈加强烈。利玛窦等人在中国传布福音，面临的最大异教竞争者，是在中国久已本土化了的佛教，引导中国归化于天主的神圣使命，要求他们必须向佛教信仰直接宣战；佛教徒自然也从天主教徒那里感受到了比中国其他所有人都要强烈的挑战和威胁，不能不全力反击，护卫它在中国的固有地位。

《辟邪集》最初只是明末高僧智旭个人的一部著述，刊刻于崇祯十六年，但现今中国各地似乎仅在台湾尚存有一帙孤本，大陆久已失传。智旭之《辟学集》原本，是由《天学初徵》、《天学再徵》两篇内

原道闢邪說

寓黄蘗釋費隱通容著

○揭邪見根源，

按利瑪竇邪見妄著，天主寔義一書，列爲八篇，而首
篇論天地萬物布置安排皆繇天主所生，論至天主，
則曰天主之稱謂物之原，如謂有所生則非天主也。
物之有始有終者鳥獸艸木是也。有始無終者天地
鬼神及人之靈魂是也。天主則無始無終。而爲萬物
始焉。據此便是利瑪竇妄執無始無終爲天主之邪
見根源矣。殊不知此，無始無終正是吾大道之元亦。

和刻本《辟邪集》內文

容构成，题署的作者姓氏是他出家之前的俗名"钟始声"（字振之）。智旭在少年时本来曾以儒家卫道者自居而激烈抨击佛教，后来猛然之间大彻大悟，方皈依释迦牟尼，成为虔诚的释家弟子。

撰写这种抨击天主教的文字而特地署用其过去在家时的俗名，乃是便于钟氏从儒家学说的角度，来驳难天主教的教义。而智旭回避其为佛家护法的真实动机，并试图借此将世俗儒生拖入到与天主教的对峙当中来，则缘于利马窦等人乃是采取以儒服士冠博取文人绅士亲近好感的路径来弘布福音。智旭试图通过凸显世人皈依尊奉天主与儒家以理学纲维世道人心的基本信条之间水火两不相容的对立关系，来激起士大夫的强烈反感，从而使天主教徒失去依傍，自然也就无法继续在中国立足。

从另一角度看，宗教本来就是信者自是其所信，不信则妄，在两种不同宗教的虔诚信仰者之间进行论战，说不清，道不明，彼此都很不容易发力。清乾隆时官修《四库全书总目》，四库馆臣在评述利马窦贬斥佛教的《辨学遗牍》一书时所讲的一段话，就很形象地描述了这一点："利马窦力排释氏，故学佛者起而相争，利马窦又反唇相诘，各持一悠谬荒唐之说，以较胜负于不可究诘之地。不知佛教可辟，非天主教所可辟；天主教可辟，又非佛教所可辟，均所谓同浴而讥裸裎耳。"再说他们相互之间的攻讦驳难，事实上只能是讲给精神尚无所皈依或是信仰还很不坚定的世俗人听，以此来拆挖对方的墙角、壮大自己的势力，这样以世俗儒生的身份出来讲话，既更有力度，也会产生更满意的效果。

据专家研究，不仅《天学初徵》和《天学再徵》署用的"钟始声"

是智旭本人的俗名，就连此书刻书序言落款所署"越溪天姆峰杲庵释大朗"，也是智旭正式出家之前作居士时曾用过的法名，而这一序文使用的却是与他本人毫不相干的第三者口吻。另外，在这部由智旭伪装他人作序的《辟学集》原本里，还附有钟始声与一"际明禅师"相互往还的四封书柬，据云这个所谓"际明禅师"同样也是智旭自己伪托的法名（钟始声致际明禅师函中有句云："忆吾两人，生同一日，学同一师，幼同一志，不谓尊者至廿四岁，逃儒入禅，二十年来，所趋各别。"实际上已经点名作"钟始声"者乃昨日儒生之我，"际明"则为今日释家之我）。这样，除了一位不知能否也是智旭伪托的评点兼撰跋者"新安梦士程智用"之外（读其文字，也很像是智旭本人伪托），《辟学集》几乎从头到尾都是出自智旭一人之手，而他却编造出如许复杂的花样，伪制重重面目，为了护卫大雄至法，可谓处心积虑，初非如彼"程智用"跋语所称誉之"大似尉迟敬德裸身赤手入阵"者也。

我买到的这种和刻本《辟邪集》，是在日本万延庚申年（西元1860年，清咸丰十年）秋，由一号"杞忧道人"者付梓刊刻，翻刻时另增有释如纯撰《天学初辟》、释费隐通容等著《原道辟邪说》，仍沿用智旭书原名作《辟邪集》而分成上下两卷。

作为一种从印度传来的异域宗教，佛教由夷入夏，在它落地站稳脚跟并形成中国化佛教的过程中，曾经与儒家和道教产生过无数次激烈的冲突，但到明末天主教传入的时候，早已与儒、道两家在形式上互容共存，在此书中释行玑即宣称曰"三教鼎立，今古并行而不悖"。当时，在普通庶民实际信仰的层面上，更是三教日渐合一；而在僧俗两界知识阶层中，援儒入佛与参佛释儒，亦早已成为很普遍的风尚，即如这部《辟邪集》卷下所收《原道辟邪说》的作者费隐通容，其"费隐"这一自号，即是取自《中庸》"君子之道费而隐"一语，故佛教徒亦俨然视其教义为中华文化所固有之本土信仰，在抵御天主教冲击的时候，竟大模大样地拾起了当初儒生排斥他们时曾经使用过的"用夷变夏"这件法宝，这也是《辟邪集》书中释子论辩时频频亮出的有趣招数。

在《辟邪集》中我们可以看到的另一个有趣现象，是僧侣在攻讦天主教时，尤为强调天主教很多教义并不新鲜，实际上不过是盗用佛家经卷中固有的成说而已。这一点倒不会是佛教徒刻意歪曲贬损，而是当时确实就这样认识。这样的认识，是两种宗教乃至世俗文化彼此初识时很容易产生的误解，西洋基督教徒刚刚接触到佛教的时候，同样也是认为佛教不过是模仿基督教的一些仪式以及其某些异端分支的救世观念而已。

这部和刻本《辟邪集》剞劂事竣，主持其事的杞忧道人撰述跋语，署"辛酉仲春"而未缀年号。日本行用万延年号不足两年。此书开版之庚申年为万延元年，辛酉应即万延二年，然而万延二年只行用不足两个月，二月十九日复改元文久，故现今世人多称述这一和刻本《辟邪集》为文久元年（西元1861年，清咸丰十年）刻本。不过，审视此杞忧道人仅署辛酉干支而并未用年号的情况，考虑到他在前面的序文中已题有万延纪元，这里很有可能是承前文所做省略，而仲春亦即二月，故此书似乎更有可能是刊成于万延二年二月月初尚未改元文久之前，称作万延二年刻本或许会更合适一些。杞忧道人跋语里提到，较此书稍早，他另纂辑有《辟邪管见录》。买下《辟邪集》之后，我恰好在驹泽大学的图书馆里见到了这部《辟邪管见录》，与此书非常相似的是，杞忧道人在卷首序文篇末题署的时间是"万延纪元庚申秋八月"，卷末的跋语亦仅署"庚申仲秋"而未带有年号，此"庚申"年显然是应承着前面序文里的"万延纪元"，它可以从侧面印证，杞忧道人撰次《辟邪集》跋语仅署干支，同样应当是与卷首序文中年号相呼应的用法。

　　此本为黄皮纸印，附有日式训点，版刻虽通篇作清初之软体写刻，但遇明帝俱礼敬提行，知其应是出自明末刻本。这书在日本虽然算不上多么稀有，但过去传入中国者也寥寥无几，学人始终难得一见；时至今日，在日本各地的书肆上同样也很不容易遇到，实在值得珍重藏储。虽然花去上万日元，还是觉得这低于它应有的价格很多，自以为拣到了挺大一个便宜。现今海内外多种文献汇刊所收录的《辟邪集》，就都是用这个和刻本作底本影印而成。

　　线装古书虽然再没有这样激动人心的收获，但接下来在逐架巡视扫描洋装书时，却发现一部书脊装帧颇为古雅精美的西文书籍，一眼就可以看出，应当是 18 世纪至 19 世纪中期前后的出版物。取下来端详外观，四周都是金口，封面、封底也都有用金色装饰的图案线条，庄重、华美，兼而有之。急忙翻看价签，仅 1000 日元，不大敢相信；再一看内文，精美的版画，连篇累牍，愈加以为末尾少看了一个零，重新翻回来仔细审视一遍，才确认无误，就是 1000 日元。

　　这是一部英文宗教诗集，书名为 *Christian Lyrics:Chiefly Selected from Modern Autho*（《基督教抒情诗：主要选自当代作家的作品》），于 1868 在英国伦敦出版，出版商署作 Sampson Low,Son,and Marston。按照扉页的标注，书中版画多达百幅以上，具体镌刻雕版，系由很多位画家一一分头进行，但所有这些插图，都是由一位名为 J. D. Cooper 的人来统筹安排并实施监督制作而成，所以，有着完全统一的风格：即与其神圣庄重的主体相适应，宁静而纯洁。

西书所见，极为有限，但我以为像这样的书籍，无论是在哪一个国家，都应该称得上善本，而在中国尤为罕见，按照目前的市场行情，用与这里日元标价等额的国币，是绝对无法买到的，大致比这还要翻上两翻。所以，从来也不敢奢望拥有如此精美的西文书籍。双手捧持此书，如入梦寐幻境，足慰多年情愫；这次东京访书，亦堪称功德圆满，大可不必再另存什么特别的企求。

不过，今天的好运并没有到此止步。在接下来买下的普通日文书籍当中，仍有一些不错的收获，其中还有一部甚至堪作善本收藏。

在这些日文旧书当中，最便宜的一部书是用 100 日元买到的鸟山喜一著《支那·支那人》。此书最初出版于 1941 年 4 月，收在东京岩波书店的《岩波新书》文库当中。我买到的是同年 11 月发行的第二次印本，不到一年时间就又加印了 1 万册。这本小书在当年能够如此迅速广泛地流行，是因为作者的撰述主旨，是想通过解析中国人的民族特性，来使日本统治者更好地"提携"我们这些品质低劣的中国人，以配合其军事占领。书中恶意歪曲侮辱中国人的民族性，言辞过甚，估计战后不一定会重印，而这种小文库本不好保存，现在在书肆上已经不太容易找到。

为了论证中国人的劣根性以及受大和人奴役的必然性，作者刻意突出渲染诸如"食人肉"、"缠足"、"食吸鸦片"等社会习俗，描画出一幅丑陋不堪的中国人形象。不过，作者毕竟也无法回避一些基本的历史事实，特别是面对异族野蛮压迫坚韧持久的忍耐力，最终都是要将侵略者驱赶出去，并且中国人在文化上总是很快就能战胜异族统治者，使之与被统治者同化。中国人这一历史特性，足以令入侵者不寒而栗，这恐怕是当时绑在战车上狂奔的日本人要尽量回避，实在不敢往前深想的问题。只有客观冷静地看待历史，历史才会展现给你正确对待现实的智慧。

比这本《支那·支那人》价格稍贵，是用 150 日元买到一册英文历史读物 *A Short History of Women*（《女人简史》），作者名 John Langdon_davies，1927 年纽约 Blue Ribbon Books 初版印本。除了价格便宜以外，买这本书一是看它文字浅显，将来说不定哪一天也许能够对付着读读；二是读书天性喜旧不喜新，而今国人正盛行妇女史研究，新时髦从来赶不上，一部书、一篇文章也没有读过，权且从头补补课，看看八十年前西洋人叙说同一主题用的究竟是什么"话语"。

顺着价格阶梯拾级而上，200 日元一册的书籍买到有三本。

首先是守屋美智雄著《新选大地图·外国篇》（东京帝国书院 1939 年 2 月再版本）。最普通的地图册，了解当时地理状况最一般的参考资料，除了价格比较便宜，没有什么话好说。

其次是一本法国人 Eric de Grolier 著、大塚幸男译《書物の歷史》（《书籍的历史》，法文原名为 Histoire du Livre。东京白水社翻译出版的法国丛书 Collection QUE SAIS-JE? 当中的一种，1955 年初版），译者大塚幸男说，此书虽然只是一本很薄的小册子，但却是他所知见到的内容最为丰富完善的同类著述。据我顺手翻看，大塚所说大体可信，不过，这书也有一个真正的好书常有的明显缺陷，就是没有插图。虽然这个日译本较诸原书还在前面添加了两张图版的插页，但只能起到一定的装饰作用，无助于读者阅读理解此书。

最后一部书的书名是《蘇峰先生の日常》（《苏峰先生之日常生活》）。所记"苏峰先生"乃日本明治、大正至昭和初年的著名文人德富猪一郎，"苏峰"为其自号。本书是由"苏峰会"印行的非卖品，印制于1930年。作者並木仙太郎是德富氏的门生，所谓"苏峰会"估计即是由他这样一些门生故旧组成的仰慕追随德富苏峰的民间团体。德富猪一郎的主要成就是在报界，著述大多也都是社会文化性读物，所以在社会上有广泛的影响。除了著书立说之外，德富猪一郎几乎唯一的业余爱好就是藏书，收藏有大量珍稀书籍，其中包括中国宋元版本、日本古刻本和古活字本，以及有关日本的西文珍本等，是日本近代非常有名的藏书家。我曾经在日本买到过德富氏影印善本古籍汇刊《成簣堂丛书》中的零种《淮海挐音》，即是中国久已失传的宋末僧人诗集。现在买这部《蘇峰先生の日常》，就是想多了解一些这位大藏书家的情况；再说这一类非卖品当时就印行有限，有幸留存至今者也不是很容易见到，已经具有一定收藏价值。

在一家书摊的桌面上，看到一叠上世纪40年代京都大学东方文化研究所的《东方学报》，按照分册卖，每册300日元。当时京都出版的这种《东方学报》，学术分量很重，每一册都不容忽视，卖这个价当然不算很贵，但期刊杂志数量繁多，财力和空间，都不允许去买，结果翻看一阵篇目之后，只选了一本1943年的第十四册第一分，看中的是上面刊载的罗继祖撰《两汉郡国令长考》一文。此外，仓田淳之助所撰《东方文化研究所汉籍分类目录解题》，叙述这一目录改进《四库全书》分类的做法和思考，也是对我有很大吸引力的文章。

昔清人钱大昕尝撰有《后汉郡国令长考》，罗氏撰著此《考》，即是缘于对钱氏旧作有所不满，而多利用出土封泥、印章等文物资料来弥补钱《考》徒有后汉亦复多疏漏的缺陷。与此相关的是，较罗氏刊布此文稍迟，瞿宣颖亦在国内沦陷区上海出版《两汉县政考》一书，其中附有同类性质的《两汉令长表》，亦谓系鉴于钱大昕氏《后汉郡国令长考》对"人名事迹，无所征见"，始另为此表。瞿氏自言其书，乃是以之"具载仕履政绩等，凡得六百余人。综合观之，两汉县政之规模，约略得其梗概矣"。罗《考》与瞿《表》的区别，主要在于罗氏是以印章、封泥等出土资料为主，瞿氏则主要是爬梳两《汉书》等基本传世文献，二者正可互为补充。这都是研治两汉史事的基本参据，即使稍多花些钱，买一份放置案头，也是值得，特别是对研究与职官密切相关的地理设置问题，一定会大有裨益。

不过，就一般情况而言，300 日元一册买学术期刊，还是难免让人犹豫不决，若是购买一册原始史料性书籍，重视基本文献的学者也许就会果断许多。这回来到东京第一次到东京古书会馆赶书市时买到的那种东京白水社出版的《西域探险纪行全集》零种，在这里又遇到几本，每册都是 300 日元，于是便又毫不迟疑地从中选购了五种。这套书总共出了 14 种 15 册，我前后所得已经有一大半，可是原计划另出别册的《中央アジア探险史》(《中亚探险史》)，我最想阅读，却一直没有能够见到，亦未详是否确实已经如期出版。

比较专门的学术研究著述，在日本和在中国一样，都是很难碰到特别便宜的价格。这并不是说卖书的人文化程度不拘中外，都普遍很高，而是文化程度不同的书商可以有不同的分辨办法：即文化高的人对看明白的学术书另眼看待，文化低的人则可以反其道而行之，把看不懂的文史书单分出来另定高价就是了。二者操作路径虽截然相反，却是殊途同归，效果不会有太明显的差别。

相比较而言，我在这里找到的出石诚彦著《支那古代思想史研究》和关未代策著《東洋思想と佛蘭西經濟學》(《东洋思想与法兰西经济学》)两部书，前一部书花费 500 日元，后一部书更只花费 300 日元，应该算是非常便宜。

出石诚彦的《支那古代思想史研究》，虽然是以"中国古代思想史研究"作为书名，实际上书中所收论文，却并不是通常所说狭义的"思想史"概念，而基本上都是有关上古史传和神话传说的研究。此书编纂出自作者身后，有"凡例"谓另有同类学术论文，已冠以《支那神話傳說の研究》(《支那神话传说研究》)书名，约略同时将在中央公论社出版，此书为避忌重复才选用今名。出石氏《支那神話傳說の研究》未见，揣摩此《支那古代思想史研究》"凡例"所述及本书内容，似两书内容在编纂时略有区分，即比较精深的专题研究文章，收入《支那神話傳說の研究》；稍微浅显或方法论性较强的文章，收入此《支那古代思想史研究》。

《支那古代思想史研究》的精装硬壳上，覆有一层乳黄色日本手工皮纸，纸上绢丝般的植物纤维，历历可见，封面封底俱空白无字，书脊上用棕红色油墨印刷会津八一博士题写的书名和作者姓名，有一种日本学术著作装帧中少见的风雅情致。

出石诚彦逝世于 1942 年，翌年此书编纂完成，由东京福村书店出版发行，我买到的是战后在 1947 年印行的改订版。改订版较初版增加有四篇短文和书评，列为"补遗"；在卷首添加一幅作者在东洋文库读书的照片；删去了若干不合时宜的内容，估计是有关战争的鼓噪。出石氏逝世后，其受业弟子撰写学术论文，编辑出版有《东洋学研究》(第一)，来纪念这位老师。该文集当时发行不是很广，现在已经不大好找，我则有幸曾在东京买到，不意今日复得此书，冥冥之中似乎也是一种因缘。

我研习历史地理专业，师从史念海先生，而史念海先生是顾颉刚先生的嫡传弟子，所以，我也可以说是间接出自顾颉刚先生的门下。通观全书，可见出石氏对中国上古史研究的核心思路，与顾颉刚先生大致相近，即试图采用神话学的研究方法等对古史记载进行解析批判，剥去其神话传说外衣，揭示历史真相。不过，出石诚彦似乎比顾颉刚先生更多直接地受到了西方史学观念和方法的影响。令人费解的是，出石氏的文章虽然大体上都撰写于顾颉刚先生的《古史辨》出版发行之后，而且他在文章中也提及过顾先生的相关论著，可是在论述具体问题时却殊少涉及顾颉刚先生已有的研究，不知是不是这本文集里文章的体裁所致，说不定在《支那神話傳說の研究》一书中会有比较合理的表述。若是没有日本侵华的战争，这两位学者或许会有很多具体的切磋交流，相互获取有益的借鉴和支持。不管是作为中国当代学术史上的重要一页或是显盛流派来作学术史的分析研究，还是作为当今古史研究基本取向的探讨，在深入评价以顾颉刚先生为代表的古史辨学派的时候，我认为都很有必要参照对比出石诚彦这些相关的研究成果。

关未代策著《東洋思想と佛蘭西經濟學》，应是这一天里所得到的学术价值最大的书籍。几年前在琉璃厂中国书店的旧书市上，我曾买到一本日本学者岛恭彦撰著的《東洋社會と西歐思想》（《东洋社会与西欧思想》），当时就此谈论过，时下中国虽然有很多人关注中西文化交流，但目前还见不到对西方思想文化确有较高造诣学者加入这一研究，因而，深层次的分析自然还很不充分。关未代策身为经济学博士，曾留学欧洲，是明治大学专门讲授欧洲经济史和经济学史的教授，因此熟悉欧洲学术史的具体情况。《東洋思想と佛蘭西經濟學》一书，与岛恭彦的《東洋社會と西歐思想》性质大体相同，而全书只是具体切入法国人 Francois Quesnay 的经济学思想同中国儒学观念的联系，所做分析从而也就更为翔实细致。如此专门的研究著述，即使花高价去专门寻觅，也不一定能够轻易找到，而我竟有福分能以如此低廉的价格收入囊中，心头不由得冒出些许浅薄的得意。

更让我洋洋自得的收获，还是下面这部山本千代喜撰著的《食事史》。一部好书，往往会有很多不同寻常的外在特征。不管买线装古本，还是西式洋装书籍，从你第一眼所能看到的地方开始对其加以识别揣度，都是至关重要的第一步。因为书店里架上往往会堆有很多书籍，善于观风望气，才能迅速将好书剔取出来。这对于线装书来说，是看书根；而对于选洋装书，则是要看书脊。前面讲到的英文基督教抒情诗 Christian Lyrics，就是因看到它的书脊与众不同而当即拿到手里，这部《食事史》同样也是如此。

从书脊处看，这部书的封面粗看好像是用粗麻布包裹着精装硬壳，实际上这是日本特有的一种纸张，称作"雁皮紙織"，即用特制的一种

日本铅印本《食事史》内文

细纸条编织成为雁皮状的席纹纸，简单地说就是一种像粗麻布似的纸。闭上眼睛想像一下，便可以想见覆有这种封面的书籍，一定都相当考究，加之书脊上所印书名为《食事史》，这也属于我历史专业范畴内的书籍，当然要抢先伸手拿下。

手在书架上一抽一掂，厚度足足有三公分的大书却分量奇轻，不用翻看就一清二楚，内文显然也是选用了特殊纸张。再一看三面书口都是毛边，更能进一步判断：此书必定堪供赏玩。

具有这些外表特征的书籍，不待翻看内文，就可以明确断定，这应该是一部很值得收藏的好书，随之需要考虑的只是价格会不会太贵的问题。马上打开书翻看后面粘贴的价签，仅定 1000 日元，大大低于我的预想，不禁怀疑内容是否太差，或是内文存有诸如污渍、抹划、缺页等比较明显的毛病。

这才轮到察看内文，知不仅略无损伤，而且通贯全篇都是雅致的插图，在总共 612 页内文当中，竟配有 261 幅图画，都是取自欧美列国的书刊，以版画为主，大多是以锌版复制，少数是照相影印，虽略逊于原版，亦风神悦人，这为此书愈加生色。又内文用纸，也与封皮相匹配，是日本纯手工制作的"鳥の子紙"（照录原词即"鸟之子纸"，未详是否另有通行译法），青白、柔和、坚韧，造价自然大大高于普通印刷用纸，通常很少使用，可为此书再增重几分身价。

进一步审视此书内容，知其虽是以"食事史"命名，实际上书中只是分条目记述有关西洋饮食文化的掌故（也有一小部分中国等东方的内容，但所占比例微不足道）。书中几乎所有的材料，都是取自英文书刊，作者在每一条目下都清楚注有所出书刊的名称和页码，所以，实际上这只是一部编译的著述。作者除了精心而又广泛地搜集、选择、裁剪各种相关的英文著述之外，还同样细致地从西方各国书刊中选择图片资料来配制插图，图文相互映衬，允称组构成一佳作，其所耗费之功力，似乎亦丝毫不让于自己执笔构思撰述。

令我意想不到的是，如此精美佳品，竟是出自日本疯狂对外扩张侵略的战争年代，作者自己也在序言里说，值此"圣战"关键时刻，出版这种颇有"颓废"意味的西洋口腹史，不够合乎时宜，言语之间似乎带有愧对皇国皇民的意思。讲究吃喝玩乐，在什么国家里和什么时候，当然都不能说是很振作的壮举，但哪怕是放诞颓废，终归也比跟着战争狂人烧杀抢掠要好得多。依我看，作者这番言辞恐怕只是在当时不得已的话，随便说说罢了，像山本千代喜这种耽溺于饕餮之乐的人，未必真的会对舞枪弄棒耀武扬威有多么大激情，不然，他也就不会在那样一种肃杀的气氛下，竟然还有如此闲情逸致来编纂这部《食事史》了。

此书是在 1942 年 2 月，由东京龙星阁初版发行。当初发售此书时的定价为 15 日元，比同等篇幅的普通学术书籍也要高出四、五倍之多，比普通大众读物就要高得更多，如今若不是天差地错地被埋没在最寻常的旧书堆里，我恐怕也根本无缘得到。

这一段时间连连在日本书市上奔走淘书，至此各类书籍都有了心满意足的收获，从而也就可以将其暂时先告一段落；至少我已经一心想去摩挲赏玩这些美妙的妖物，没有心绪再继续一一记述每一次阅肆的经历，日后即使再有出人意料的奇遇，也是要改换记述的形式，带回国后再逐个从容品味欣赏了。

　　读实用书，是直接增益知识；赏玩佳本，则既可以涵养人性情，又有助于开阔眼界，从而使读书更为从容自如，不那么急功近利。读书与藏书都是丰富人生的途径，只要你确实有所追求，终不会因买两本旧书赏玩一下即迷失志向。

2007 年 5 月 12 日至 6 月 2 日，

记于东京驹泽大学之竹友寮壁前

花冤大头钱买书读

买旧书最让人得意的事，是花费很低很低的价钱，买到举世罕见或是精美绝伦的秘籍奇书，北方市井语言名之曰"捡漏儿"。能拣到漏儿，尤其是拣到大漏儿，不仅仅会满足凡人大多都会具有的那种占便宜的卑微心理；更深一层的心理满足，是买书人在与卖书人回环往复的斗法当中，好不容易占到了一次上风。因此，癖好旧书的人写书话，最津津乐道的往往就是捡漏儿这档子事，弄得不大了解个中门道的读者，常常会误以为卖旧书的人都有眼无珠，甚至会做出把宋版书当成废纸卖的傻事；殊不知拣漏儿又谈何容易，俗话说"买的精不如卖的精"，在大多数情况下，还是买家挨卖家痛宰。这是因为旧书不是什么时候都能够遇到，买书人爱书心切，挨宰也是愿打愿挨，两相情愿的事情。确实历经甘苦的过来人，都会告诉你，真正想要经常得到好书，唯一切实可行的办法，就是肯花大价钱。不过，这些都是讲购买善本古籍或是其他可供把玩收储的珍本书刊，这是藏书的规则；若只为读书而买书，通常似乎大可不必如此，价钱合适就买，不合适自可笑而置之，实在着急用，还可以到图书馆去借书看。

然而，旧书的价格，说到底是要由供求关系所决定，用功念的学术书也不例外。书很少见，想看这书的人却有很多，定价自然要高。有些学术书甚至会因存世数量过少，到图书馆里也不容易借到。这样，若是想要使用查阅，有时便不得不花高价去买。

我心性愚拙，既素乏悟性，又全无记性，靠念历史书混饭，这实在是两大致命缺陷，只好靠反覆翻检查对，来略事弥补，而这就需要常跑旧书铺，尽可能多置备一些书籍。过去二十多年间跼蹐于旧书肆上，很多旧日的学术研究书籍，或是资料性书籍，都是花费较高价钱买下来的。举一个最近的例子，是几个月前在北京琉璃厂的一家中国书店里，用 100 元，买下一本日本学者青木富太郎撰著的《東洋學の成立とその發展》(《东洋学的形成及其发展》)。由于工作忙，近一两年我已经很少逛旧书店，这本书在店里上架已经有好几个月，一直无人问津，显然是嫌书价过高。我毫不犹豫买下此书，一来这是一部记述"东洋学"发展历程的经典性著述，对我大有用处；二来与在日本买相比，毕竟还多少要便宜一些，况且这还是 1940 年的初版本，即使是在日本，也已经很难遇到。所以，花这样的价钱来买这部书，按照中国的书价衡量，虽然略显偏高一些，但不管由谁来评判，都绝对算不上冤。在一般人看来，下面将要谈到的这两部书，花费的才是地地道道的冤大头钱。

第一部书是瞿兑之、苏晋仁合著的《两汉县政考》，中国联合出版公司 1944 年 8 月初版印行，小 32 开平装一册，三百多页，售价 200 元。在琉璃厂中国书店古籍书店二楼上的玻璃柜子里，摆放着店里甄选出来的一些重要旧书，这部《两汉县政考》即列置其间。够资格进到柜子里的书，定价当然都很高，但高到如此程度的民国时期学术著述，似乎也只有两三部。由于价格太高，摆上很长时间，一直无人购买。有买书的朋友戏谑说，这哪里是开书店的作法，简直是在给博物馆办陈列。

人做事的习惯，似乎可以划分为从众与非从众两大类别。从众者做事往往怕吃亏，道理很简单，既然大家都不做，肯定没有什么好处，说不定还存在某种危害。肯当冤大头的人，自然是我行我素，吃亏占便宜，自己都要敢认。除了喜好清寂不凑热闹的天性之外，我觉得买书与读书一样，本来就是一种高度个性化的行为，自己念自己的书，当然随心所欲，想买什么样的书，就买什么书，只要对自己有用，何必管别人看它值与不值，价钱冤一些又有何妨？

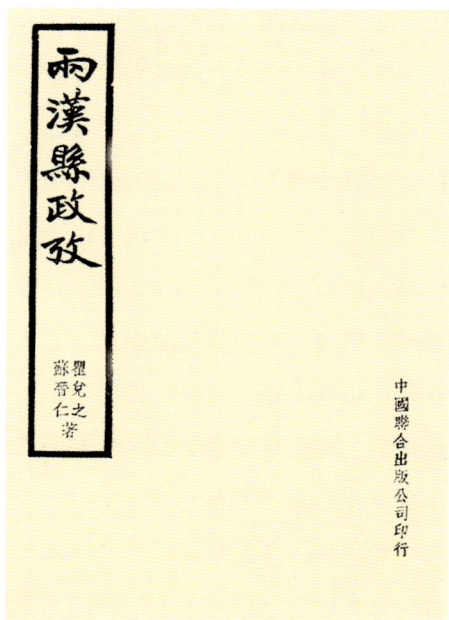

民国铅印本《两汉县政考》封面

　　况且书价之冤与不冤，从来也没有一定的标准。最近中华书局重印王伊同的《五朝门第》，精装 16 开一册，定价 180 元，已经接近我买《两汉县政考》的书价。这次新印的《五朝门第》，虽说装帧精美华贵，分量也大于瞿、苏二氏此书，但一经重印，化身百千，随时都可以买到，而同等程度的原版旧书，寻觅非易，价格自然应该大大高于这样的新书。考虑到这一层因素，我为这本《两汉县政考》所支付的书款，似乎也算不上高得出奇。

　　《两汉县政考》两作者之一瞿兑之，本名宣颖，兑之乃其字，与名并行于世，此外尚别署有杶庐、铢庵、蜕园等雅号。瞿宣颖出身名门，其父瞿鸿禨，是清末政坛上权倾一时的军机大臣；他本人起初亦从政，位至北洋政府国务总理秘书、国史编纂处处长、印铸局局长、河北省政府秘书长诸职，后来以授课撰文为事，曾执教于南开大学、北京师范大学、燕京大学、辅仁大学等高等学府。在学术文化方面，瞿氏该通文史，著述颇丰。其历史学著述，大概要以民国时期出版的《中国社会史料丛抄》一书，最为研治中国史者所熟悉，迄今仍是研究相关史事的基本参考文献。不过，由于需求者众多，时至今日，要想买到一部，机会已经渺不可寻，我只是曾在图书馆里泛泛翻检过一次，旧书肆上则还从未有缘与之谋面。过去读到的瞿兑之著作，近年新印者有收在山西古籍出版社《民国笔记小说大观》当中的《人物风俗制度丛谈》、《杶庐所闻录》和《故都闻见录》；旧本则只有 1956 年由春明出版社出版的《楚辞今读》一书，是该社所出"中国文学名著丛选"当中的一种，这时候瞿氏已经丢掉大学里的教职，只是在中华书局上海编辑所也就是后来的上海古籍出版社，以社外"特约编辑"的名目打工挣钱，维系生存。

　　我对古诗文略无素养，看《楚辞今读》，懵懵懂懂，虽然尚不具备
领会作者神髓精义的能力，却已经为其澹雅的白话文笔和深醇的文史
底蕴所深深折服。老辈凋零殆尽，今后恐怕不会再能有人写出这样的
好文章了。其他几种笔记，应以《人物风俗制度丛谈》一书，最能体
现瞿氏读书广博、识见融通的特点。瞿兑之氏自述此书撰述宗旨云：
"随笔之书，人皆喜读，余尤嗜之若性命。既旷观群籍，窃慕纂述之业，
知古人斐然有作，皆由此襞襀而成，如獭祭鱼，如蚕吐丝，既得精英，
遂弃糟粕，远如顾亭林，近如俞理初，所就尤伟；又观俞曲园、陈东
塾治学之方，亦复如是，舍此固无由矣。然学出杂家，不专一辙，昔
贤之作，常苦凌杂琐屑，读者如入五都之市，目迷口哆，撷取为艰。
因发愤以为最有益之学，莫如讨人物事迹之坠逸，溯风俗制度之变迁，
而尤以属于近代之事，易于传讹者，若能粹为一编，大则可以考见时
代升降文化递嬗之迹，小亦足以匡谬正俗，裨益见闻。"瞿氏虽欲慕从
于清代顾炎武、俞正燮、陈澧、俞樾诸名宿硕儒之后，考述时代升降
与文化递嬗之迹，尤其是关注于社会风俗文化变迁，但所撰《人物风
俗制度丛谈》等各种笔记，较诸顾炎武《日知录》、俞正燮之《癸巳存
稿》和《癸巳类稿》、陈澧《东塾读书记》，以及俞樾《诸子平议》诸书，
在精深程度上，尚远不足以附其骥尾，只不过与俞樾杂记琐事的《茶
香室丛钞》大体相类似，基本没有超出"匡谬正俗，裨益见闻"的层次，
在很大程度上还囿于旧式文人博闻多识的范畴之内，并不足以体现其
学术研究的能力和水平。

　　真正反映瞿宣颖研究功力的学术著述，或许应属这部《两汉县政

考》。除了资料辑录、诗文笺注赏析和笔记掌故类著述之外，瞿氏比较专门的研究，主要集中在以下三个方面：一是北京地方史，著有《北平史表长编》；一是方志，著有《方志考稿》；一是秦汉史，除此书外尚著有《秦汉史纂》和《汉代风俗制度史》（前编）等书。从事北京地方史和地方志的研究，对于像瞿宣颖这样的学者来说，虽然也需要花费一番功夫，却显然不会有多大难度，由此愈加显现出秦汉史是他非常重视的研究领域。

关于《两汉县政考》一书的撰述缘起及其主要内容，作者在"叙录"中有叙述说："汉世贤令长之治，乃大称于世，然见于《前汉书·百官表》者，仅官制大纲，至其立法之变通弛张、制度之沿革因袭，殆少言及。因不揣疏谫，取四史及两汉之载籍碑版，缀缉排比而为篇：首述朝政与地方政治息息之相关；次明县之组织，上自县令，下迄乡亭，以见其机构；申之以职权，若教化、赋税、徭役、刑讼之流，以明其职掌；复稽其铨选课绩，以见其出身迁黜、当时用人之权衡；继考其仪制待遇，印绶舆服，禄秩赐赍，以见国家礼遇令长之殷厚；末考县与郡之关系，以见上下之连系；而以县吏动态殿之，以徵其交游活动，而县政运用之微细，庶可觇见。东汉之史料较西汉为详，故增京县与边县、令长与掾属、县与州三篇，上下之关系，更可了然。末附以《两汉县政大事年表》，俾絜纲目，而备详检。昔清儒钱大昕氏有《后汉郡国令长考》之作，丁锡田氏又补之，备见东汉一代之郡县，然人名事迹，无所徵见。故另为《两汉令长表》，具载仕履政绩等，凡得六百馀人。综合观之，两汉县政之规模，约略得其梗概矣。"作者系以分类勾稽比次为能事，其于"引言"中不无得意地自言云："是编先取两汉史籍之有涉县政者罗列而整比之,于希夷茫昧之中,求其迹象。自问用力颇勤,脉络章章可睹,差可补古今载籍之阙,导夫先路以俟同声,读者鉴焉。"检读其书,知瞿氏此言诚非夸饰,甚至迄至今日,依然没有同类著述,足以取而代之。

瞿宣颖虽然十几岁就进入大清朝廷开办的译学馆,主修英吉利语言文字,能够操此洋音直接与泰西人等交涉,甚至还旁及一些法文、德文、俄文、意大利文乃至希腊文、拉丁文知识,后来又在圣约翰和复旦大学读书,接受新式教育,但他似乎更多地是从王闿运这样一些家庭为其延聘的旧学宿儒以及家学渊源那里接受知识。所以,他的知识构成和学术路径,更多地带有传统的旧式文人特征。在这一点上,家庭背景同他颇为相似的陈寅恪,由于直接到欧洲游历求学,读书治学的取向,便与其大异其趣,尽管也还带有浓重的文人色彩,但毕竟更接近于职业的学者(案瞿宣颖与陈寅恪也有比较密切的交往,在岭南美术出版社近年印行的《陈寅恪先生遗墨》一书中,附有一幅1951年春瞿氏为陈寅恪绘制的藤花图)。在这里做这样的对比,是想要说明,瞿氏此书,并没有能够对两汉县政提出现代学术所追求的考释解析,只是侧重于勾稽梳理基本史实,无异于为两《汉书》添补一门职官方面的专志。事实上,对于文献记载"希夷茫昧"的两汉时期县政来说,这样的研究,本不可或缺,确实需要以此来"导夫先路",不先走好这一步,就急着去阐发微言大义,难免会流为无根之谈。从这一意义上讲,瞿宣颖这部《两汉县政考》,洵属足以传之后世的名山之作。作为一项关于两汉县政的基础研究,本书在今天更大的作用,就是为相关研究,提供基本的事实依据。

然而,令人遗憾的是,由于传世稀少等原因,时下仍在职位上活跃的秦汉史学者，实际并没有多少人读到过这部书籍，甚至已经很少有人知道世间曾有这样一部著述存在。造成这样的局面，主要是因为此书出版一年之后，即逢抗战胜利，日本投降，国民政府接受日伪政权时，严厉清算沦陷时期的"失节"人员，而瞿氏在日伪时期，留在北平未走，曾出任北京大学监督。当时在沦陷区做教授教书的人都被清算为"伪教授"，甚至就连上学的学生都有"伪学生"的蔑称，瞿宣颖膺此职事，完全够得上标准的"伪职"，当然要遭到贬斥。瞿氏由此取号蜕园，昭示其洗心革面改过自新之意，但这样的举动，于事全然无补。1949 年以后，当政者不给瞿宣颖安排正式工作，应当也是有嫌他这一"汉奸"污点。瞿氏所著《两汉县政考》诸书，应当就是由此因人而废，不再被人提及，以至逐渐为学术界所淡忘。譬如瞿书所附《两汉令长表》，本来完全有资格列置于后人辑补之二十五史诸志表当中，而近年张舜徽主持编纂《二十五史三编》，竟没有收录此表，就说明编纂者对它乃是一无所知。张氏是老辈人，尚且如此，大多数年轻学人即便懵然无知（我在书店见到这部书之前，即是如此），也应当能够理解。

买这部《两汉县政考》，虽然价格很贵，但我另外还以比较低廉的价格，买到过一部瞿氏流传更少的书籍，两相摊配，贵贱恰得其宜，心里就更只剩存下有幸得到好书的欢喜，丝毫没有什么不快可言。由于事属关涉藏书的掌故，而原书难得一见，在这里也顺便稍加介绍。

这是著录瞿家藏书的《瞿氏补书堂寄藏书目录》，北平图书馆编印，由于最后一页略有缺损，没有找到确切的印行时间，不过据卷首瞿氏自序，可以判断这部书目应当印制于 1935 年 7 月或在此稍后。

瞿氏補書堂寄藏書目録

民国铅印本《瞿氏补书堂
寄藏书目录》封面

"补书堂"是瞿宣颖给自己书房起的斋号。盖其父瞿鸿禨尝蒙清室赏赐书籍,颜其长沙宅邸中之书斋名曰"赐书堂",而辛亥政局变动以后,因时事动荡等原因,藏书多有毁失;至1925年,始悉数运至北京,宣颖"思欲补其亡阙,稍复旧观,而力不逮,故名其堂曰'补书'以寄意"。所谓"寄藏书目",则是1931年10月,瞿氏鉴于其本人"行止靡定",复加以"世变莫测",致函国立北平图书馆,拟将其全部藏书"举以寄存"馆中,北平图书馆当即答复,予以接收;继之在1933年12月,又再一次寄存一批,两次合计寄存书籍一千八百多种,近六万卷,诸书俱著录在这一书目当中。

在这本书目的篇首,印有瞿宣颖的序言,还有瞿氏及其律师在联系此事时与北平图书馆之间互通的函件。根据这些资料,可以了解到,当时北平图书馆制订有专门规定,接受个人寄藏图书,其施行办法大致是:(1)寄藏书籍,系与本馆馆藏书籍一样,"公诸众览"。(2)图书馆有义务为寄藏者编制目录。所以,这部书目就是由北平图书馆代为编印(像这样的书目,当时印行的数量,自然会非常稀少,今天能够得到一册,已是万分幸运,何况又只花费区区18元钱)。(3)原定寄存年限届满后,寄存人或其法定继承人有权收回,或是继续寄存。(4)在一般情况下,寄存人无权进入书库,取阅所存书籍,但像瞿宣颖这样图书馆员比较熟悉的名人,作为特例,允许其"随时赴书库阅看";而且还允许其家属持瞿氏书面介绍信,并加盖双方约定的预留式样印鉴,入库阅览。这样的管理办法,于公于私,两相便利,实在令人赞赏不已。而当今中国各地的图书馆,对待捐赠书籍者都一概冷如冰霜,丝毫不给情面,既不为你编制书目,也不让你有任何借阅自己旧有书籍的特别待遇

（就连像李一氓这样官高位尊的人物，藏书一经捐出，想要借用拍照一下，都不被允准），还有谁会像当年的北平图书馆这样劳心费力地去接受藏书人家的寄存？当然，你图书馆既然不能报之以李，我藏书人也不愿投之以桃，结果只能是断送掉图书馆接受馈予的路子。

在这部书目中，图书馆还按照瞿宣颖的要求，区分标示出瞿鸿機遗存书籍与瞿宣颖自置的书籍，从中可以看出，瞿宣颖本人购置的书籍，相对来说，数量不是很多，主要集中在笔记小说、金石书画、佛家经疏和诗文别集总集这几个方面，其他方面新增的书籍数量极为有限，而且其中还有很大一部分，显然是得自并世作者的赠与。如前文所述，瞿氏对笔记小说乃"嗜之若性命"，并且自诩"旷观群籍"；其于诗文、书法、绘画诸事，亦均沉潜揣摩，造诣深邃，瞿氏购置书籍门类所体现出的阅读倾向，正与他这些癖好一一对应。在这份书目里面，最为引人注目的内容，是瞿宣颖对佛学很感兴趣，这一点在他的著述当中似乎尚未见到很明显的体现。书目中共有 80 多种释家著述，除极个别一两种系承自瞿鸿機的旧藏外，几乎全部都是由他本人购置。从这本书目中还可以看到，瞿家寄藏于馆中的这批书籍，基本没有名贵珍稀的版本，都是最为平常的大路书，而且太过于平常，绝大多数都是清末刻本和石印本、铅印本，这与瞿家的社会地位，似乎很不相称，当时古刻佳椠充斥书肆，即使读书再不讲究版本，也不至于平常到如此地步，估计瞿宣颖身边很可能还留有一些较好的版本。

我在这里所要谈的第二部高价书，是姚铭恭撰著的《晋书篹注》。在两年前北京琉璃厂中国书店的秋季书市上，隆福寺分店内有一批高价旧书，这部《晋书篹注》的价格，在这当中也属最高，一册大 32 开

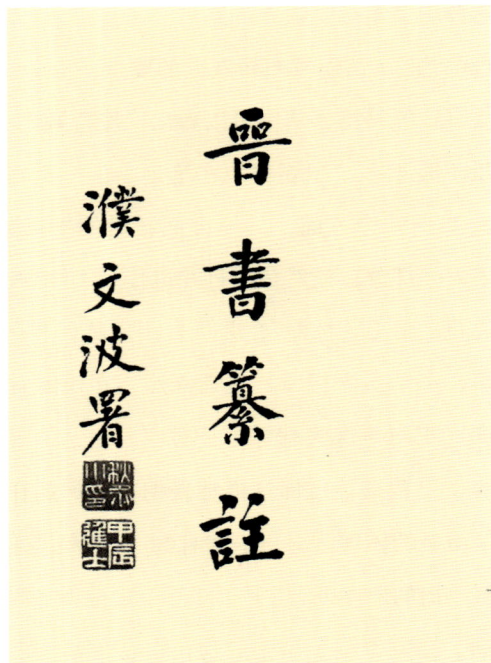

1955年铅印本《晋书纂注》封面

洋装纸皮铅印本，页码尚不及前述瞿氏《两汉县政考》之多，定价却高达 300 元。在人头攒动的书市上，书痴们从一大早开始抢购，一直抢到日过当午，这部书依然在架上安放未动。不是无人顾问，而是看过书的人都对其价格摇头，啧啧称奇，以为不可思议。

大家都以为贵得离谱儿，望而却步，我却二话不说买了下来，当然是又挺身做了一回冤大头。那么，究竟是冤在哪里？一行有一行的规矩，一时有一时的行情。买这书冤就冤在时下普通铅印本洋装书籍，还远远没有上涨到这样的价位。几百元钱一册，是买破烂线装书的价位；有一小部分洋装铅印本也能达到这样的价位，但那主要是金石、书画、收藏，乃至包括版刻、印刷、旧书目在内的"玩家"用书，而这部《晋书斠注》内容一本正经，无可玩味；还有极个别一些旧版学术著作，偶尔也会卖上这一价位，但那又仅限于像陈寅恪、陈垣这样一些超一流"大家"的著述，而这部《晋书斠注》的作者姚铭恭，不过是徽州黟县一位默默无名的乡间老儒，此书价明显超出了他的身价。

不过，既然已经买下，我当然也为自己找有出价的理由。首先这部书系私家限印非卖品，存世数量相当稀少，可遇而不可求。此书作者生前仅完成本纪部分十卷，其子姚济和，在姚铭恭过世之后，为防止遭遇意外之变而致书稿残损散佚，自行出资，于 1955 年 10 月，将其刊印成书，当时仅印制 200 部，"分赠戚友及故交介绍之图书馆、各大学校"。五十年后的今天，能够一睹其书，机缘已不是很多；更何况收入书囊，随时展读，岂非所谓文字之福？怎能因吝惜书价而轻易从手边放过？

其次，这虽然只是一部纸皮平装本，但却是选用上好道林纸精印，这在当时正式公开发行的学术书中，相当少见；文中且未施标点，古雅宜人，并世稀有；书品亦整齐干净，触手如新。这部书系当年赠送北京图书馆的一部，不知何故近年竟被该馆注销处理（钤有北京图书馆藏章和国家图书馆注销章），书中夹有一封铅印的姚济和致受赠者信函，落款下有附注云："现在天津大沽路 101 号滦州矿地公司。"颇疑此公乃民国时期在开滦开办矿业的实业家或矿山高级管理人员，故能有此实力，为乃父这般精印书籍。

给自己傻买书寻找到的理由，也只有这两条。买旧书稀少和精美固然重要，但与此相比，著述本身的价值，显然更要胜出一等，就这一点而言，此书究竟值与不值这样高的价格，因购置后一直束之高阁，没有具体比对利用，我现在还缺乏切身的体会。

作者姚铭恭为本书自撰凡例，叙述其撰述宗旨和体例，乃是"宗裴松之《三国志》注体例略损益之"。前人因不满意于《晋书》之遗缺舛错而对其加以订补者，较早在明末有蒋之翘撰述之《晋书别本》（又作《删补晋书》）。《四库提要》谓蒋书"凡正其舛误者十之三，其文义漏略者，据《元经》、《十六国春秋》、《世说注》、《华阳国志》等书，各加润色，而稍细书以别之；其事有异同，亦仿《通鉴考异》之例，诠注于下"。而基本仿效刘宋裴松之注《三国志》的体例，广搜博采诸家晋史佚文以及唐代以前相关载籍，对《晋书》进行全面订补者，则有清末民初间人吴士鉴所撰《晋书斠注》。在这一点上，姚氏此书与吴书的体例大体相同，其间的差异，只是吴书除了列举相关资料外，还主要参考清代学者的考据成果，对《晋书》的文字做有订正。吴士鉴《晋书斠注》始撰于光绪三十年（1904），在 1928 年始由嘉业堂刊行于世；

据姚书卷首所列周学熙撰序文，知《晋书纂注》乃撰述于 1916 年至
1925 年这十年期间，可见姚氏当时尚无以知晓吴士鉴撰有同类性质的
著述。吴氏《斠注》既已先此行世，姚氏后人再来印制《晋书纂注》，
除了对其父的纪念意义之外，在学术上是否也有价值呢？周学熙在为
此书作序时评价说，虽"《晋书斠注》已刊成书，然以相校，徵引既殊，
去取有别，实可并存"。朱师辙在序文中也有相近的评判，谓"余以校
清史馆故友吴絅斋先生《晋书斠注》，其搜采之富不逮，而于本书互证，
则较吴书为密"。朱氏复谓之曰，姚铭恭"独处荒山，块然寡俦，网
罗匪易，视吴氏居通都、广见闻，难易不啻霄壤；然姚茂才能藉汤氏
所辑晋代诸史，复能贯穿本书传志，综核同异，订补纠正，饶有俘获，
堪以补苴吴书"。按照周、朱两人的说法，姚氏《晋书纂注》依旧具备
独有的学术参考价值。

　　回过头来，再更多偏重于收藏的角度来看，我买到的这部《晋书
纂注》还有一项值得珍重的优长之处，这就是内容完备无缺。一部书
首尾完具，本来是很自然、也很普通的事情，可是，这部《晋书纂注》
的情况却有些特殊。此书印成，向各处分发赠送之后，姚济和又校核
出一些问题，为此特印制"刊误更正表"6 页、"漏列引用书目"2 页，
发送给原受赠单位和个人，并附有一函说明云："惟以当时付印时间
匆促，审校手续未能尽善，致鲁鱼亥豕之讹綦多，引用书目亦多漏列。
兹再重新覆校一遍，所有讹误之字及漏列书目，均已分别列表校正，
特检奉合订一份，敬请收存，粘附卷首，并惠予更正为荷。"当时北京
图书馆的管理人员，还遗存有旧时养成的敬业精神，果真按照捐赠者
的要求，将上述两项订补内容，粘附到书中；甚至就连姚济和致受赠

者的两通信函，也小心夹在书中，完好保存下来，成为反映当时捐赠书籍情况的珍贵资料。回顾 1949 年以后我国的国情，很难想象，即使有幸留存至今，在姚氏当年印制的 200 本书籍当中，还能有几部，会像我得到的这部书一样，完好地保存下来这些订补的内容和相关信函。若是考虑到这一点，把这部书看作一种纯粹的收藏品，为此而支付高额书价，似乎也就丝毫不觉得冤枉了；但这也只是就藏书而非读书的角度来看，从读书的角度看，终究还是心甘情愿地做了一回冤大头。

2006 年 12 月 31 日记

原刊《历史学家茶座》2007 年第 1 期

收藏与鉴赏

盛大士《靖逆记》版本源流之判别

    清朝嘉庆十八年（1813）九月十五日午间，天理教徒陈爽、陈文魁等人，在宫内太监的引导下，率领七十多名信徒，分别从东华门和西华门，突袭紫禁城，其中一些人已经突入皇帝寝宫大内乾清宫。好在嘉庆帝颙琰，从七月起一直在木兰围场田猎，即行所谓"秋狝"之礼，此时不在宫里。诸位皇子本来也都在木兰围场随侍，但在此日的前两天，却提前返回京城宫中，其中也包括皇储旻宁在内。变生肘腋，祸起萧墙，对于满清朝廷来说，形势相当危急。

    形势的严峻性还不仅仅在于冲进宫寝的这七八十人。这次行动的总指挥，是天理教教主林清，而林清本人并没有参与攻打皇宫。天理教信徒众多，主要集中在今豫东、鲁西南以及冀南地区。林清原本计划发动各地信徒，在九月十五日这一天同时起事，合围京城，突入宫中的这些人，不过是执行"斩首"任务的"特遣队"而已。所以，林清本人是坐镇北京南郊的黄村，以便调度各路人马。由于组织疏漏，在预定时间到来之前，河南滑县、山东金乡、定陶、曹县等地，先后有信徒被官府缉捕，豫东、鲁西南等地的天理教徒，担心计划败露，便先行发动，官兵随即展开围剿，林清实际上已经无法完全实现预定的计划。尽管如此，分散在各地的天理教徒，仍有可能汇聚京城，大清国一百七十年社稷，大有毁亡于此役之势。

身为皇储的皇次子旻宁，在这身家社稷系于一线的危急关头，体现出不凡的器度和身手。旻宁临危不惧，沉着应对，率领诸皇子和宫内太监，由乾清宫尚书房退守乾清宫西侧的养心殿、储秀宫、中正殿区域，并亲执鸟枪，射杀攀墙而入的天理教徒，阻止其攻势，最终等来援兵，斩获全部作乱教徒。随后，在河南、山东等地起事的天理教徒，也渐次被朝廷平定。

嘉庆十八年这一年，以甲子纪年适值癸酉，故旧史称谓这一事件为"癸酉之变"。正如事变结束后嘉庆帝颙琰在所下"罪己诏"中讲述的那样，此乃"汉唐宋明未有之事"。此事件当时在朝野上下，引起极大震动，为社会各界所广泛关注。因为大家都很关注，于是，就有人纂辑出这部《靖逆记》，来记述事件原委。也正因为关注这一事件者为数众多，刻印此书足以牟利，此书甫一面世，就有不止一种翻刻本随即出现，而辨别其初始刻本，也就成为了一个很麻烦的问题。

行世《靖逆记》诸本，均未署明作者真实姓名，仅题作"兰簃外史纂"。此所谓"兰簃外史"，乃时任山阳教谕之盛大士自号，见近人李濬之撰《清画家诗史》己集。盛氏在卷首自述其纂述缘起云：

甲戌中春，余计偕北上，道经山左，遇客自军中来者，备述齐、豫用兵事。及至京，询及林逆构乱，都人士言之甚详。因缀述所闻，犹惧传语失实，鲜所考徵。丁丑，复客京师，恭读《钦定平定教匪纪略》，谨为叙列时事，附缀襄闻，厘为六卷。事归传信，故弗

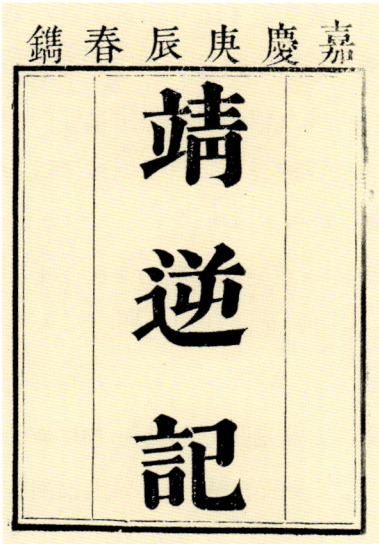

《靖逆记》甲本内封面

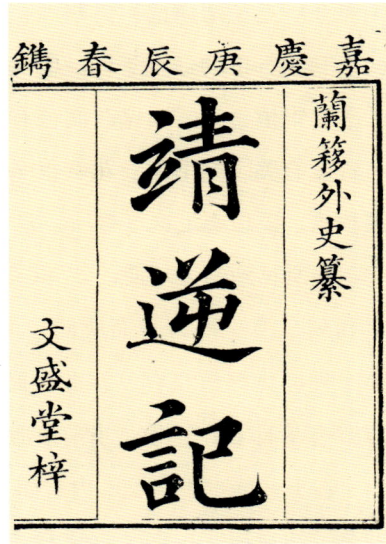

《靖逆记》乙本内封面

袭浮言；义涉可疑，则靡敢臆说。

据此可知盛氏纂述此书，始于甲戌亦即嘉庆十九年，至丁丑亦即嘉庆二十二年，应已大体成书。

今所见《靖逆记》诸刻本，俱刊刻于嘉庆二十五年，这应当就是此书刊刻行世的最早年代。盛大士撰成书稿后没有马上刊印，可能与其落笔审慎，还需要修改润色有关；也可能与他一时拿不出足够的刻书资金有关。刻书需要花费很多钱，而盛氏的身份，只是一区区山阳县教谕，要想凑足这笔款项，多半还需要费一番周折。

我所见到的《靖逆记》，共有三种刻本，可是却都题为嘉庆二十五年刊刻。第一种为寒斋所储，为叙述方便，在此姑称之为"甲本"。第二种亦为弊箧自存，在此可姑称之为"乙本"。第三种为上海书店1987年影印者，这也是当前最通行的版本，在这里姑称其为"丙本"。

在上述诸本中，甲本内封面顶镌"嘉庆庚辰春镌"，其下则仅刻有书名"靖逆记"三字，两侧上下题款处空缺无文。乙本内封面亦顶镌"嘉庆庚辰春镌"，其下除中间题以"靖逆记"三字书名外，另在右侧有上款题"兰簃外史纂"，左侧有下款题"文盛堂梓"。丙本未见内封面。这可能是出于所据底本缺失此页，但由现今影印古籍比较通行的做法推测，更有可能是印行者以为此内封面页没有多大意义而径行省去。因为上海书店在"出版说明"中叙述说它是"据嘉庆二十五年刻本影印"，盛大士此书在内文中并没有提到刻书的时间，所谓"嘉庆二十五年刻本"的判断，似乎只能来自影印底本内封面题署的年份。

　　这几种刻本，现在都已很罕见。上海书店影印此书，便是出于传本稀少。孙殿起《贩书偶记》只提到一种"无刻书年月，约咸丰间刊"的本子。虽然这也有可能是上述嘉庆刻本中的某一种，因脱去内封面而致使孙氏判断年代有误，但即使是这样，也同样说明《靖逆记》诸嘉庆刻本，俱流传鲜少。因为孙殿起纂录《贩书偶记》，专以著录《四库全书》以外的书籍特别是清人著述为宗旨，他开书店经营古书，也是着意罗致清人著作，所以，孙殿起在《贩书偶记》中没有著录此书之嘉庆刻本，即说明终其一生，尚未经眼过手保存有完整内封面的嘉庆刻本。尝见中国书店在 1957 年印行的《古旧书刊介绍》第九期的售卖书目上，载有嘉庆刊本《靖逆记》，书仅装为 1 册，标价却高达 4 元，

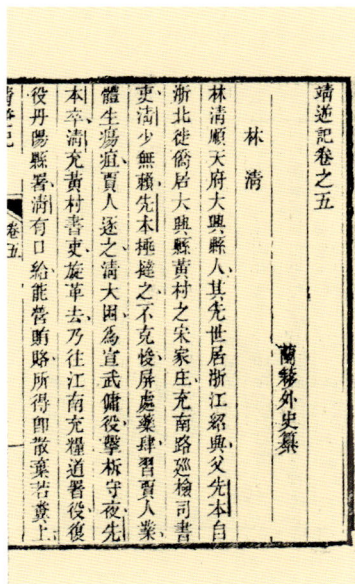

《靖逆记》甲本内文

这比同一时期的同类大路普通刊本要高出四五倍，自然也是由于罕见难求的缘故。正因为传本罕见，孙氏外甥雷梦水，在所撰著录稀见古籍的《古书经眼录》一书中，特地著录了上述《靖逆记》乙本。

嘉庆庚辰亦即嘉庆二十五年。因此，上述甲、乙、丙三种《靖逆记》刻本，实际上刊刻于同一年内。这三种版本，行款一模一样，其中至少有两种，应是据原刻本翻刻，然而却没有一个版本言明这一点。在这种情况下，诸本之间的版本源流关系，就成为一项需要考索的问题。

首先，从版刻形式来看，甲、乙、丙三本的版面构成要素，系依次由繁趋简。甲本通篇俱雕有界格；乙本虽大多雕有界格，但个别一些页码，已略而未雕；丙本则绝无界格。又甲、乙、丙三本均施有句

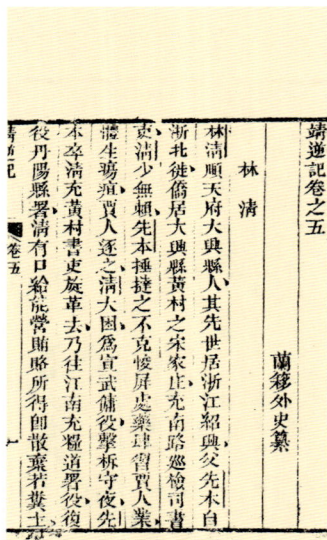

《靖逆记》乙本内文

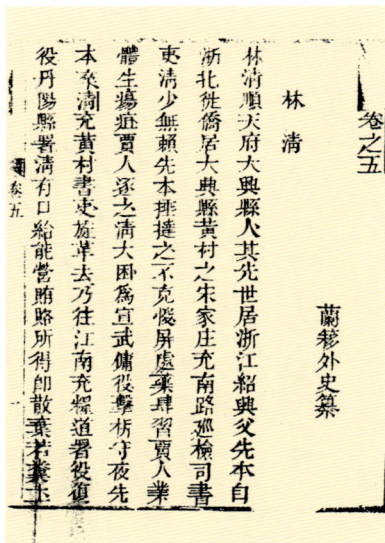

《靖逆记》丙本内文

读圈点，且都很草率，互有详略，但总体看来，其疏略程度，是循甲—乙—丙顺序，依次递增，乙本不如甲本，丙本又不如乙本完备。

其次，这三种版本的版刻虽然都比较粗糙，但粗糙的程度，有所差别。相比较而言，甲本雕版最精，字体尚堪称方整，且略显劲健；至乙、丙两本，则已字迹松垮，神气全无，而丙本似又略逊于乙本。丙本版刻最粗糙的地方，是书口处的"靖逆记"书名，只刻出很少一小部分，大多留存墨钉未刻；个别一些版面，如卷一第十一页、卷五第九页等处，版框上缘还没有修整干净，留有墨边；又如卷五首页卷端书名处亦留存墨钉未刻，等等，这些都应当是翻刻者仓促印制以应求市场需要所致。

乙、丙两本较之甲本这种简疏粗糙的情形，正符合书坊翻刻书籍的一般特征，由此可以判断，乙本和丙本均应为翻刻本。

进一步仔细审辨，还可以看到，丙本有一些地方，"寧"字已刻作"寕"（如卷二第四页"志寕"之"寕"）。不过，并不是丙本中所有的"寧"字都统统如此，还有很多处仍刻作"寧"。改"寧"为"寕"，应是出于回避道光皇帝旻宁的名讳（"寕"字虽然早已另有"甯"这个异体字，字形与"寕"极为相似，但《靖逆记》此本本来是依据旧本匆促翻刻，若是没有特殊缘由，不会另行改写字体，所以，还应当是避讳所改。参见施廷镛《古籍珍稀版本知见录》，第226页，第240页）。嘉庆二十五年秋八月，道光帝旻宁登基，翌年始改元道光。甲、乙两本均刊刻于嘉庆二十五年春季，所以"寧"字没有改刻；丙本具体刊刻月份不详，但由"寧"字刻作"寕"这一点来看，很可能是梓版于这一年八月以后。至于丙本中对"寧"字有讳有不讳，当是缘于书坊翻刻书籍，对避改讳字，通常马马虎虎，一向不够严格，而如上所述，此丙本刊印又相当仓促，因此更不足为怪。

下面再回过头来，分析甲本与乙本在内封面上的差别。乙本内封面刊有"文盛堂梓"字样，这正是清代书坊刻书的一般题署形式；而甲本只题写书名不署刻书堂号的内封面形式，则多见于家刻书籍，由此推断，甲本就应该是《靖逆记》的原刻本，也就是盛大士家刻本。从两本印制所用纸墨上，也可以印证这一点：甲本纸张光滑韧密，墨色深沉；乙本则纸质疏松，着墨既浮且淡。相对而言，由于没有商业目的，通常家刻本会尽可能对纸墨的选择讲究一些，而书坊刻本为追求利润，减低成本，所选用纸墨，品质往往均较为低廉，这是古代书籍印制的一般规律。

虽然与翻刻诸本相比，原刻本《靖逆记》的版刻要精细许多，但版面上仍然带有仓促印行的痕迹。这主要体现为书中所施圈点符号刊刻非常草率，句读时有阙略，且有一部分圈点符号尚未好好修整，而专名线或有或无，疏漏尤为严重。

盛大士稍后在道光年间刊刻的集子《蕴愫阁集》，流传虽然也非常稀少，且被郑振铎视为"可遇而不可求之物"（见郑氏《清代文集目录跋》），但终不如这部《靖逆记》的原刻本，既从未见诸著录，且书中所记述的内容，关涉一代重大政治事变，又迥非个人诗文著述可比，故其珍稀程度可想而知。

盛大士仕职的山阳县，是淮安府的治所，即现在的江苏淮安，位于淮河南岸的运河边上，地当南北交通孔道。由山阳循运河南下，经过的第一个都会，便是扬州。扬州是通往江南的门户之地，也是清代具有全国影响的文化中心，刻书业相当发达。检杨绳信编著的《中国版刻综录》，其中著录了清代嘉庆年间有"维扬文盛堂"书坊。"维扬"即扬州雅称，所以，翻刻《靖逆记》的文盛堂，很可能就是这同一家书坊。正因为扬州与淮安山阳密迩相邻，才会在嘉庆二十五年春，盛大士家刻本刚一印出，这家文盛堂书坊便得以用近乎同步的速度，立即翻版牟利。

　　由于扬州在文化信息的传播上，比山阳有更强的辐射力，文盛堂翻刻本的流行，一方面立即覆盖了相当一大部分社会需求，影响了盛氏原刻本的刷印数量，这应是盛氏原刻本流传至今极其鲜少的主要原因；另一方面，它的出现，也进一步增大了《靖逆记》在社会上的传播速度和扩散范围，而对于此书的社会需求，则会随着信息的广泛传播而进一步增多，这样又会促使新的翻刻本出现，于是，像《靖逆记》丙本这样的翻刻本，便又应时而生。可以推论，当时也可能另有一些类似丙本这样的翻刻本，这还有待于花功夫查找。

　　《靖逆记》版本的衍变过程，向我们提示了一个文化传播方面饶有趣味的问题，即发生于北京城的重大社会关注焦点事件，通过东南的作者记录后，复以东南地区为核心，向各地传播扩散。类似的情况，至迟从明代后期以来，就很普遍。这是中国古代文化地域传播史上的一项重要内容，值得剖析和阐释。不过，这不是本文所要讨论的问题，我想留待日后专门加以探究。

　　至于本书的学术价值，则如同前引盛大士自述所见，盛氏纂辑此书依据的材料，乃是直接得自朝廷清剿天理教徒的将弁和都城当中见闻这一事变的相关人士，盛氏复又参稽官修《钦定平定教匪纪略》，故所述翔实，成为研究这一问题最为系统的第一手文献资料《靖逆记》还在卷四当中，一并附记了几乎与这次天理教起事同时发生的陕西三才峡木工暴动事件，这也是研究该事件最重要的资料）。梳理辨析《靖逆记》的版本源流，正是基于它的这一文献价值。而选择或参考适宜的版本，则是研究问题深入分析史料时往往无可回避的先决条件。

2005 年 9 月 26 日记

原刊《故宫博物院院刊》2006 年第 2 期

中国对瑞典国最早的全面记述

——述清末写本《瑞典国记略》之历史由来

　　我在这里向大家介绍的《瑞典国记略》，是我本人收藏的一部有关瑞典的地理书籍，撰写于中国清朝末年。这是一部到目前为止还从来无人知晓的孤本。我很高兴能够在古老的哥德堡号商船重新驶抵更加古老的中国的时候，将这部秘籍公之于世，特别是把它展示给来自瑞典的朋友们。

　　要想说明这部《瑞典国记略》的价值和意义，首先需要追溯中国认识瑞典的历史过程，理清它的由来。

　　中国与瑞典相距遥远，对它的了解，最早似乎只能追溯到明朝末年西方来华耶稣会士所带来的地理知识。当初率先充当这种桥梁角色的人，是来自马可·波罗（Marco Polo）故乡的上帝使者。在明朝万历年间意大利传教士利马窦（Matteo Ricci）用中文编绘的《坤舆万国全图》上面，清楚标绘有瑞典的地理位置和轮廓。中国人大概从这时起，才明晰知晓瑞典的所在。当时利马窦为瑞典选用的汉文国名，是"苏亦齐"。

　　稍后，至明朝天启年间，另一位意大利传教士艾儒略（Giulio Aleni），在他与中国人杨廷筠合作撰著的《职方外纪》一书中，第一次

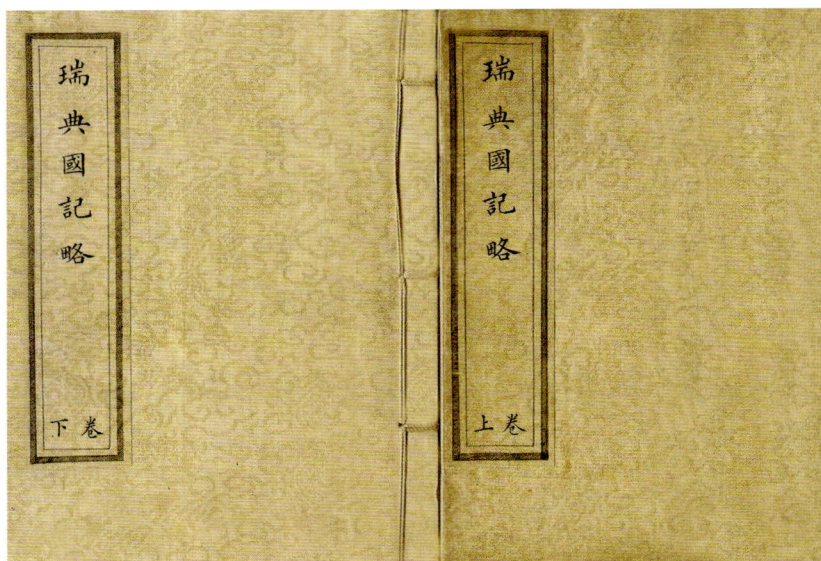

《瑞典国记略》封面

用中文向中国人介绍了瑞典的基本地理状况。据云艾儒略在撰著此书时，并没有过多参考利马窦编绘的中文地图①，因此，与利马窦的译名不同，他在书中乃是自行选用"雪际亚"三字，来音译瑞典的国名。书中具体的记述，极为简要，只有如下 51 个汉字：

> 其雪际亚地分七道，属国十二，欧逻巴之北，称第一富庶。多五谷、五金财货，百物贸易，不以金银，即以物相抵。人好勇，亦善遇远方人。②

这就是中国人对瑞典最初的了解。可以看到，呈现在中国人面前的是一幅十分美好的景象。

对瑞典的这一简单印象，在中国持续了很长时间。清朝康熙年间，在华西班牙属荷兰（Spanish Netherlands）耶稣会士南怀仁（Ferdinand Verbiest）著有《坤舆图说》③一书，虽然其书"大致与艾儒略《职方外纪》互相出入，而亦时有详略异同"④，然而，书中有关瑞典国的记述，却是几乎一字不差地依样照抄《职方外纪》，没有增添一丝一毫新的内

---

① 谢方《职方外纪校释》（北京，中华书局，1996）之《前言》，页 3—4。

② 明艾儒略（Giulios Aleni）《职方外纪》（北京，中华书局，1996，谢方《职方外纪校释》本）卷二"大泥亚诸国"条，页 97。案：在此谢芳校释本中"多五谷、五金财货，百物贸易，不以金银，即以物相抵"这句话，谢氏点作："多五谷、五金、财货百物。贸易不以金银，即以物相抵。"这样断句，似觉不甚妥当，谨case此以备读者参考。

③ 案南怀仁国籍的写法，系依据瑞典学者英格马·奥特森（Ingemar Ottosson）先生函告，谨志谢意。

④ 清官修《四库全书总目》（北京，中华书局，1965，影印清乾隆浙江刻本）卷七一《史部·地理类存目》"坤舆图说"条，页 634。

容[1]。显然，这位南怀仁神父并没有为此特别花费功夫。在中国人自己
这一方面，由于瑞典与中国两国间一直还没有直接交往，因此，除了
依赖传教士的介绍，也无从直接获取更为详细的信息。《坤舆图说》的
具体撰著时间，没有明确记述，不过南怀仁故世于康熙二十七年（1688），
其书必定写就于这一年之前。

　　这种情况，到康熙五十一年（1712）以后，开始发生改变。首先是
由于一个偶然的事件，中国人开始有机会自己去接触到瑞典的一些情
况。这一年，内阁侍读图理琛奉命出使土尔扈特，"由喀尔喀越俄罗
斯国至其地，五十四年（1715）三月，回京师复命，因述其道里山川、
民风物产，以及应对礼仪，恭呈御览"[2]。图理琛在途经俄罗斯境内时，
曾数次遇见并直接接触到几年前在大北方战争（Great Northern War，公元

---

① 清南怀仁（Ferdinand Verbiest）《坤舆图说》（上海，商务印书馆，1937，《丛书集成》
　　初编影印《指海》丛书本）卷下"大泥亚诸国"条，页106。案据瑞典学者英格马·奥
　　特森先生阅读本文初稿后函告，耶稣会士与包括瑞典在内的整个斯堪的那维亚地区
　　都很少有直接接触，所以，他们有关瑞典的知识，来源也很有限。英格玛先生所告
　　内容为："由于斯堪的那维亚地区属于新教的势力范围，这些耶稣会士自身与那里
　　很少有直接接触，因此，他们有关瑞典的知识，应当录自他们阅读到的很有限的
　　几部书籍，其中大概包括有 Johannes Magnus 和 Olaus Magnus 兄弟用拉丁文撰写
　　的著述，其中 Johannes Magnus 的文字，往往夸大其词，带有传奇色彩。他们兄弟
　　二人是 16 世纪中叶居住在意大利的瑞典流放者。"（The Jesuits themselves had very
　　little direct contact with Scandinavia (which was Protestant territory) and thus their
　　knowledge was derived from the few books they had read on the subject, probably
　　including the works in Latin written by the brothers Johannes and Olaus Magnus, two
　　Swedish exiles living in Italy in the mid-16th century. Especially Johannes Magnus'
　　writings contain exaggerated and legendary information.) 衷心感谢英格玛先生帮助
　　对此做出了很好的说明。
② 清官修《四库全书总目》卷七一《史部·地理类》四 "异域录" 条，页634。

1700—1721 年）中被俄国虏获的瑞典战俘，当时图理琛将瑞典音译为"西费耶斯科"或"式费耶特"，并在书中对这个位于"俄罗斯国之西北"的国家有综合描述云：

> 西费耶斯科，国王名曰喀鲁禄什，年三十三岁，所居之城名曰四条科尔那。初战败俄罗斯国之兵，大加杀掳；后再战，为俄罗斯察罕汗所败，伤人甚多，失城数处，以致危急，逃往图里耶斯科国拱喀尔汗所属鄂车科，付之小城居住，已经八年。[①]

尽管文字非常简略，却是在多次亲眼目睹并亲身接触瑞典国民的情况下，通过这些战俘和俄罗斯人所直接获取的知识，这比传教士翻译编述的资料，要远为近切[②]。中国对瑞典的认识，由此进入了直接探求的阶段。

[①] 清图理琛《异域录》（上海，商务印书馆，1936，《丛书集成》初编本）卷下，页 34。

[②] 案拙文初稿忽略了图理琛《异域录》中的这一记述，2006 年 9 月在上海参加 Sino-Swedish Relation in a Historical Perspective – From the 17th Century to the Present 国际学术会议期间，获读瑞典学者英格马·奥特森先生著《巨龙与雄狮——岁月长河中的中国与瑞典》（瑞典驻华大使馆等组织出版中文与瑞典文对照本，非卖品，2006，页 25—26）一书，以及中国学者蔡鸿生（Cai Hongsheng）先生所撰 Chinese Historical Accounts of Sweden and of the Trading Activity of the Swedish East India Company in Canton in Qing Dynasty 一文（蔡文刊瑞典学者 Bengt Johansson 主编 *The Golden Age of China Trade*, Hong Kong: Viking Hong Kong Publication,1992,pp. 91-92.）之后，始参据上述二人著述，补充订正初稿。英格玛先生后来复来函说，这段记述比较准确，应是转述俄罗斯方面的记述，所记瑞典国王为查理十二世（Charles XII）。在此谨致对英格马·奥特森和蔡鸿生两位先生以及惠赠 *The Golden Age of China Trade* 一书的 Bengt Johansson 先生的由衷谢意。

进入雍正年间以后，这一局面又有较大幅度拓展。因为从雍正十年（1732）起，有了瑞典商船的来航，瑞典已经与中国正式直接通商，而且每年都有商船往来，中国相关官员和学者自然可以通过来华的瑞典商人，了解到更多有关瑞典的情况。在乾隆年间朝廷组织学者纂修的《皇朝文献通考》一书中，有关瑞典的记述，出现了不同于以往的内容，而且还将国名改译成为"瑞国"：

> 瑞国在西北海中，达广东界，俱系海洋，计程六万馀里。国中土地平衍，有大山三。一曰庇高天牙礼花，阅三四年辄有光烛天，望之若烟火，四面巉岩，壁立千仞，人迹不能到。一曰布农故巴黎，自山麓达于顶，俱白沙，童然无一草一木。一曰化伦仕高劳华，山中产红铜，民为开采，纳于王。王所居，土名仕的哥卢；国人会聚之地，土名乙顿巴梨，距王居七百馀里。国中四面皆大泽，汪洋千顷，国人之散处者，非驾船不能往来。乙顿巴梨盖泊船总汇处也。凡大市镇，当国人贸易之期，则有官司至，若古司市者。故市镇皆设馆舍，以供驻宿；置班衙，以供使令。其人信奉天主，俗同英吉利。
>
> 通市始自雍正十年，后岁岁不绝。每春夏之交，其国人以土产黑铅、粗绒、洋酒、葡萄干诸物来广，由虎门入口，易买茶叶、瓷器诸物，至初冬回国。乾隆二十七年，特旨准配买丝觔。是年十月，瑞国商棉是呾等呈称："夷等外洋各国，虽有丝觔，不谙织作，以不能自织之国，若止准带丝觔，仍属无由服用。现在瑞国已缺乏绸缎二三年，恳先准带绸缎成疋者二千觔。"由两广总督苏昌代奏

以闻，并请："嗣后每丝千觔，止准带绸缎八百觔，毋得额外多求。
至现在瑞国恳先带绸缎二千斤之处，为数无多。臣等仰体皇上优
恤远夷至意，业准其带往。"奏入，上从之。其国王姓名世系，远
者无考，近而可知者曰土的亚多，传子非里地力，非里地力传子
亚敦非里地力，是为今瑞国王云。[①]

这些都是中国人前所未闻的新知识，而且与编译西人著述而成的《职
方外纪》相比，其所用文字，要更为简练明晰，是典型的中国地理志
式描述，显然应当完全出自中国学者的直接凝练概括。不过，从另一
方面看，上述记述的缺点也正在这里，虽然这一整段文字，篇幅已经
长达近 500 字，不过若是除去后一段有关中、瑞双方具体贸易问题的
记载，实际描述瑞典地理状况的内容，也不过 200 多字，仍然只是勾
勒出一帧非常简单的轮廓。

　　本来中瑞之间的直接通商往来，为中国学者对瑞典做出更加详细
的记述，提供了比较充分的条件，而实际留下的记载，却依旧这样寡
少疏略（案在清朝同一时期官修的《皇朝通典》中，也有一些相关记载，但内容不出《皇
朝文献通考》的范围，而文字则较其大为简略[②]）。除此之外，只是在为满足妄
自尊大心理而标榜天下万国来朝的官修《皇清职贡图》中，作为海外
奇闻逸事，分别以"喘国夷人"和"喘国夷妇"为题，绘出了瑞典国

---

① 清官修《皇朝文献通考》（杭州，浙江古籍出版社，1988）卷二九八《四夷考》六，
　　页 7473—7474。
② 清官修《皇朝通典》（台北，台湾商务印书馆，1983，影印文渊阁《四库全书》本，
　　第 643 册）卷九八《边防典》二，页 939。

文渊阁《四库全书》本《皇清职贡图》上的瑞典人形象

男女人物的形象和服饰，并且附有文字说明云：

> 嘀亦荷兰属国，贸易于粤。其脱帽为礼，与荷兰相类。短衣革履，
> 常执藤鞭卫身。夷妇方领露胸衣，外束裙，摺袖，舒袂，以革为履，
> 底缀方木似屐，喜以金缕盒贮鼻烟，时时吸之。①

这完全是面目初识时最一般的直观感受。中国学者没有能够在此基础
上对瑞典做出更为深入的了解，这在很大程度上，是由于当时中国朝
野对于西洋列国还普遍抱持轻视鄙夷的态度，系以远方蛮夷视之，而
当时瑞典在欧洲来华诸国当中，亦非一等强国，地理位置复最为僻远，
所以，似乎根本无意对此多加理会。

　　此后，一直延续到鸦片战争爆发，中国人自己对瑞典地理的记述，
似乎只有嘉庆年间（1796—1820）广东嘉应（今梅州）人杨炳南在所撰《海
录》中极为简短的几句描述：

> 绥亦咕国，在嘆咭利西少北，疆域与西洋略同，风俗土产，
> 如嘆咭利，而民情较淳厚。船由荷嘣往，约旬馀；由嘆咭利，约
> 六七日可到。来广贸易，其船用蓝旗画白十字。②

---

① 清官修《皇清职贡图》（台北，台湾商务印书馆，1983，影印文渊阁《四库全书》本，
　第 594 册）卷一，页 427—428。
② 清杨炳南《海录》，据冯承钧《海录注》（北京，中华书局，1955）卷下"绥亦咕"条，
　页 74。

杨炳南所做的记述，据云系闻自一位名叫谢清高的同乡。谢氏随人出海贸易，自言曾漂泊海外诸国十四年之久。不过，从上面的记述中我们可以看出，他对瑞典的描述，恐怕大多是得自很不准确的传闻，与实际情况存在着相当大的差距。所以，这段记述，在中国对于瑞典的认识史上，并没有太大意义 [①]。杨炳南在序言中曾专门说明云："所述国名，悉操西洋土音，或有音无字，止取近似者名之，不复强复载籍，以失其真。" [②] 所以，他将国名写作"绥亦咕"，应是遵从了商人水手间的通行发音，复以其家乡广东嘉应方音中语音相似的汉字译出，殊不

---

① 虽然从谢清高这段记述中，可以看出他本人在海外漂泊时并没有真正到过瑞典，不过，在他之前，却有一位名叫蔡亚福的广东人，在乾隆五十一年（1786）至乾隆五十二年（1787）期间，确实踏上了瑞典的国土，并在那里停留过一小段时间，至今仍有题名墨迹存留在瑞典。据云蔡亚福是一位年轻的翻译，在瑞典期间甚至拜见了瑞典国王古斯塔夫三世（Gustav Ⅲ），并用瑞典语同国王进行交谈。蔡亚福是有确切证据可以证明的历史上第一个造访瑞典的中国人。令人遗憾的是，尽管蔡亚福通晓瑞典语，然而，却没有用文字向中国社会传播介绍任何有关瑞典的知识，至少我们见不到公开刊行的著述。清朝光绪年间，有中国人在瑞典见到蔡亚福的题名，并记述了这一事件（只是将蔡亚福抵达瑞典的年份误记作"乾隆五十四年"），谓"至其地当以其人为最早"，中国国内才得以比较普遍地知晓这一事件，有关记述见清人洪勋撰《游历瑞典、那威闻见录》，收录在清王锡祺所辑《小方壶斋舆地丛钞》再补编（杭州，杭州古旧书店，1985，据原本影印本）第十一帙中，页25a。又案本文初稿疏忽未能注意到这一重要记述，2006 年 9 月在上海参加 Sino-Swedish Relation in a Historical Perspective-From the 17th Century to the Present 国际学术会议，获读英格马·奥特森先生著《巨龙与雄狮——岁月长河中的中国与瑞典》（页24—25，页 41），得以做出如上补充并据以订正本文初稿相关内容。另外，我在这次会议上宣讲此文时，瑞典学者 Inga Nyman 女士和中国学者周振鹤先生，也都向我提出了这一史实。谨向上述诸位学者致以衷心的感谢。

② 清杨炳南《海录》卷首自撰序文，页 1。

足怪 [①]。

　　至于瑞典来华贸易的商人，恐怕他们的中文能力，尚不足以撰写这样的著述 [②]；更重要的是也没有相应的商业利益需求，足以驱动他们来做这样的事情。

　　当初利马窦用中文编绘《坤舆万国全图》，艾儒略用中文撰著《职方外纪》，他们的根本目的，并不是向中国传播西洋地理知识，而是与其同时代那一批通过"淫技奇器"来为传布天主教铺平道路的耶稣会士一样，试图以这些新奇的地理知识，来吸引和征服中国的朝野人士乃至国家君主；更何况地理观念的闭锁，本是造成中国人妄自尊大之非常重要的直接原因，一旦接受正确的地理知识，知悉天地之大，必然会不同程度地改变中国人对自身和世界的看法，这对于天主教在中国的传播，其本身就具有无以替代的重要作用，利马窦在编绘《坤舆万国全图》时云"知天地而可证主宰天地者之至善、至大、至一" [③]，即其谓也。

　　假若罗马教廷在中国一直沿袭利马窦一派耶稣会士多年摸索形成的传教方式，出于宗教的需要，这些传教士应该能够继续向中国介绍更多、更为详细的包括瑞典在内的西洋地理知识。然而，就在瑞典与

①　案冯承钧在《海录注》卷首的《序》当中（页4），以为《海录》书中的译名，系多采自葡萄牙语，并举例说："瑞典之作绥亦咕，足以证之。"

②　清戴鸿慈《出使九国日记》（长沙，岳麓书社，1986，《走向世界丛书》本）一书（页450），记载清光绪三十二年（1906）清朝使节访问瑞典时其国人使用汉语的能力说："初，在丹麦时，丹人能华语者，如冯冶森、谢尔恩、钟国球、马德辰等不鲜，盖皆在大北公司，尝游我国。及至瑞典，竟无一人，盖其地见华人为尤罕也。"

③　语出利马窦为《坤舆万国全图》所撰序文，见黄时鉴、龚缨晏《利马窦世界地图研究》（上海，上海古籍出版社，2004）下篇《文献整理》，页167。

中国通商往来之前不久，情况出现了重大转折性变化。这就是发生了天主教在华传布史上的所谓"中国礼仪之争"。

康熙四十三年（1704），教宗克莱门十一世正式判定，耶稣会士长久以来在中国传教时对中国"礼仪"的迁就，乃是"异端"行为，应当立即予以禁止。翌年年底，教宗委派执行这一决议的特使多罗（Carlo Tommasco Maillard de Tournon），抵达北京，觐见康熙皇帝，转述教廷关于禁止教徒行用"中国礼仪"的主张。多罗此举激怒圣祖玄烨，导致其颁布圣旨，令在华教士，必须遵守"利马窦规矩"，领取有朝廷颁发的特许"票"，始得传教，开始对传教采取限制措施，并逮捕、驱逐部分教士，对各地拒不领取特许之"票"者，一律押解广州。清朝与教廷的关系，严重恶化。尽管此后康熙皇帝一再试图寻求与教廷相互沟通，可是，克莱门十一世教宗却一意孤行，对此完全置之不理。无可奈何之下，圣祖玄烨终于下旨："以后不必西洋人在中国行教，禁止可也，免得多事。"从此，中国开始了漫长的禁教岁月。时为康熙六十年，正值圣祖玄烨去世的前一年，西元1721年。有意思的是，教廷派来改变"利马窦规矩"、摧折耶稣会士辛勤开辟之传教事业的多罗，正是一位与利马窦属于同一国度的意大利人 [1]。

接续玄烨登上清室帝位的胤禛，对天主教采取了更为严厉的禁止政策。如果说康熙年间开始的禁教，是清圣祖玄烨为维护国家的尊严和既有秩序、回应罗马教廷的蛮横态度而不得不采取的对应行动的话，

---

[1] 以上有关天主教在清朝传布的情况，俱参据顾卫民《中国天主教编年史》（上海，上海书店出版社，2003）第二部分《明清时期》，页49—352。下文叙述此类问题，凡未另外注明者，亦同样依据此书。

那么，雍正年间变本加厉的禁教措施，则更多的是出自清世宗胤禛个人对权力的绝对控制需求。同时，康熙皇帝与天主教的对立，实际上主要是针对罗马教廷苛刻的传教方式；而雍正皇帝则是针对所有天主教的传教士、教徒，乃至教义。英国学者赫德逊（C. F. Hudson）曾经指出，教廷与清王朝之间的"礼仪之争"，"突出了教皇至高无上的地位，而耶稣会士曾明智地不显露这一特点。这时，康熙的眼中才看到这一事实"①。对于这一点，雍正皇帝显然比他的父亲要看得更为清楚，也更为严重。法国研究中国基督教史的沙百里（Jean Charbonnier）神父，在论述雍正年间的禁教举措时指出，这其中一项重要原因，就是"雍正比其父更具有想统治其子民的思想"②。雍正二年（1724），胤禛在向法国耶稣会士冯秉正（Joseph de Moyriac de Mailla）等人阐述他对天主教的政策时，曾经谈到：

> 你们说你们的宗教不是伪教，朕相信这一点。……你们要让所有中国人都皈依基督教，这是你们教会要求的，朕了解这一点。但是在这种情况下，我们的前途又如何呢？作为你们国王的臣民，作为基督教徒，你们只承认你们自己，……当成千上万只船远道

① 赫德逊（C.F.Hudson）《欧洲与中国》（Europe and China:A Survey of their Relations from the earliest times to 1800。北京，中华书局，1995，王遵仲等中译本）第十章《耶稣会士在北京》，页 282。
② 沙百里（Jean Charbonnier）《中国基督徒史》（Histoire des Chrétiens de Chine. 北京，中国社会科学出版社，1998，耿昇中译本）第 15 章"宽容于宫中，隐匿于各省"一节，页 180。

而来，就可能出乱子。①

这段话已经清楚说明了雍正禁教的首要目的，只是他在这里还只是谈到具体传教、信教行为对清室皇权的威胁，而没有述及天主教教义对中国民众思想观念的影响，也会危及他的权力。沙百里则非常敏锐地注意到，雍正皇帝在禁止天主教的同时，还重新刊布了康熙皇帝的"十六句格言的圣训"②。沙百里神父提到的这一点非常重要，这或许是洞穿历史与现实才有可能得到的见识，它直接关系到我们在这里所要了解的问题，即何以在清代中期以后，包括瑞典国在内的有关西方的地理知识在中国的进一步增多和传播会长期中辍无继？

　　沙百里所说的十六句格言圣训，是指清康熙九年（1670）圣祖玄烨颁布的十六条"圣谕"。这十六条"圣谕"，犹如一份国民行为规范守则，用以训导民众特别是下层庶民如何正确处理个人与家庭、宗亲、邻里、社会以及国家的关系，每一条都是一个简洁的警句。溯其渊源，此"圣谕"乃是远绍自明太祖朱元璋所颁布的《御制教民榜文》，是皇权高度强化的产物。警句便于念诵记忆，易于向社会公众推广，但也有明显的缺点，这就是缺乏更为具体的针对性，也不便于根据需要，借题发挥，从中解读出更有普遍意义和深刻内涵的微言大义。因此，不管是

---

① 据顾卫民《中国天主教编年史》第二部分《明清时期》1724 年下引文，页264—265。案：这段谈话见于雍正二年（1724）寄往欧洲的一封信中，据云冯秉正（Joseph-François-Marie-Anne de Moyriac de Mailla）在他撰著的《中国通史》（*Historire general de la Chine*）里刊载了这封信。见沙百里《中国基督徒史》第15 章"宽容于宫中，隐匿于各省"一节，页180—181。

② 沙百里《中国基督徒史》第15 章"宽容于宫中，隐匿于各省"一节，页180。

从用以辅助解决具体问题的角度看，还是从用以弘布社会教化的角度看，要想使它充分发挥作用，都需要有人对其做出辅助性的讲解。于是，在康熙十八年（1679），便有浙江巡抚"将上谕十六条衍说，辑为'直解'，缮册进呈"，朝廷则"通行直省督抚，照依奏进乡约全书，刊刻各款，分发府州县乡村，永远遵行"①。臣下给皇帝老子的话做疏释，这是再正常不过的事情，实在不足为怪。朱元璋的《御制教民榜文》，即有臣子所撰"疏义"与之并行。不过，到雍正登基之后，围绕着这圣谕十六条，却出现了非同寻常的情况，即由世宗胤禛亲署御名，在雍正二年，刊布了长达万言的《圣谕广训》，阐释康熙皇帝这十六条圣谕，并下令"颁发直省督抚学臣，转行该地方文武各官暨教官衙门，晓谕军民生童人等，通行讲读"②。

　　假若只是孤立地看待雍正皇帝御制《圣谕广训》这件事情，似乎它只是贯彻施行康熙十六条圣谕的一项很自然的举措。然而，分析这一问题，我们必须考虑到胤禛作为清朝帝王所具有的至高无上的身份，考虑到当时雍正皇帝与天主教士严重的对立关系，考虑到他绝对不能容忍这些天主教信徒"只承认你们自己"的信仰观念。另外，还要特别考虑到，这部《圣谕广训》，正是刊布于他与冯秉正等教士进行上述谈话的同一年，在那次谈话中，世宗胤禛还清楚讲到："只是在朕的先父皇时期，各地才到处造起了教堂，你们的宗教才迅速地传播开来。朕当时看到了这种情况也不敢说什么。你们哄得了朕的父皇，哄不了

①《改良绘图宣讲集要》（清末上海锦章图书局石印本）卷首《钦定学政全书讲约事例》，页5a。
②《改良绘图宣讲集要》卷首《钦定学政全书讲约事例》，页5b。

朕。……有一段时间，父皇糊涂了，他只听了你们的话，其他人的话都听不进了。朕当时心里很明白，现在可以无所顾虑了。"[1] 正是在这一年，雍正皇帝下诏，令除在京者之外，全国各地的天主教士，限于六个月内统统迁居澳门。沙百里神父称，这对在华天主教士是一次毁灭性的打击。这样严厉的禁惩措施，基本上一直持续到西方列强进入中国的殖民时代。在此期间，传教士要想在中国传教，只能秘密潜入中国各地 [2]。

相互比照上述情况，我认为有理由推断，雍正皇帝甫一登基，即急忙炮制出号称御笔亲撰的《圣谕广训》，颁行各地，"晓谕军民生童人等，通行讲读"，是要在将天主教传教士驱逐出境的同时，以此来冲刷抵消明末以来天主教教义对社会基本行为准则和伦理观念所造成的影响，从而确保皇权对民众思想观念的绝对控制。由于宗教教义在民众心目中具有寻常世俗间难以企及的神圣权威，为此，世宗胤禛便唯有搬出天子至尊的地位与之抗衡。当然，除了清除天主教的威胁这一急迫的现实考虑之外，胤禛更为深远的意图，应当是通过普遍宣讲《圣谕广训》，以自己来取代天主的地位，控制臣民的思想，特别是他们最基本的社会伦理观念。

事实上，早在康熙年间，就已经出现了"令直省府州县及凡上司地方，照例于月朔并行讲解"玄烨圣谕十六条的情况 [3]。所谓"月朔"，是指每月的朔日、望日，也就是月底、月中。而这种朔望定期讲解圣

---

① 据顾卫民《中国天主教编年史》第二部分《明清时期》1724 年下引文，页 265。
② 沙百里《中国基督徒史》第 15 章"宽容于宫中，隐匿于各省"一节，页 179—180。
③《改良绘图宣讲集要》卷首《钦定学政全书讲约事例》，页 5a。

谕的做法，与天主教堂每周固定时间布道的宗教形式，亦颇有相似之处。至雍正七年（1729），"奏准直省各州县大乡大村人居稠密之处，俱设立讲约之所，于举贡生员内拣选老成者一人，以为约正，再选朴实谨守者三四人，以为值月，每月朔望，齐集乡之耆老、里长及读书之人，选读《圣谕广训》，详示开导，务使乡曲愚民，共知鼓舞向善"①。在这里，可以更为清楚地看到与天主教布道形式相似的举措。由这种传布形式上的相似性，也可以佐证雍正皇帝颁行《圣谕广训》的实质性用意，乃是为控制民众的思想观念，"使愚氓易晓，日用可遵"②，以免受到天主教教义以及其他任何一种皇家核准以外的思想观念的影响，同时，也为将自己塑造成为中国百姓的"教主"。

清末人徐赓陛在广东陆丰任知县时，在向上司密禀其控制洋教信徒的办法时，曾经谈到：

卑邑地方从前习天主教者约有三千馀人，习耶教者约有五六百人，势已披猖，党尤固结，闾阎实有重足侧目之情。抵任以为邪说害正，由我礼义之不充；民之附从，由我治具之不立。欧阳文忠之本论，可深思也。然非化于无形，泯然无迹，亦难以口舌争。是以于教民最多之处，分延士类，宣讲《圣谕广训》十六条，佐以先儒格言之浅显者，所以开其秉彝之好也。……两年以来，耶稣一教，现已无人礼拜，教士他徙，其租住之教堂，已由赁作宣讲《圣谕》之馆。而天主教盘踞多年，虽不能一时感化，

①《改良绘图宣讲集要》卷首《钦定学政全书讲约事例》，页 5b。
②清萧奭《永宪录》（北京，中华书局，1959）卷三，页 207。

而民情知其无益，每月到堂礼拜者亦不过数百人矣。然而，接教
士则待以优礼，初无疾厉之相加；论教事则出以和平，亦无片词
之菲薄。近年人心渐化，出教者多。①

这一借宣讲御制《圣谕广训》以消解西洋天主教影响的实例，可以有
力印证上述推测。

　　这样，我们就会清楚看到，清朝在雍正年间以后严厉禁止天主教
传布，其表面原因，虽然看似在承续着康熙年间出现的清朝与罗马教
廷之间的"礼仪之争"，实际上更为深刻的本质原因，应是出自胤禛施
行绝对思想控制的需要。在这样的思想管制背景下，那些被驱逐出清
朝绝大部分疆域的天主教士，即使得到罗马教廷的认可，也很难再有
机会，像利马窦他们当年那样，可以借助输入中国人所未知晓的知识
和技术，来为其传教铺设道路。在雍正皇帝厉禁天主教在华传教活动
之后，虽然清室某些帝王，偶尔也会出于好奇，向因服务于朝廷而仍
留在中国的传教士咨询一些西洋和世界地理知识②，但西洋传教士公开
介绍这些知识的活动，则已经全面中止。这就是雍正十年瑞典与中国
直接通商之后，中国在很长一段时间内并没有通过西方传教士获取更
多有关瑞典的地理知识的直接原因。

　　另一方面，罗马教廷有关"中国礼仪"的固执态度，同样体现着

① 清徐赓陛《不自慊斋漫存》（清光绪壬午南海官署刊本）卷五《再禀教民案件》，页103。
② 如乾隆皇帝曾向法国传教士蒋友仁（Michel Benoist）仔细咨询欧洲各国以及世界其
　他一些地区的地理状况，见矢泽利彦编译《イエズス会士書簡集》之《中国の布教
　と迫害》（东京，平凡社，1980，《東洋文庫》丛书本）第二十書簡《ブノワ師の第
　二書簡》，页299—320。

一种绝对的思想控制用意，这也在严重阻碍着天主教士按照所谓"利玛窦规矩"来从事这样的知识传播工作。特别是 1773 年（清乾隆三十八年）教宗克莱门十四世宣布解散耶稣会，此举更进一步沉重打击了由耶稣会士开辟的在中国的传教活动①。

　　教廷与清朝政府这种相互对峙的局面，直到清朝嘉庆年间，才开始出现微妙的变化。在清朝一方，是进一步强化了禁惩天主教传教的措施，于嘉庆十六年（1811），颁布"严定西洋人传教治罪专条"的谕旨："嗣后西洋人有私自刊刻经卷、倡立讲会，蛊惑多人，及旗民人等向西洋人转为传习，并私立名号，煽惑及众，确有实据，为首者竟当定为绞决。"②这一极端的惩治措施，后来在道光元年（1821）被增补到《大清律例》当中。嘉庆皇帝同时还指示，除了在京师钦天监等处"当差"者外，"其馀西洋人，俱著发交两广总督，俟有该国船只到粤，附便遣令归国"③。正当清朝对待天主教的态度变得愈加强硬的时候，令人意想不到的是，罗马教廷一方却出现了相反的变化。就在嘉庆皇帝颁布这项法令三年之后，亦即公元 1814 年，教宗庇护七世做出了一个有利于在中国传教的重要决定，即恢复耶稣会的活动。实际上，这意味着教廷改变了自康熙末年以来对所谓"中国礼仪"问题所持的强硬立场，重新认可了耶稣会士在中国的传教方式。

　　道光十二年（1832），北京的天主教友，在获悉教廷已经重新恢复

---

① 王治心《中国基督教史纲》（上海，青年协会书局，1948，《青年丛书》第二集本）第十五章《道光以后天主教的复兴》，页 177。
② 清官修《仁宗实录》（北京，中华书局，1986）卷二四三嘉庆十六年五月丙午，页 288。
③ 清官修《仁宗实录》卷二四三嘉庆十六年五月丙午，页 289。

耶稣会的消息之后，当即写信给耶稣会总会长罗当（Roothaan.S. J），请求派遣像旧耶稣会士那样的数学家、天文家、工程师、建筑师来华，谓：“这样的一批神父，才是中国人民，特别是皇上及周围大臣们所希望的。”①翌年，北京教友复直接上书教宗额我略十六世，重申这一请求。显而易见，在经历了清朝政府的长期残酷镇压之后，教廷和在中国的天主教士都十分清楚，要想在华传布教义，只有重新回归到“利马窦规矩”，以中国人乐于接受的方式，迂回渐进，取得立足之地。天主教传教士又开始在中国重新开拓利马窦等耶稣会士早在二百多年前就已经铺设好的老路。与此同时，清朝政府对社会的实际控制能力，已经比雍正、乾隆时期明显减弱，从而使这种隐晦的传教行为重新进入中国，具备了相应的条件。

正是在这样的背景之下，中国才得以再一次通过传教士的介绍，获取了更多包括瑞典在内的欧洲以及世界各国的地理和历史文化知识。当时传播这些知识最主要的媒介，是一份名为《东西洋考每月统计传》（Eastern Western Monthly Magazine）的中文期刊。

《东西洋考每月统计传》是由德国牧师郭实猎（Karl Friedrich August Gützlaff）于道光十三年（1833）六月在广州创办，中华书局近年有影印本。在新的影印本出版的时候，研究中西交通史的专家黄时鉴教授，写了一篇很长的“导言”，讲述它的刊行始末以及它的价值和意义，对读者有效利用这份史料，提供了很大帮助。不过，关于郭实猎编纂刊发这一刊物的本质用意和最基本的出发点，黄时鉴的论述，似乎还略

---

① 据顾卫民《中国天主教编年史》第二部分《明清时期》1832 年，页 348。

嫌模糊，特别是未能触及其历史渊源和现实背景，故所做剖析，尚未能达其肯綮。简而言之，郭实猎编纂出版《东西洋考每月统计传》，就是在罗马教廷此次重新调整传教策略的前提下，重操利马窦一辈耶稣会士的旧术，借助传播西方的科学、文化知识来为上帝开辟进入中国的门径，是彻头彻尾、地地道道的传教行为，这也是在当时清朝政府的厉禁之下不得不采取的低头让步策略①。这一点在《东西洋考每月统计传》每一页的字里行间都有着清晰无误的体现，毋庸——举述。黄时鉴在文中曾注意到《东西洋考每月统计传》当中多使用"上帝"一词来表述 Deus 或 God 的情况，并且也注意到这是当年"礼仪"之争中的一个核心问题。不过，黄氏没有谈到，当年教廷严厉禁止教徒使用利马窦等人为适应中国习惯而选择的这一词汇，现在郭实猎重新启用为"上帝"之义，而不是当年教廷所固持不易的"天主"，这正是教会回归"利马窦规矩"最为典型的标志。郭实猎自述其纂述缘起，称这份刊物的出版，"是为了使中国人获知我们的技艺、科学与准则"②，其实只是在说刊物的主要内容，而不是刊布这些内容的内在目的。

　　不管怎样，《东西洋考每月统计传》在客观上确实为中国带来了更多有关瑞典地理和历史文化的新知识。在该刊道光十八年（1838）四月这一期上，刊发了一篇《瑞典国志略》，这是第一篇专门记述瑞典的中文著述，全文长达 1640 字。不过，与记述当时地理状况的内容相比，

---

① 黄时鉴的"导言"见中华书局影印本《东西洋考每月统计传》（北京，中华书局，1997，影印清道光原刻本）卷首，页 3—35。案黄氏在文中虽然也谈到郭实猎编纂《东西洋考每月统计传》的目的，"是想借以传教和维护西人的在华利益"，但文中论述的重点，却似乎很容易给人以这仅仅是一份传播西方文化的世俗刊物的印象。

② 据《东西洋考每月统计传》卷首黄时鉴《导言》引文，页 12。

这篇文章更侧重于叙述瑞典的历史，占据了一大半以上篇幅 ①。尽管如此，其地理部分，较诸以往，还是增添了许多前所未知的新知识：

① 案 2006 年 9 月在上海参加 Sino-Swedish Relation in a Historical Perspective-From the 17th Century to the Present 国际学术会议期间，在我宣讲本文后，蒙复旦大学周振鹤先生提出了一份题作《瑞国缘起》的清人记述，其内容和性质，与《东西洋考每月统计传》上这篇《瑞典国志略》中有关瑞典历史部分的叙述，大体相似，而篇幅略为简短。此前在撰述本文初稿时，我尚未读到这一著述，幸赖周振鹤先生帮助指出，在此谨衷心致以谢意。诚如周振鹤先生在提供给会议的文字材料中所教示："其关于瑞典历史之来源所自，亦有值得考证之处。"日后得暇进一步研究敝箧所存这部《瑞典国记略》时，当一并研读这类相关著述。不过，由于这一《瑞国缘起》的撰述年代，直接关系到拙文所提出的中国人认识和记述瑞典国情况其历史发展阶段之划分问题，在此需要对这一著述的写作年代，做一初步判断。检此《瑞国缘起》，其末句云"今中国立和约称瑞典哪（'哪'字疑衍）者即瑞国也"。今案在前述英格马·奥特森著《巨龙与雄狮——岁月长河中的中国与瑞典》一书中（页 33），曾有论述说，中国与瑞典两国间的第一份条约，为公元 1847 年亦即清道光二十七年签署的《大清国、大嚸啴国哪喊国等和约贸易章程》，英格马氏书中且附有这一条约封面的书影。据此，则这篇《瑞国缘起》只能撰述于道光二十七年（1847）以后，故并不影响本文所论中国认识瑞典的阶段变化。另外，《瑞国缘起》有记述云："嘉庆十四年，国戚加尔禄斯摄王位。其养子伯尔拿多的、佛郎西人，曾为大将，智过人，摄王委以政柄，修武备，结会盟，用兵谋定而后战，所向克捷，摄王因传以位，亦更名加尔禄斯，即今在位之王也。"文中所说嘉庆十四年亦即公元 1809 年，权摄王位的加尔禄斯，于公元 1818 年亦即嘉庆二十三年去世，遗命传国于伯尔拿多的，而伯尔拿多的即位后亦改名为加尔禄斯，另有中文著作做有同样记述，见于西人玛吉士在清道光年间所著《新释地理备考全书》（北京，中华书局，1991，《丛书集成》初编影印《海山仙馆丛书》本）卷六《嚸哂哑、啫噜喊呀国全志》（页 616—617）。案此"加尔禄斯"即今通译之查理十三世（Charles XⅢ）；"伯尔拿多的"即今通译之贝纳多特（J. B. Bernadotte）。又贝纳多特在被立为王储后即改名为"查理·约翰（Charles John）"，这就是《瑞国缘起》所说"伯尔拿多的"更名为"加尔禄斯"一事。《瑞国缘起》谓此 1818 年即位的后一"加尔禄斯"（Charles）亦即伯尔拿多的（Bernadotte），为"今在位之王"，这也可以证明这篇文章一定撰述于嘉庆二十三年亦即公元 1818 年伯尔拿多的（Bernadotte）即位以后，而不会是在此之前。

　　欧罗巴北方瑞典国境势。北极高出地七十度十一分至五十五度二十二分，以英国偏东北。国之三界至海，惟东北与俄罗斯国相连焉。境内崎岖，千山崭岩，峭色如云焉。土惟硗，海滨之如锯齿，港汊四通。四海波流，潆回轮动如飞，甚害船只，一入播浪则碎拆矣。水土之风气凄凉，夏气逼火不过三四月而已，馀时霜花满地，冷气盈肝，北方所产之五谷有罕焉。故此寒天，民将木皮磨之为粉而食之也。该方森林樛郁深邃，冷落无人焉；草木畅茂，禽兽繁殖，如打猎之场也。山内铜矿盛多，多年所出，二万二千担；又铁一百二十万担焉。钢铁两者，为此国之财也。但日用之资物缺，必赴他国而载来，以补民之用。河涧疏阔，沧江奔流，而暗礁布满，航舟难也。延袤长广，方圆九十万有馀里，居民三百八十万人。由此言之，国虽广大，民稀人少也。其京都之人民共计七万九千口，京内居民二万丁。其土人受苦含忍不胜矣。因不足糊口，自然谨身节用，勇猛争先，劳苦不息，行不计路，食不计数。自国创基以后，高志刚毅，耀武扬威，垂名于万世也。[①]

中文的表述，显然还颇欠妥帖，不过，"瑞典"这一国名，至少在专门的地理著述当中，却似乎是首见于此。在中国翻译的西洋各国国名当中，应该属它的汉语语义最为典雅。

[①]《东西洋考每月统计传》戊戌四月号《瑞典国志略》，页357。

　　在《东西洋考每月统计传》刊出这篇《瑞典国志略》两年之后，在道光二十年（1840），爆发了英国入侵中国的鸦片战争。这一事件，极大地改变了中国社会的面貌，同时也改变了中国人了解世界地理特别是西洋列国地理知识的途径。英国的坚船利炮，激起中国士大夫了解世界的迫切欲望，中国对包括瑞典在内西方各国的认识，从此转入了急迫地多方主动学习和了解的新阶段。中国人自己撰述的两部系统记述世界地理的名著，很快相继问世：道光二十二年（1842），魏源纂就《海国图志》；道光二十八年（1848），徐继畬写成《瀛寰志略》。在这期间，虽然道光二十七年（1847）番禺潘氏在所刊《海山仙馆丛书》当中，梓行有"大西洋玛吉士辑译"的《新释地理备考全书》，其中也有很长一段关于瑞典的记述[1]，不乏魏、徐两氏未曾述及的问题。但是这类西洋地理撰述在社会上的实际影响，已经远不能与中国人自己撰写的《海国图志》和《瀛寰志略》相比。

　　《海国图志》和《瀛寰志略》的刊行，大大拓展了中国人的世界地理知识，对于瑞典的认识，也比以前大为丰富[2]。两书相比较，前者编纂仓促草率，大致只相当于一部庞杂的资料汇编；后者精心审度资料，去取裁剪，使之熔铸成为一体，是一部精湛的学术著

[1] 清玛吉士《新释地理备考全书》卷六《嘥哂哑、喏噜喊呀国全志》，页612—620。案余所据《丛书集成》初编本未记有具体刊印时间，谓此书梓行于道光二十七年，系依照上海图书馆编《中国丛书综录·总目》（上海，上海古籍出版社，1986，页184）的著录。应是《中国丛书综录》编纂者著录《海山仙馆丛书》时所据印本，有这样的明确标注。

[2] 清魏源《海国图志》（长沙，岳麓书社，1998）卷五八《大西洋》之"瑞丁国、那威国总记、瑞丁国沿革"，页1595—1610。清徐继畬《瀛寰志略》（清光绪乙未上海宝文局石印本）卷四《瑞国》，页14—15。

作①。尽管徐继畬的著述，相对比较精粹，但毕竟与魏源的《海国图志》一样，也主要是根据在中国多方收集到的西洋地理知识汇编成书。而由于资料来源庞杂，并且数量十分有限，加之语言文字的隔阂，翻译时或会产生歧误；又由于没有直接的了解，作者在剪裁编订这些资料的时候，难免不同程度地存在主观判断的失误，因此，书中同样存在一些不够完善的地方。即以国名的翻译而论，假若按照当时比较通行的英语语音，本来郭实猎在《瑞典国志略》中采用的"瑞典"一名，应属最为得当，但由于徐继畬本人不懂西语，虽然作为附注，在书中罗列了包括"瑞典"在内的诸多译名，最终还是服从朝廷的权威，选用清《皇朝文献通考》等官书中的译名"瑞国"作为正名②。

　　就实用性来说，《海国图志》和《瀛寰志略》这两部书更为严重的缺陷，是作为一部全球地理总志性的著述，它无法满足清朝朝野进一步了解世界各国详情的需要。于是，在清朝末年，又陆续出现了一大批国别地理志，专门记述一国的地理。然而，令人遗憾和困惑的是，目前还从未见到有人提及过关于瑞典的专志，甚至连书名都没有见到过著录。可以肯定地说，直到清朝覆亡，一直没有印行过这样的书籍。这也就意味着，迄至清朝末年，绝大多数中国人

---

① 参见周振鹤《正眼看世界的第一人——纪念徐继畬诞辰二百周年》，原刊《中国研究月刊》1996 年 1 月号，此据作者文集《学腊一十九》（济南，山东教育出版社，1999），页 195—217。

② 案徐继畬在《瀛寰志略》的凡例（页 2）中虽然说到，按照其国本来的"正名"，"瑞国当作瑞典"，可是，却谓假若"一经更改，阅者猝不知为何国，故一切仍其旧称"，即还是遵从了雍正、乾隆以来官书的译法，恐怕还是因不谙西语而不敢自作主张。

所了解的关于瑞典的整体状况，基本上都还停留在《海国图志》和《瀛寰志略》的程度上，不仅过于简略，情况模糊不清，而且知识陈旧。绝大多数中国人眼中的瑞典，依旧是道光时期甚至是比这更早的瑞典。这与瑞典的国际地位以及它与中国的关系，似乎很不相称。光绪三十二年（1906）瑞典王储古斯塔夫（Gustav）在接见中国使臣时曾云："两国商务交通甚密，瑞典之销售中国出口货，实驾欧洲诸国而上之。"[①]

清末出版的国别地理专志，与《海国图志》和《瀛寰志略》单纯汇聚考订文献的编纂方法有别，往往不同程度地结合了中国人实地考察的报告。中国最早亲赴瑞典有明确目的地从事考察的人士，大概应属清同治年间的斌椿一行[②]。同治五年（1866），在清朝海关总税务司英国人赫德（Sir Robert Hart）的建议下，清廷"总理各国事务衙门"派遣斌椿，带领同文馆学生张德彝等三人，还有他的儿子一同随行，到欧洲各国游历考察。这年五月廿四日（公历7月6日），"至瑞典海口"，踏上瑞典国土，至六月初二（公历7月13日），离开瑞典，乘船前往芬兰。斌椿一行停留在瑞典，虽然前后总共不到8天时间，但这毕竟是自雍正十年（1732）瑞典商人来华通商以来的一百三十多年间，中国第一次

---

① 清戴鸿慈《出使九国日记》，页451。

② 虽然此前早在乾隆五十一年时，广东人蔡亚福就已经到过瑞典，但蔡氏此行，不仅对普通中国人了解瑞典，没有起到过丝毫作用，而且在瑞典人的记忆当中，似乎也没有留下多少痕迹。清张德彝《航海述奇》（长沙，岳麓书社，1985，《走向世界丛书》本）之《西行日记》，记述斌椿一行人在瑞典活动情况（页543—548），谓皇太后在接见他们时说："华人从未有来此者。"（页547）所遇当地驾船舟子亦云："贵国从无人至此。"（页548）

由官方组织人员来到瑞典，专门来考察这块神奇的土地和生活在这方土地上的居民，用斌椿自己回复瑞典皇太后的话来说，就是"非亲到不知有此胜境"①。中国对瑞典的认识，已经由此进入一个全新的阶段。

斌椿此行，逐日写有日记，详细记述在瑞典期间的见闻，后题作"乘槎笔记"刊行；另外，随同斌椿游历的同文馆英文学生张德彝，也留下有逐日记录游历见闻的著述《航海述奇》。斌椿等人游历考察归国之后，清廷随即在同治六年（1867）年底，向西方国家派出了第一个正式的外交使团，在他们出使的国家当中，即包括有瑞典。同治八年（1869）八月二十一日（公历9月16日），使团抵达瑞典国境；至九月初七（公历10月1日），离开瑞典，去往丹麦。使团成员志刚，著有《初使泰西记》一书，也是以日记的形式，记述这次出使的见闻，其中也包括在瑞典的记录②。

需要指出的是，斌椿虽然是怀揣着徐继畬赠送给他的《瀛寰志略》出发上路，并谓"西人咸服其允当"③，但却没有沿袭《瀛寰志略》的"瑞国"之称，而是遵循郭实猎的译法，将瑞典国名写作"瑞典"。这应当与他携带的同文馆学员大有关系。"瑞典"这一国名的翻译，似乎也是在此之后才基本固定下来④。

---

① 清斌椿《乘槎笔记》（长沙，岳麓书社，1985，《走向世界丛书》本），页125—128。
② 清志刚《初使泰西记》（长沙，岳麓书社，1985，《走向世界丛书》本）卷三，页326—327。
③ 清斌椿《乘槎笔记》，页91。
④ 案此后仍有个别人继续沿用"瑞国"的译名，还有人用"瑞国"来指称瑞典与挪威的联邦，而用"瑞典"来指称其除去挪威之外的本部，如王之春在光绪时撰著的《清朝柔远记》一书即是如此。见《清朝柔远记》（北京，中华书局，1989）卷一九《瀛海各国通考》，页361。

清同治八年首次出访瑞典的中国外交使团

　　在这些见闻记录当中，对瑞典的山川风物、国政产业都有很多生动的描述，随处可见对瑞典的真诚赞誉，如谓瑞典国中"男多壮士，膂力方刚；女多美人，铅华一洗"[1]，美好的感觉，一如当年艾儒略最初介绍给中国的瑞典形象。所缺憾者只是初入胜境，景色缤纷，难免浮光掠影，流于肤浅支离，还有待于在进一步考察认识的基础上，予以深化、系统，而这正是编纂国别地理专志所要来做的事情。中国既然已经对瑞典具有很多直接的了解，按照一般的情理来推测，终归应当有人来编纂出这样的书籍。

　　出人意外的是，几年前，我在北京的旧书店里，竟然真的看到了

---

① 清张德彝《航海述奇》之《西行日记》，页 533—534。

一本这样的著述。这是人生数十年间难得一遇的罕见秘籍，自然要不顾一切将其收入书斋。这就是我在这里所要介绍的《瑞典国记略》。

　　这是一部写本，红格，使用一种近似开化榜纸的上好白纸书写；每半页 6 行，每行 20 字，小字双行同。全书约 15000 字左右，字体端庄，书写谨饬，略无添改。整篇分作上、下两卷，每卷各自装订为一册。封皮和题写书名的签条，均为带有龙和云纹图案的明黄色绫子。四眼线装，装订所用丝线，亦同为明黄色，并有明黄绫子包角。这些外观特征，准确无误地向我们表明，这部书应当是专供皇帝在宫中御览的进呈本。

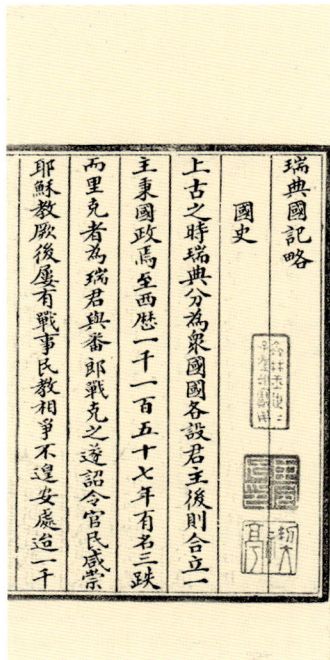

《瑞典国记略》正文首页

　　书籍的内容，可以概见于如下目录：

卷上：

　　国史

　　疆宇

　　官制、兵制、水师、武备、兵费

　　丝戛戛乐德炮船图考

　　天时

卷下：

　　政令

　　铁路

　　兵轮、水雷船〔炮枪附〕

　　圜法

　　关税

　　财赋

　　矿务

　　厂务

　　电线、得律风

　　出口、进口货及土产

　　学校〔户口附〕

　　由此目录和全书的篇幅，即可以看出，书中对瑞典的记述，已经大大超出了《海国图志》或是《瀛寰志略》已有的程度。书中卷上"官制、兵制、水师、武备、兵费"一章在记述炮台状况时，提到"台内布置，一切未得其详，缘国例不准外人入台阅视"；又卷下"兵轮、水

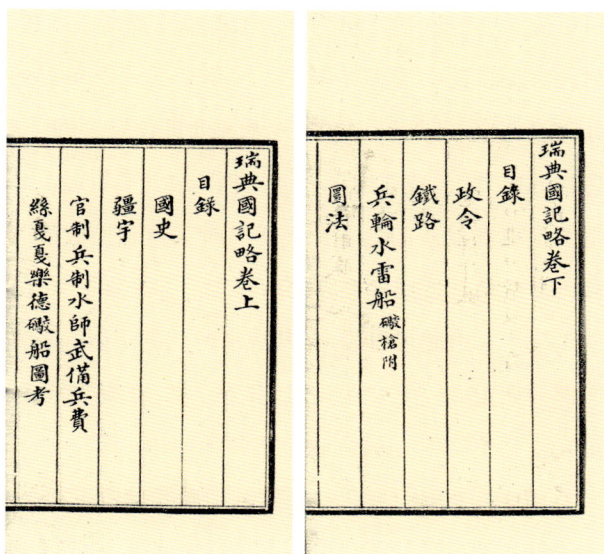

《瑞典国记略》目录

雷船〔炮枪附〕"一章，谈到瑞典生产的带有防止误击保险装置的新式手枪，作者"特购觅一枝，暨图一纸，以备考验"；另外，瑞典木他拉船厂制造的"淘河机器船"，虽"甚属灵便"，惟苦于"其法不轻以示人"，作者只好"设法觅得船图三纸，以便考证"。这些记述都表明本书作者是负有专门使命的清朝考察专员，书中所记述的内容，均系得自直接的观察，或者是在瑞典搜集到的资料，而这部书稿，实际上就是此人回到清朝后向朝廷呈递的考察报告。

　　由于书中没有署名，作者还有待考证。关于其成书年代，目前可以初步做出一个大致的推测。书中出现的明确年代，最晚的是在卷下《学校》一章所附"户口"部分，记述"西历一千八百八十八年，民数四百六十八万二千七百六十九名口"。这一年，为清光绪十四年。由此可以确定，其成书时间的上限，不得早于光绪十四年，亦即公元 1888 年。另一方面，此书卷上《国史》一章记述当时瑞典的国王乃是"倭思加儿第二，于一千八百七十二年承兄业即位"，"即今瑞、挪之主也"。"倭思加儿第二"，现在通译作"奥斯卡二世"（Oscar Ⅱ）。书中谓奥斯卡二世为瑞典和挪威的共主，表明当时瑞典和挪威的联邦还没有解散。挪威脱离瑞典和挪威的联邦而取得独立，是在公元 1905 年，亦即清光绪三十一年。由此可以确定，其成书时间的下限，不得晚于光绪三十一年，亦即公元 1905 年。《瑞典国记略》一书，就应当撰述于光绪十四年（1888）至光绪三十一年（1905）这十七年期间内。

　　在这一期间前后，曾经到过瑞典并且留下相关考察记录的中国人，比较著名的有洪勋和戴鸿慈、端方这两批人。洪勋撰著有《游历瑞典、那威闻见录》，所记内容就总体性质而言，与此《瑞典国记略》颇为相似，而且从文中所提及的时间来看，其游历瑞典，大致也是在光绪十四年至十五年前后。只是二者所记具体内容亦颇有出入，具体是否存在关联，还有待探讨[①]。戴鸿慈和端方出访瑞典，是光绪三十一年清廷为"预备立宪"派遣"五大臣出洋"中的一路，所至则并非仅瑞典一国。戴鸿慈归国后刊行有《出使九国日记》，逐日记录包括瑞典之行在内的行程见闻[②]。他们游历瑞典的时间是在光绪三十二年（1906）的三月二十九日至四月初三期间，值西历 5 月初。挪威在这前一年的 6 月，已经宣布脱离瑞典和挪威两国的联邦；10 月底，联邦始正式解散。戴鸿慈在《出

[①] 洪勋文见清王锡祺辑《小方壶斋舆地丛钞》再补编（杭州，杭州古旧书店，1985，据原本影印本）第十一帙，页 1—25。

[②] 清戴鸿慈《出使九国日记》，页 449—463。

使九国日记》中也明确记有"那威自上年与瑞典分国"的内容^①。所以，《瑞典国记略》一书应当与戴鸿慈、端方的这次出访，没有任何关系。不过，戴鸿慈和端方一行人既是为"预备立宪"而专门出国考察，在此之前已经进呈内廷的《瑞典国记略》，对于朝廷选定瑞典国为出访考察对象，估计应当会起到很大作用，而《瑞典国记略》所记诸如官制、水师、政令、铁路等诸多内容，自然也是戴鸿慈、端方一行在考察当中重点关注的对象，这些大员们在行前或许预先阅读过这部书籍。另外，戴鸿慈和端方这次出国考察，还带有众多随从，其中是否有人曾写过同类的著述，也是进一步探讨《瑞典国记略》一书时值得关注的问题。

　　总的来说，这是一部迄至清王朝终结、中国开始步入现代社会之前，中国有关瑞典国地理等现实状况最为详细的一部著述，而且它是由中国人根据直接的实地考察撰述而成。从内容上看，它是中国对瑞典国最早的全面记述；而从传统中国社会中国人认识瑞典的历程这一角度来看，它又是一部登峰造极的著述。

　　总括前面的叙述，可以看到，中国对瑞典地理以及其他社会基本状况的认识，大致经历了如下几个阶段：第一阶段，从明末到清代康熙中期，通过西洋传教士的介绍，对瑞典开始有初步的了解。第二阶段，从康熙晚期到道光初年，主要是清朝官方和个别出洋商人，通过出使他国偶然接触到的瑞典国民并向所在国探问相关情况；或是与瑞典来华商船的直接接触；或是海外经商听闻的间接传说，对瑞典有了中国

① 清戴鸿慈《出使九国日记》，页 462。

器廠年出成物約值六十七萬七千柯嚕那分司邦
及唉倭拉羅馬並哪咸克哇那等廠均鎔鐵並造機
器年出成物約值二千九百餘柯嚕那通計大小機
器廠共一百九十八處瑞京共五十一處專製造機
器廠六十三處年出成物約值二千一百九十五萬
柯嚕那工匠萬有五六千名用模製造之成物年約

值七百五十餘萬柯嚕那工匠萬有五百名其工價
不一至少者每七日三五柯嚕那或七八柯嚕那至
多有十五六柯嚕那者火藥廠名哀噶阿去瑞京近
官用火藥悉由此廠製造是年出成物一千五百箇
五十吉鹿炸藥名你脫落噶里塞拉淋者瑞京近處
亦有專造之廠此項例不准出口新法炸藥名白他

《瑞典国记略》内文

人自己的记述。第三阶段，道光二十年（1840）鸦片战争爆发前短暂的若干年内，西洋传教士开始重新向中国介绍包括瑞典国在内的世界地理知识。第四阶段，从鸦片战争之后，到同治四年（1865），在这一时期所出现的由中国人撰述的全球地理总志，依据此前很长一段历史时期的积累和编译新近收集到的西方著述，对瑞典有了更为丰富、清晰的记述。第五阶段，从同治五年（1866）到光绪中期，中国人开始有目的地踏上瑞典的国土，专门去直接观察瑞典的情况，并且留下了一批考察游历的日记。对瑞典的认识，变得非常具体明晰，然而还很不系统。第六阶段，光绪中期以后至清朝末年，《瑞典国记略》一书，就是这一时期的标志性著述。

　　这部书虽然没有在社会上正式刊布，但终归会有朝廷相关官员借此了解到有关瑞典的全面情况，不失其实际社会效用；特别是在中国认识瑞典的历史上，由于它所具有的里程碑式意义，很值得结合清末的历史以及瑞典当时的地理和社会状况，进一步深入研究。

2006 年 8 月 31 日记

2006 年 9 月 14 日改定

　　【附记】2006 年 9 月 11 日至 12 日间，瑞典斯德哥尔摩北欧孔子学院和复旦大学国际交流学院、复旦大学北欧中心，在上海复旦大学联合主办"17 世纪至当代中瑞关系的历史透视"（Sino-Swedish Relation in a Historical Perspective-From the 17th Century to the Present）国际学术会议，负责召集这一会议的瑞典斯德哥尔摩大学罗多弼（Torbjorn Lodén）教授，特别邀请我参加这一会议，并在会上宣讲关于《瑞典国记略》的学术论文。接到会议邀请，已是 7 月中旬，而我当时正在日本从事学术研究，7 月底始返回中国，复另有其他更为急迫的工作，以至直到会议开幕前不久，始用几天时间赶写出这篇文章。由于时间过于仓促，文中有一些明显的漏略。幸运的是拙文在会上宣讲后，得到诸多与会专家的盛情指教，会议结束后即吸收这些意见，对初稿正文做了一处重要补充，并增添几处补充注释。所有这些改动，都在文章中做了具体的说明。尽管如此，文中一定还会存有疏漏谬误之处，诚恳地期望能够得到中外专家的批评指教。

原刊《故宫博物院院刊》2007 年第 3 期

跋绍良先生所藏元王氏《直说素书》

　　周绍良先生哲嗣启晋先生，汇集绍良先生有关古本旧籍的题识序跋，编为《绍良书话》一书，即将交付中华书局印行，以飨艳羡绍良先生藏书与仰慕绍良先生学识品行的读者。因《直说素书》一书为绍良先生素所珍爱而谢世前未能顾及题写识语，特出示此书，嘱我略缀数言，以志寓目之幸。绍良先生生前屡有教诲施及于我，且赐予罕见善本典籍，以之鼓励我研习流略版本之学。因蒙受恩惠殊多，不敢以无学寡闻为辞，谨检读相关史籍，勉强铺叙成文，记述观赏这一罕见秘本后的肤浅感想。

　　此《直说素书》线装一册，白口，四周双边，单鱼尾，鱼尾下刻"素书"书名，版心通常镌下鱼尾处刻作双横线，横线上记页码，每半页6行，满行16字，小字双行夹注同，字形刻作赵体而亦颇带有颜体风格；卷首篇末，钤有"蠹斋"、"周绍良藏"、"至德周绍良"、"至德周绍良所珍爱书"、"周绍良印"诸印记。绍良先生在世时，尝延请冀淑英女士一同鉴赏，卷尾留有冀氏题记云："丙寅春初，参加国家文物鉴定委员会成立大会，获观绍良先生携示所藏善本三种，皆稀见珍品。《黄石公素书》，诸家书目著录，未见有宋元旧本，明刻亦颇罕觏，不揣谫陋，书此志眼福。冀淑英谨识。"时属西元 1986 年，转瞬之间，复又历经二十馀寒暑，当时同观此书两位老人，俱已升遐道山，所幸尚遗留有印鉴手泽，共此珍本长存。

辨识古籍版本与赏鉴所有古物一样，往往见识愈广、所知愈深，而判断愈为审慎，冀淑英女士对此书版刻避而不下断语，即是缘自于此。惟揣摩冀氏旨意，似以为属于明版的可能性要较大一些。

冀淑英女士所撰题识，直语"黄石公素书"，并谓诸家书目未有宋元旧刻著录，此语自是针对《素书》本文所发。然而，绍良先生庋藏此本，乃元人王某所著《直说素书》，固无宋本可言。至于元刻，观绍良先生此本卷首王氏自撰《直说素书序》，所署时日系"元至正十四年岁在甲午孟春上旬之吉日"，若在此时开板雕印，也已迟至有元一朝之末。前此三年，红巾军已经起事，各地响应风从，干戈扰攘不息，直至元朝覆亡。审此书字迹，当属元末明初之际，或即其最初刻本。惟书中第三十九、四十两页，字体松散板滞，且书口失镌"素书"书名，均与全书不类，应属明代正德、嘉靖以后补刻，故此本刷印亦当在明朝中期以后。

绍良先生蓄藏古籍，不从流俗，所得皆稀僻之本，于学术研究往往具有无以替代的史料价值；且屡屡捐赠转让之后，晚年留以自娱者数量有限，更多属独家秘籍。观冀淑英女士题跋，知当年国家文物鉴定委员会成立之际，绍良先生竟赍持这部《直说素书》，赴会赛宝，其于此书珍爱尤深，亦显而易见。检《中国古籍善本书目》，著录国内有两家公立图书馆收藏有明刻本《黄石公素书》[1]；又《北京图书馆古籍

---

[1] 中国古籍善本书目编辑委员会编《中国古籍善本书目·子部》（上海，上海古籍出版社，1996）之《兵家类》，页 115，页 1134。

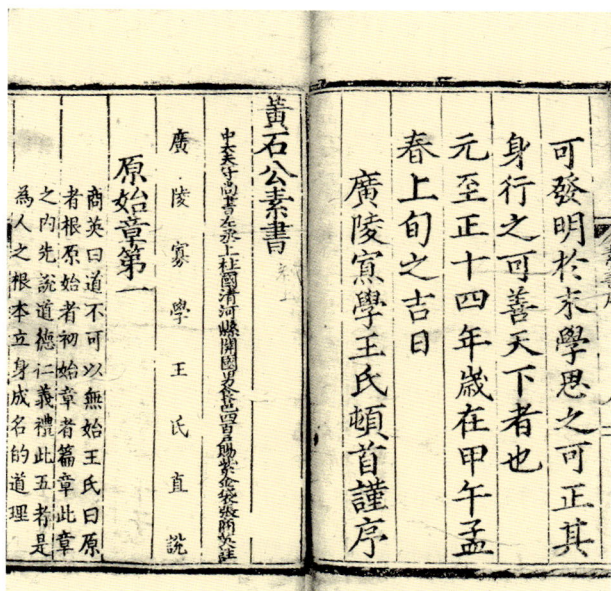

王氏《直说素书》
书影

《善本书目》著录该馆尚收藏有一部明万历刻本《素书》、三部明刻本《直说素书》①，故明刻本《素书》，对于绍良先生来说，并算不上特别稀见。从而可以推测，这部《直说素书》，或是在版刻上，或是在内容上，总应该具有某些不同于寻常明代刻本的地方，才会引得绍良先生这般珍重。

就版刻时代而言，若是妄自贸然加以判断，这部《直说素书》，或许还是刊刻于元末的可能性要略大一些；至少绍良先生更有可能是将其视作元代刻本藏弄斋中。此书刻作白口，与明初普遍通行的大黑口

---

① 北京图书馆编《北京图书馆古籍善本书目》（北京，书目文献出版社，1987）之《子部·兵家类》，页 1218。

有明显区别，在一定程度上可以作为支持这一判断的佐证。

　　此本更具独特价值的地方，恐怕还不在于它是不是一定会属于元刻，而是它在《直说素书》一书版本的演变谱系之中，应当高居于源头的位置。《素书》传世的最早注本，出自宋人张商英，这部元朝人的解说之作《直说素书》，乃是随继其后的第二部传世注本，清乾隆年间纂修《四库全书》时却没有将此书收录。前述北京图书馆亦即今国家图书馆收藏的三部明刻本《直说素书》，据书名判断，与绍良先生此本理应是同一种书籍。《北京图书馆古籍善本书目》依例要著录作者姓名，却没有著录作此"直说"者姓氏；其行款系"十行十八字黑口四周双边"，与绍良先生此藏本判然有别，这些特征，说明它应当是晚出重刻的版本，刊刻者可能是有意删除掩去了原来的作者。绍良先生这部藏本，不仅卷端清楚题有"广陵寡学王氏直说"字样，而且卷首还几乎一字不缺地存有王氏题作"直说素书序"的序文，从中得以知晓作者的身世和撰著原委，对于理解此书，具有很大价值。清初黄虞稷编纂的《千顷堂书目》，著录有"王氏《素书直说》一卷"[1]，应即此书。《千顷堂书目》著录的这部书虽然尚存有王某姓氏，却依然不能确定与绍良先生所藏是否为同一版本。在清代中期的藏书家当中，常熟瞿氏曾经收藏有此书。《铁琴铜剑楼藏书目录》记云："其注释未题名。案序作于至正十四年，称广陵寡学王氏，注即其作也。"[2]可知此本虽存有王氏序文，卷端却缺载作者题名，与绍良先生所藏，显然并非一本。《铁

---

① 清黄虞稷《千顷堂书目》（上海，上海古籍出版社，1990）卷一三《兵家类》，页351。

② 清瞿镛《铁琴铜剑楼藏书目录》（北京，中华书局，1990）卷一三《子部·兵家类》"直说素书"条，页199。

琴铜剑楼藏书目录》著录此本除了正文，另外还"后有音释"；又瞿家定此书为"元刊本"[①]。今案其书现归台北"中图"庋藏，乃作为明刻本著录。此台北藏本现有书影公示，书系黑口，审其字体，风格似亦应属明初，故剞劂必出绍良先生此本之后，当属正嘉以前所刊（行款系每半页9行，也与国家图书馆藏10行本有别）。今人雒竹筠在所著《元史艺文志辑本》当中记述说，他见过的一部这种"载有元至正十四年金陵寯学王氏序"并附有"音释"的《直说素书》，"卷末有聚宝门外徐氏刊"字样，雒氏从而推断此本"当为明初金陵刊本"[②]。雒竹筠见到的很可能就是上面所说的瞿氏旧藏本。近人胡玉缙信从瞿氏《铁琴铜剑楼藏书目录》所标注的"元刊本"，推断此本"尚是当时原刻"[③]，所说恐怕不够准确。综上所述，可知绍良先生收藏的这部《直说素书》，即便不是元朝末年上梓的原刻，也应该是目前所明确知悉的最早刊本。

此王氏《直说素书》，诸家著录，均为一卷，只有铁琴铜剑楼旧藏本在一卷正文之外，尚"后有音释"。绍良先生这部《直说素书》，除开篇之宋人张商英旧序首页和正文末尾最后一页这一首一尾两页稍有残损之外，内文俱完好无缺，而未见附有"音释"内容。不过，此本卷端"黄石公素书"书名下镌有"卷上"字样，而正文迄至终篇亦未见有分卷，颇疑其原本系分作上、下两卷，卷下即"音释"内容，而绍良先生所获之本仅存卷上之正文部分。盖《素书》遣词用语，本来

① 清瞿镛《铁琴铜剑楼藏书目录》卷一三《子部·兵家类》"直说素书"条，页199。
② 雒竹筠《元始艺文志辑本》（北京，北京燕山出版社，1999）卷一〇《子部·兵家类》"直说素书"条，页204。
③ 胡玉缙《四库未收书目提要续编》（上海，上海书店出版社，2002，《续四库提要三种》本）卷三《子部·兵家类》"直说素书"条，页133。

并不深僻生涩，稍有学识便无需再缀加"音释"；而所谓"直说"者，即是释以更为明白易懂的平常话，其所针对的读者，文化层次自然较为低下。这样，同时对某些词语施以注音释义，当然也就很有必要。

《素书》本文，旧题汉黄石公著①，或径行题作《黄石公素书》②。然而，现今通行的一般看法，是迄至北宋时人张商英为之作注之后，其书始流行于世。依照这样的看法，张氏对《素书》一书的传布，本居功殊多，孰知世事难料，后人评判，时或出人意表。

从南宋时起，就有很多人怀疑张商英有关此书来历的说法。检张商英注本《素书》所载张氏序文，其记述《素书》流传原委云：

> 按前汉列传，黄石公圯桥所授子房《素书》，世人多以《三略》为是，盖传之者误也。晋乱，有盗发子房冢，于玉枕中获此书，凡一千三百三十六言，上有秘戒，不许传于不道不神不圣不贤之人。若非其人，必受其殃；得人不传，亦受其殃。呜呼，其慎重如此。黄石公得子房而传之，子房不得其传而葬之，后五百馀年而盗获之，自是《素书》始传于世间。③

---

① 宋晁公武《昭德先生郡斋读书志》（北京，现代出版社，1987，《中国现代书目丛刊》第一辑影印宋淳祐袁州刊本）卷三上《子部·道家类》，页946。

② 宋尤袤《遂初堂书目》（北京，现代出版社，1987，《中国现代书目丛刊》第一辑影印清道光刊《海山仙馆丛书》本）之《兵书类》，页1144。宋陈振孙《直斋书录解题》（上海，上海古籍出版社，1987）卷一二《兵书类》，页360。

③ 见明程荣校刊《汉魏丛书》本《素书》（长春，吉林大学出版社，1992，影印明万历原刻《汉魏丛书》本）卷首，页314。

晁公武在南宋初年曾叙述当时人对张商英此说的一般见解说："商英之言,世未有信之者。"晁氏进而还在分析其内容构成之后指出,其书"庞杂无统,盖采诸书以成之者也"①。及至南宋后期,陈振孙和王应麟仍然指斥所谓《黄石公素书》,乃是出于"依托"②;黄震也谓之"非圯上老人授子房于乱世之书",并极力贬抑说:"幸此言出于商英,识者固所不屑观尔。"③

南宋时人虽然普遍认为前人声称《素书》出自黄石公所撰,理当出自依托,但并没有指明作此依托者究竟系属于何人。不过,延续到明清时期,这一看法又有了新的发展。先是在嘉靖时有都穆提出见解,以为其书"自晋逮宋,历年久远,岂是书既传,而荐绅君子不得而见、亦未闻一言及之"?都穆并由此推导出一个前所未有的大胆看法,即断然指认此书"为张氏之伪"④;继之,万历时人胡应麟,亦同样裁断说,其书乃是出自"张商英伪撰"⑤;清初人姚际恒,也是毫不迟疑地断言《素

---

① 宋晁公武《昭德先生郡斋读书志》(北京,现代出版社,1987,《中国现代书目丛刊》第一辑影印清光绪甲申王先谦据衢州本合校本)卷一一《子部·道家类》"无尽居士注素书"条并"素书"条,页656。

② 宋陈振孙《直斋书录解题》卷一二《兵书类》"黄石公素书"条,页360。王应麟《汉书艺文志考证》(上海,上海书店,1988,影印清光绪浙江书局刊本《玉海》附刊本)卷八《兵技巧》"黄石公记"条,页75。

③ 宋黄震《黄氏日抄》(台北,台湾商务印书馆,1983,影印文渊阁《四库全书》本)卷五六《读诸子》二"黄石公素书"条,页435。

④ 明都穆《听雨纪谈》(上海,商务印书馆,1937,《丛书集成》初编排印《续知不足斋丛书》本)之"素书"条,页16—17。

⑤ 明胡应麟《少室山房笔丛》(上海,上海书店出版社,2001)卷三一《四部正讹》中,页309。

书》"即商英所伪撰，荒陋无足辨"。^① 逮至乾隆时清廷纂修《四库全书》，乃直接承用都穆、胡应麟以来的观点，判定"其即为商英伪撰明矣"^②。张商英伪撰《素书》一说，从此近乎成为定谳^③。昔余嘉锡撰著《四库提要辨证》，于此《素书》未置一词；胡玉缙撰《四库未收书目提要续编》，亦惟祖述申说《四库提要》的成见而已^④，二者均可视作近代以来学者认同《四库提要》观点的代表性著述。

　　南宋学者因其内容"庞杂无统"而怀疑《素书》并非黄石公所撰，乃是由后人杂采诸书衲缀而成，所说本来很有道理；而明清人推断此书出自张商英之手，实际上却缺乏相应的可靠证据。因而，也并不是所有学者都完全赞同这样的看法。譬如，清朝末年人谭献即曾经指出："疑《素书》作伪，在宋以前。张商英杂释老以注之耳，未必即出其手。"^⑤谭献这一看法，颇有见地。都穆说从晋朝时起一直到宋代张商英为之作注以前，《素书》一书"荐绅君子不得而见"；在此期间，学者们对此《素书》亦未尝有"一言及之"，这应当是明清时人做出上述推断最基本的逻辑前提，然而，这一点看来并不准确。

---

① 清姚际恒《古今伪书考》（上海，商务印书馆，1939，《丛书集成》初编排印《知不足斋丛书》本），页 21。

② 清官修《四库全书总目》（北京，中华书局，1965，影印清浙江刻本）卷九九《子部·兵家类》"素书"条，页 837。

③ 案清人周中孚《郑堂读书记》（上海，商务印书馆，1937，《万有文库》本）卷三八《子部》二《兵家类》"素书"条（页 717—718）、耿文光《万卷精华楼藏书记》（哈尔滨，黑龙江人民出版社，1992）卷七五《子部》二《兵家类》"素书"条（页 2059），都是沿承《四库提要》的说法。

④ 胡玉缙《四库未收书目提要续编》卷三《子部·兵家类》"直说素书"条，页 133。

⑤ 清谭献《复堂日记》（石家庄，河北教育出版社，2001）卷四，页 97。

事实上，唐朝人史徵在所著《周易口诀义》当中，即曾论及此书：

君子以致命遂志者，君子守道而处，虽遭困厄之世，而不渝滥以谄世俗，假使致命丧身，固当守节不移，以遂高尚之志。故《素书》云"如其不遇，没身而已"是也。[①]

史氏引述的"如其不遇，没身而已"这两句话，正见于今传所谓黄石公《素书》之《原始章》下，原文作："若时至而行，则能极人臣之位；得机而动，则能成绝代之功。如其不遇，没身而已。"[②] 又唐人张弧在所撰《素履子》一书中也曾引述有《素书》的词句：

子房《素书》曰："衣不举领者倒，走不视地者颠。"士若耽逸游、好财色、嗜酒多私，则平地生坑坎，安处有危亡。[③]

"衣不举领者倒，走不视地者颠"这两句话乃见于今传黄石公《素书》之《安礼章》[④]，文句没有任何出入，故张氏所谓"子房《素书》"，实际上就是指号称张良所传的所谓黄石公《素书》。据此，《素书》一书无疑在李唐一朝已经行世，绝不可能是在北宋中期以后始由张商英氏

---

① 唐史徵《周易口诀义》（上海，商务印书馆，1939，《丛书集成》初编排印《岱南阁丛书》本）卷五，页53。

② 见明程荣校刊《汉魏丛书》本《素书》，页315。

③ 唐张弧《素履子》（北京，中华书局，1985，重印《丛书集成》初编排印《艺海珠尘》本）卷下《履平》，页11。

④ 见明程荣校刊《汉魏丛书》本《素书》，页319。

伪撰。

其实，如果不是盲目信从都穆、胡应麟、姚际恒等人的说法，平心静气地来仔细审读相关文献，在宋朝人的一些著述当中，就能够清清楚楚地看出，本来根本不存在张商英其人伪造《素书》的可能。张商英仕历北宋神宗、哲宗、徽宗诸朝，吕惠卿与之大致同时，二人俱以后辈受知于王安石，吕氏尚且尤为擅长谈论经义，才学极蒙荆公赏识倚重①。欧阳修也称赞吕氏"材识明敏，文艺优通，好古饬躬"②，并谓吕惠卿所学，时人罕能企及，假若"更与切磨之"，定当"无所不至也"③。而宋人陈振孙的《直斋书录解题》和郑樵《通志》诸书，都著录另有一种吕惠卿注本黄石公《素书》④。假若《素书》问世确是始自张商英伪撰并且是与张氏"自注"并行，吕惠卿其人又安得能够如此轻易受其蒙蔽？总该不会解释说是他们二人勾连串通为此行径。必定当时已经有此《素书》托名于黄石公而通行于世，张商英和吕惠卿二人才会同时注释疏解其书。张氏自撰、自注《素书》的说法，显然需要更正。

又王安石尝撰写题作《张良》的咏史诗，内有句云："脱身下邳世

①《宋史》（北京，中华书局，1977）卷三五一《张商英传》，页11095—11098；卷四七一《奸臣传·吕惠卿》，页13705—13709。

② 宋欧阳修《欧阳修全集》（北京，中国书店，1986）之《奏议集》卷一七《举刘攽吕惠卿充馆职札子》，页893—894。

③ 宋欧阳修《欧阳修全集》之《书简》卷二《与王文公书（嘉祐三年）》，页1238。

④ 宋陈振孙《直斋书录解题》卷一二《兵书类》（页361）著录有吕惠卿撰《三略素书解》一卷。宋郑樵《通志》之《艺文略》第六《兵家·兵书》类下并列有吕惠卿注《三略》三卷和《黄石公素书》一卷、《素书》二卷，据单行本《通志略》（上海，上海古籍出版社，1990），页652。

不知,举国大索何能为? '素书'一卷天与之,穀城黄石非吾师。"①黄
石公授张良以"素书"之事,本不见称于《史记·留侯世家》和《汉
书·张良传》的记载,这两种正史记述圯上老父黄石公授予子房者乃
《太公兵法》,当时两相授受的具体情形,则是"出一编书";唐人颜师
古特地就此解释说:"编,谓联次之也。联简牍以为书,故云'一编'。"②
可见在司马迁和班固的记述当中,本来没有提及素帛之书。所以,王
安石若只是叙说《史记》、《汉书》所记史事,似乎不宜称用"素书"
一语,《张良》这首诗中所描述的"素书",很可能并非泛指秘本简帛
仙书,而是特指伪托黄石公撰著的《素书》一书,至少南宋时人王应麟
就是这样理解③。

王安石能够接触到《素书》,还可以证之于较其行年稍早的张方平
所撰写的一首题为《读〈素书〉》的七言律诗。这首诗全文如下:

> 孺子圯桥跪履年,七章德在穀城仙。所言道德帝王事,不比
> 盘盂长短篇。晚欲出尘应有诀,初行遇汉岂非天。萧曹勋业皆劳力,
> 宁似功成樽俎前。④

---

① 宋王安石《王文公文集》(上海,上海人民出版社,1974)卷三八《张良》,页445。

② 《史记》(北京,中华书局,1982)卷五五《留侯世家》,页2034—2035。《汉书》(北
　京,中华书局,1962)卷四〇《张良传》并唐颜师古注,页2024—2025。

③ 宋王应麟《困学纪闻》(上海,商务印书馆,1935,《万有文库》本)卷一〇《诸子》,
　页917。

④ 宋张方平《乐全集》(台北,台湾商务印书馆,1983,影印文渊阁《四库全书》本)
　卷二《读素书》,页13。

　　诗中"所言道德帝王事"，与传世《素书》内容恰相契合，故张氏所寓目者应当就是所谓黄石公《素书》。只是南宋初年人编纂的《中兴馆阁书目》以及王应麟、黄震所见《素书》，即均同于今本分作《原始》、《正道》、《求人之志》、《本德宗道》、《遵义》、《安礼》六章①，此《读素书》诗却指称书有"七章"，疑是张氏信笔行文所致舛误。

　　进一步探究，还可以看到，实际上张商英和吕惠卿注释《素书》，并不是出于他们二人偶然的兴趣，而是在北宋神宗、哲宗、徽宗时期，黄石公《素书》在士人中间流行已经相当广泛，有很多人都在诗中提到过此书。如苏轼有诗句云："但知白酒留佳客，不问黄公觅《素书》。"② 又有句云："《素书》在黄石，岂敢辞跪履。"③ 又如李之仪亦有诗句曰："君不见，张子房，《素书》未授只游侠。"④ 再如张耒也有诗句吟咏说："不见汉时张子房，身才六尺佐时王。功业能依日月光，《素书》一卷

① 宋王应麟《汉书艺文志考证》卷八《兵技巧》"黄石公记"条（页75）引陈騤等撰《中兴馆阁书目》。宋王应麟《小学绀珠》（上海，上海书店，1988，影印清光绪浙江书局刊本《玉海》附刊本）卷四《艺文类》"素书六章"条，页80（案《小学绀珠》在此处叙述《素书》六章的篇名，"安礼"章作"安乐"，疑讹；另外"求人之志"章与"本德宗道"章前后位置互易，与今传本稍有违异）。宋黄震《黄氏日抄》卷五六《读诸子》二"黄石公素书"条，页435。
② 宋苏轼《东坡集》（上海，中华书局，民国《四部备要》排印《东坡七集》纸皮洋装本）卷六《回先生过湖州，东林沈氏饮醉，以石榴皮书其家东老庵之壁云："西邻已富忧不足，东老虽贫乐有馀，白酒酿来因好客，黄金散尽为收书。"西蜀和仲闻而次其韵三首。东老，沈氏之老自谓也。湖人因以名之。其子偕，作诗有可观者》，页71。
③ 宋苏轼《东坡续集》（上海，中华书局，民国《四部备要》排印《东坡七集》纸皮洋装本）卷三《和陶诗·和读〈山海经〉十三首》，页682。
④ 宋李之仪《姑溪居士后集》（上海，商务印书馆，1935，《丛书集成》初编排印《粤雅堂丛书》刊《姑溪居士全集》本）卷四《过雨饮临颍何希仲家，蒙督诗，即席为赠》，页21。

初逢黄。"①苏轼、李之仪、张耒都大致与张商英、吕惠卿同时，他们这些诗句，清楚表明当时有一批硕学名儒都已经读到过这部《素书》，衮衮诸公，显然均非张商英其人所能轻易欺瞒蒙蔽。

　　绍良先生收藏的这部《直说素书》，卷端除了作此"直说"之广陵王氏的姓氏以外，更为珍贵的是还镌有一行张商英注释此书时所题署的姓名职衔："中大夫守尚书左丞上柱国清河县开国男食邑四百户赐紫金袋张商英注。"这一题名，能够帮助我们清楚判断张氏注本公之于世的确切年代。检《宋史》之徽宗本纪和张商英本传，知张商英在徽宗崇宁元年八月己卯，出任尚书右丞；翌年四月戊寅，转迁尚书左丞；八月戊申，罢知亳州，随即被打入元祐党籍②。因此，依据此本张商英"守尚书左丞"的题衔，可以非常具体地确定，张商英所注《素书》，应当问世于徽宗崇宁二年亦即公元1103年四月至八月这四五个月期间。在上述读到过《素书》的北宋人当中，王安石卒于元祐元年③，亦即公元1086年；张方平卒于元祐六年④，亦即公元1091年；苏轼卒于徽宗建中靖国元年⑤，亦即公元1101年，都在张商英注本面世之先，知此犹可见其书绝不可能是由张氏一手编造而成。

　　张商英伪撰《素书》之说，既然明显不能成立，那么，就需要另外寻求途径，来解决此书的撰述时代和作者问题。

①宋张耒《柯山集》（北京，中华书局，1985，重印《丛书集成》初编排印《武英殿聚珍版丛书》本）卷二八《赠天启友弟》，页340。
②《宋史》卷一九《徽宗本纪》，页364—368；卷三五一《张商英传》，页11095—11098。
③《宋史》卷三二七《王安石传》，页10550。
④《宋史》卷三一八《张方平传》，页10358。
⑤《宋史》卷三三八《苏轼传》，页10817。

　　首先来看它的内容。对现代影响最大的目录学书籍《四库全书总目》,是将《素书》列在子部兵家类。这样的类别归属,最早可以追溯到南宋尤袤的《遂初堂书目》[①],其后陈振孙著《直斋书录解题》[②]、元人编写《宋史·艺文志》[③]、明初纂辑《文渊阁书目》[④]、明万历时集录《行人司书目》[⑤]、清初黄虞稷撰作《千顷堂书目》[⑥],等等,都是沿承尤氏这一分类。然而,正如清人周中孚所指出的那样,实际上这部书"自始至终,无一语及兵法,而所言颇有合于以柔制刚、以退为进之理"。所谓"以柔制刚、以退为进",正是道家的独门心法,故周氏称"其书尚近古道家宗旨"[⑦]。明人胡应麟也分析指出:"今读此书,所称仁义道德,皆剽拾《老》、《庄》之肤语,附合周、孔之庸言。"[⑧]正因为如此,在南宋初年较早著录此书的《郡斋读书志》中,晁公武虽然认为"其书言治国、治家、治身之道,而庞杂无统,盖采诸书以成之者也",在具体分类时,还是按照其核心内容,将其列在"道家类"下[⑨]。郑樵《通志》

① 宋尤袤《遂初堂书目》之《兵书类》"素书"条,页1144。

② 宋陈振孙《直斋书录解题》卷一二《兵书类》"黄石公素书"条,页360。

③《宋史》卷二〇七《艺文志》之《子部·兵书类》"黄石公素书"条,页5281。

④ 明杨士奇等《文渊阁书目》(上海,商务印书馆,1937,《国学基本丛书》本)卷一四《兵法》"黄石公素书"条,页176。

⑤ 明徐图等《行人司重刻书目》(1939年赵诒琛、王大隆排印《己卯丛编》本)之《子部·兵家类》"黄石公素书"条,页24a。

⑥ 清黄虞稷《千顷堂书目》卷一三《兵家类》"宁献王权注素书"条、"王氏素书直说"条,页351。

⑦ 清周中孚《郑堂读书记》卷三八《子部》二《兵家类》"素书"条,页717—718。

⑧ 明胡应麟《少室山房笔丛》卷三一《四部正讹》中,页309。

⑨ 宋晁公武《昭德先生郡斋读书志》(袁本)卷一一《子部·道家类》"素书"条、"无尽居士注素书"条,页946—947。

和马端临《文献通考》，在道家和兵家两大类别下都胪列有此书，同样也是考虑到了它色彩浓重的道家特征 ①。《素书》在道家之外所杂采的诸家学说当中，尚带有某些纵横家的色彩，明人都穆乃将其表述为"窃吾儒之绪论而饰之以权诈" ②；此外，还包含有一部分诸如"悲莫悲于精散，病莫病于无常"这样一些"仙经、佛典之绝浅近者"的内容 ③。明代道士白云霁曾就张商英的注本概括此书内容说："其书上有道德治国之行，中有全身保命之术，次有霸业匡邦之理，备而无遗。" ④ 所作归纳判断，远胜过清朝四库馆臣。因此，以道家为主而杂采包括儒家、纵横家在内的诸家学说，乃至包含有释、道两家的肤浅通俗教化，这样的内容，应该是探究此书来源时所要关注的首要着眼点。至于尤袤、陈振孙以下诸人将其归入兵书，从内容上看，本来很不合理，这恐怕主要是基于《素书》出自黄石公传授的说法而牵连比附，因为如上文所述，黄石公授予张良的秘籍，本来是兵书《太公兵法》，遂使得"自汉以来言兵法者，往往以黄石公为名" ⑤。

　　其次来看它的面世传说。前述张商英叙述的《素书》传布原委，乃黄石公于圯桥授予张良，张良死后随葬墓中，晋时盗贼掘冢墓而于

① 宋郑樵《通志》之《艺文略》第五《道家·诸子》，又《艺文略》第六《兵家·兵书》，据单行本《通志略》，页627，页652。元马端临《文献通考》（北京，中华书局，1986，重印《万有文库》印《十通》本）卷二一一《经籍考》三十八《子部·道家》，页1735；卷二二一《经籍考》四十八《子部·兵书》，页1791。
② 明都穆《听雨纪谈》之"素书"条，页17。
③ 明胡应麟《少室山房笔丛》卷三一《四部正讹》中，页309。
④ 明白云霁《道藏目录详注》（上海，商务印书馆，1933，《万有文库》本）卷四《太清部》"黄石公素书"条，页67。
⑤ 清官修《四库全书总目》卷九九《子部·兵家类》"黄石公三略"条，页837。

玉枕中获取此书，由此始得传布于世间。宋人黄震和明人胡应麟等，都以为这样的说法，鄙陋无足审辨，虽"三尺童子业能呵斥之"①。今案这一传说固然纯粹出于编造附会，其本身丝毫不足信据，但张商英既然不是《素书》的炮制者，自然也就没有必要为其来历造作这样的神话。况且如前所述，在张商英所注《素书》面世之前，就有王安石、张方平和苏轼诸人，都提到了黄石公传授《素书》于张良的事情。因此，这一说法，显然应当出自张商英之前最初编造此书的那位仁公。据此，可以将《素书》最初产生的时间，确定在所谓盗发张良墓事件所发生的晋朝以后。又清四库馆臣谓《素书》面世的这种传说，"尤为道家鄙诞之谈"②，其说诚是，然而却适足以进一步印证前文所述《素书》与道家的密切关系。

最后再来看它的文辞。清四库馆臣裁断《素书》出自张商英伪撰，较前人增有一条新的理由，这就是"前后注文与本文亦多如出一手"③。《素书》既然号称出自仙人传授，张商英为之作注，注文与本文内容相互呼应协调，应该是理所当然的事情；四库馆臣此语，应当主要是指二者文辞风格过于接近。今案若谓《素书》确是出于黄石公传授，其行文语句，自然会与宋人张商英的注文有明显的区别，但是假若造作者所生活的时代去赵宋王朝未远，其行文语句也就不会与张商英的注文有太大差异。考虑到这一因素，在探求《素书》的作者时，便不宜

---

① 宋黄震《黄氏日抄》卷五六《读诸子》二"黄石公素书"条，页435。明胡应麟《少室山房笔丛》卷三一《四部正讹》中，页309。
② 清官修《四库全书总目》卷九九《子部·兵家类》"素书"条，页837。
③ 清官修《四库全书总目》卷九九《子部·兵家类》"素书"条，页837。

向前追溯过远。

综合考虑以上三点因素，似乎可以从史籍中推求出《素书》的真实作者，这个人很有可能就是唐代初年的大医学家孙思邈。下面翻转前后次序，来对照上面所说的三项条件。

第一，孙思邈与张商英所生活的时代，相去不算太远，张商英的注文，语体与其相近，是很自然的事情。这一点无需多事申说。

第二，《旧唐书》本传记载孙思邈曾撰作有一《枕中素书》，原文如下：

> （孙思邈）永淳元年卒。……自注《老子》、《庄子》,撰《千金方》三十卷，行于代。又撰《福禄论》三卷、《摄生真录》及《枕中素书》、《会三教论》各一卷。[1]

此孙思邈著《枕中素书》尚别见于《新唐书·艺文志》著录，系列置在道家类下,与上文所述《素书》的内容相符[2];"枕中素书"这一书名，也正与《素书》得自张良家墓玉枕之中的说法相契合。

第三，《旧唐书》本传称孙思邈"弱冠，善谈庄、老及百家之说，兼好释典"[3];《新唐书》系记作："通百家说,善言老子、庄周。"复谓"思邈于阴阳、推步、医药无不善"[4]。当时对其"执师资之礼以事"的卢照邻，

---

[1]《旧唐书》(北京，中华书局，1975)卷一九一《方伎传·孙思邈》，页5096—5097。

[2]《新唐书》(北京，中华书局，1975)卷五九《艺文志》三《丙部子录·道家类》，页1522。

[3]《旧唐书》卷一九一《方伎传·孙思邈》，页5094。

[4]《新唐书》卷一九六《隐逸传·孙思邈》，页5596—5597。

在描述孙思邈的学术造诣时也强调说："高谈正一，则古之蒙庄子；深入不二，则今之维摩诘。"① 还有上文所记孙氏自注《老子》、《庄子》，撰《福禄论》和《会三教论》的情况，这些都反映出孙思邈的文化修养和思想观念的构成，系以道家学说为主，而亦旁及百家杂说，复兼容有释氏教义法术，这正与前文所述《素书》的旨意和内容密切吻合。

道家思想对于孙思邈来说，并不只是一种学术观念或修养内涵，更是一种行为准则。《素书》开篇《原始》一章，首叙道、德、仁、义、礼这五项"不可无一"的"为人之本"，亦即主体精神；接下来便是讲述遵循这一精神为人处事的基本原则：

> 贤人君子，明于盛衰之道，通乎成败之数，审乎治乱之势，达乎去就之理。故潜居抱道，以待其时。若时至而行，则能极人臣之位；得机而动，则能成绝代之功。如其不遇，没身而已。是以其道足高，而名重于后代。②

盖孙思邈并非仅志于以医术济人者，本是"以上智之才，抱康时之志"③，更希冀于救世有所作为，而待机而动、时至则行、不逢其时则隐，正是孙思邈其人恪守不渝的处事之道。《旧唐书》本传记其一生行事梗概云："周宣帝时，思邈以王室多故，乃隐居太白山。隋文帝辅政，徵

---

① 唐卢照邻《卢照邻集》（北京，中华书局，1980）卷一《病梨树赋并序》，页6。
② 见明程荣校刊《汉魏丛书》本《素书》之《原始章》，页315。
③ 宋钱象先《校正备急千金要方序》，据日本天明乙巳刻本《重刊孙真人备急千金药方》卷首，页1b。

为国子博士，称疾不起。尝谓所亲曰：'过五十年，当有圣人出，吾方助之以济人。'及太宗即位，召诣京师，嗟其容色甚少，谓曰：'故知有道者诚可尊重，羡门、广成，岂虚言哉！'将授以爵位，固辞不受。咸庆四年，高宗召见，拜谏议大夫，又固辞不受。上元元年，辞疾请归，特赐良马，及鄱阳公主邑司以居焉。"①孙氏隐于周、避于隋，是在"潜居抱道，以待其时"，如后人所云，他隐居于太白山"炼气养形"以"学道"，即是要"求度世之术"②；宣称待五十年后将辅佐圣人以济世，是想要因"时至而行"以"极人臣之位"、伺"得机而动"以"成绝代之功"；逮至被唐太宗征召出山又始终拒绝出仕于朝，并最终辞疾请归，则是以为尚未遭逢他所预期的圣人盛世，于是便依循他所认定的"去就之理"，以求取"名重于后代"。孙思邈与《素书》思想的内在联系，在此显现得一清二楚。此外，如《素书》强调人生之修养，要"博学切问，所以广知"；"推古验今，所以不惑"③，而时人卢照邻称颂孙思邈本人即是"道洽古今，学有数术"④。《新唐书》孙氏本传还记述有一大段孙思邈点拨卢照邻的谈话，所谈内容乃至文句用语，亦多与《素书》类同。譬如孙思邈在讲述所谓"养性之要"时有云：

　　天有盈虚，人有屯危，不自慎不能济也，故养性必先知自慎也。慎以畏为本，故士无畏则简仁义，农无畏则堕稼穑，工无畏则慢

①《旧唐书》卷一九一《方伎传·孙思邈》，页5094—5095。
②明熊宗立《医学源流》（日本大永八年刻熊氏《新刻名方证类医书大全》附刊本）之《唐·药上真人孙思邈》，页20b。
③见明程荣校刊《汉魏丛书》本《素书》之《求人之志章》，页316。
④唐卢照邻《卢照邻集》卷一《病梨树赋并序》，页6。

规矩，商无畏则货不殖，子无畏则忘孝，父无畏则废慈，臣无畏则勋不立，君无畏则乱不治。是以太上畏道，其次畏天，其次畏物，其次畏人，其次畏身。忧于身者不拘于人，畏于己者不制于彼，慎于小者不惧于大，戒于近者不侮于远。知此，则人事毕矣。[①]

《素书》亦连贯论述"慎"、"畏"曰："见已生者慎将生，恶其迹者须避之。畏危者安，畏仁者存。"[②] 显现出非常相似的思维脉络。

　　基于以上三点理由，我认为按照目前所掌握的史料，现在可以将《素书》的作者拟定为唐人孙思邈，至少这肯定要比定作宋人张商英更为合乎情理。绍良先生收藏的这部《直说素书》，还有一项非常珍贵的价值，这就是它保留有唐代文献的重要特征。唐代文献，为回避高宗李治名讳，多改"治"为"理"，这是鉴别唐人著述或唐代写本的重要标志。现在比较通行的明万历程荣校刊《汉魏丛书》本《素书》，其《原始》章"审乎治乱之势，达乎去就之理"这句话中的"治"字[③]，绍良先生藏本正是镌作"理"字，显然是承自唐代的原貌；《汉魏丛书》本的"治"字，则应是后人回改的结果[④]。不过，《汉魏丛书》本仍然残

---

① 《新唐书》卷一九六《隐逸传·孙思邈》，页 5597—5598。
② 见明程荣校刊《汉魏丛书》本《素书》之《安礼章》，页 319。
③ 见明程荣校刊《汉魏丛书》本《素书》之《原始章》，页 315。又明正统《道藏》（北京，文物出版社，1988，影印本）所收张商英注本（页 429），此处也已经改作"治"。
④ 案宋洪迈《容斋随笔》（上海，上海古籍出版社，1978）之三笔卷一一"五经字义相反"条（页 547），谓"治之与乱"，"乃美恶相对之字"；又据上文所引《新唐书》卷一九六《隐逸传·孙思邈》的记载，孙思邈在向卢照邻讲述养性之道时，尝有句云"君无畏则乱不治"，可见"治"、"乱"对举，不仅是社会上通常惯行的用法，而且孙思邈本人也是这样行文。

留有回改未尽的痕迹。如全书卷末有句云："逆者难从，顺者易行。难
从则乱，易行则理。……理身、理家、理国可也。"这段话中连续几个"理"
字，本来也应该是原本避忌"治"字所改（绍良先生藏本同样也是镌作"理"
字）①，《汉魏丛书》本就没有还原成"治"②。孙思邈卒于唐高宗永淳元年，
因此，书"治"作"理"，或许是孙氏当初属笔撰稿时已然如此。

　　孙思邈撰著此书而讬名于仙人黄石公，并宣称乃是在晋朝时得自
张良墓中，无非是想借以增重其神秘性和权威性，以慑服读者。孙氏
动脑筋玩弄这套把戏，在客观上可能有如下两项触动因素。一是如前
文所说，"自汉以来言兵法者，往往以黄石公为名"，讬名于黄石公的
著述，至隋唐时期，已经屡见不鲜。二是西晋武帝咸宁五年冬，"汲
郡人不准掘魏襄王冢，得竹简小篆古书十馀万言"③，出土了包括《竹
书纪年》在内的一大批珍贵佚传古书。这一文献学史的重大事件，会
启发他为所谓黄石公《素书》的来源，做出足以取信于人的说明，事
实上孙思邈也正是宣称《素书》系晋之乱时自子房墓中盗发。五代时
人杜光庭在所撰《仙传拾遗》一书当中，亦记述说西汉末赤眉之乱时，
有盗发长安龙首原张良墓，"但见黄石枕化而飞去，若流星焉，不见其

---

① 见明程荣校刊《汉魏丛书》本《素书》之《安礼章》，页320。案宋人晁公武在所著
　宋晁公武《昭德先生郡斋读书志》（袁本）卷一一《子部·道家类》"素书"条下（页
　946），即本此文句而谓"其书言治国、治家、治身之道"。

② 见明程荣校刊《汉魏丛书》本《素书》之《安礼章》，页320。参见陈垣《史
　讳举例》（北京，北京师范大学出版社，1982，影印《励耘书屋丛刻》本）卷五《避
　讳经后人回改未尽例》，页1382—1385。案绍良先生收藏的这部王氏《直说素书》，
　对唐人所讳"治"字也曾有过回改，《遵义章》"略己而责人者不治"句中"不治"
　不作"不理"，"治"字即是回改后的结果，这同样属于回改未尽。

③《晋书》（北京，中华书局，1974）卷三《武帝本纪》，页70。

尸形衣冠，得《素书》一篇及兵略数章"①。这与孙思邈所说，只是盗墓的时间有所差异，应当是在后来的流传过程中产生了变异。《仙传拾遗》这一记述，可以进一步证明，《素书》以及此书得自子房墓中的传说，均绝非宋人张商英所能编造。

《旧唐书》本传和《新唐书·艺文志》均题《枕中素书》为孙思邈所撰，不知这是否意味着孙思邈当时除了宣称"整理写定"这一号称源自黄石公传授的《素书》之外，或许同时还作有类似宋人张商英那样的注疏性阐释。不过，这部《枕中素书》在唐代似乎并未流行，史徵和张弧分别在《周易口诀义》、《素履子》两书中引及此书，应当只是一种个别的情况，并没有什么普遍意义。前文引述的《旧唐书》孙氏本传，记此《枕中素书》和《会三教论》等书，都是另行开列在"行于代（世）"的《老子》、《庄子》注本和医学名著《千金方》之后，这已经清楚反映出这一点。宋人注释或论及《素书》，从未有人提到过孙思邈的姓名，书名中也不再带有"枕中"字样，这说明宋代广泛流行的《素书》，已经不再留有孙思邈其人丝毫痕迹，只剩存了由黄石公至张良一脉相承的传说。元人依据宋国史艺文志编纂的《宋史·艺文志》，在著录《素书》时亦仅附注云"张良所传"②，可以更好地说明这一点。

最早在唐代引述《素书》内容的史徵和张弧，其具体生活年代，都还没有见到明确的记载，有待进一步考索。目前所能够清楚知晓的

---

① 宋官修《太平广记》（北京，中华书局，1961）卷三八"张子房"条引五代杜光庭《仙传拾遗》佚文，页38—39。
②《宋史》卷二〇七《艺文志》六《子部·兵书类》"素书"条，页5281。

是，因史徵所撰《周易口诀义》系"先以王注为宗，后约孔疏为理"[①]，故其书必定撰著于唐人孔颖达的《周易正义》通行于世之后。包括《周易正义》在内的所谓"五经正义"，写定进呈于唐高宗永徽四年二月[②]，次月颁行天下，"每年明经令依此考试"[③]，史徵亦即缘此始以孔氏疏义作为其撰述《周易口诀义》的基本依归。依循常理，孔颖达的《周易正义》，从朝廷颁行于世，到学者普遍接受理解，以至受到与《易经》本文一样的尊奉，并以此为基础进一步发挥阐释，往往需要经历一段时间。由此推测，史徵《周易口诀义》撰述于唐代中期以后的可能性应当要更大一些。这样，史徵在著作中征引孙思邈在唐初撰述的《素书》，自然是顺理成章的事情。至于张弧，事迹更为模糊。清四库馆臣谓传世《素履子》"旧题其官为'将仕郎试大理寺评事'，而里贯已不可考"[④]，今所据《丛书集成》依照清嘉庆吴省兰刻《艺海珠尘》丛书排印本，卷端作者姓氏下题云："弧，里贯无考，唐末官将仕郎，试大理评事，《子夏易传》为其伪著。"[⑤]其所题"唐末"二字，不知是否另有可靠依据，或所据底本有此标注。惟张弧所生活的年代既然别无可考，不妨姑且依从此说，而这与他引用孙思邈著述的情况也正相匹配。

　　清四库馆臣认定《素书》出自张商英伪撰，还有一条理由，便是《素书》中"悲莫悲于精散，病莫病于无常"这两句话，如胡应麟所云，乃"皆

---

① 唐史徵《周易口诀义》卷首作者自序，页 1。

② 唐长孙无忌等《五经正义表》，见唐孔颖达《周易正义》（民国傅增湘影印宋本）卷首，页 1—2a。

③《旧唐书》卷四《高宗本纪》，页 71。

④ 清官修《四库全书总目》卷九九《子部·儒家类》"素履子"条，页 775。

⑤ 唐张弧《素履子》卷首，页 1。

仙经佛典之绝浅近者",而"商英尝学浮屠法于从悦,喜讲禅理",故"此
数语皆其所为"[1]。今案如上所述,《素书》并非张氏所编造,这一点已
经可以论定;而它真实的作者孙思邈既兼嗜佛典,编造《素书》时有
这么一两句与佛家说法相近的话,也是很自然的事情。其实就像孙思
邈兼通儒释道三教而能撰著《会三教论》一样,张商英不仅以儒生文
士身份而与僧家往还,同时亦兼通道家、道教,与道士也有很密切的
接触,时人尝称誉其"于道家之学博且久矣"[2],而且他最后在官场失
脚,就是因为暗中交结徽宗眷宠的天文星历术士郭天信[3]。史载徽宗大
观四年十二月,身居宰相之位的张商英上言说:"臣少也贱,刻苦力学,
穷天地之所以终始,三光之所以运行,五行之所以消长,人神之所以
隐显,潜心研思,垂四十年而后,著成《三才定位图》,今绘为巨轴上
进,如有可采,愿得巨石刊刻,垂之永久。"徽宗皇帝允准了他的这一
请求[4]。这种《三才定位图》所表现的显然也只能是道家的观念。由此
可知,张氏乃自幼及老,一直究心于道家学说。因此,张商英注释《素
书》,同孙思邈造作此书一样,更多地是以浓厚的道家修养作基础,而
绝不是四库馆臣所关注的佛家禅理。

　　与张商英的情况相同,吕惠卿注释《素书》,也是基于他具有比较

---

[1] 清官修《四库全书总目》卷九九《子部·兵家类》"素书"条,页 837。

[2] 宋周应合《景定建康志》(北京,中华书局,1990《宋元方志丛刊》影印清嘉庆六
　　年金陵孙忠愍祠刻本)卷四五《祠祀志》二《宫观》"崇禧观"条下引张商英撰碑铭,
　　页 2066—2067。

[3]《宋史》卷三五一《张商英传》,页 11097。

[4] 宋杨仲良《皇宋通鉴长编纪事本末》(北京,北京图书馆出版社,2003,重印《宛
　　委别藏》本)卷一三一《徽宗皇帝·张商英事迹》,页 4103—4104。

深厚的道家学养。史载吕惠卿著有《庄子解》十卷^①，见于《宋史·艺文志》著录^②。此书书名又作《庄子义》，系"元封七年，先表进《内篇》，其馀盖续成之"^③，可见吕氏耽于庄生学说历年殊久，所以才会关注并疏解黄石公《素书》。

　　自从宋人张商英和吕惠卿注释此书后，目前所知《素书》在元代的注本，便是绍良先生收藏的这种广陵王氏注本。这位王姓人士，没有题署自己的名字，这是因为他的出身显然比较卑下。王氏《直说素书序》叙述起撰述缘起云："愚曩侍镇南王于广陵^④，忝食禄于王门，耻无闻于圣教，幸值贤王崇儒设学，朝夕之间，会府佐官僚，讲议先王，讨论古今得失，遵训左右者知晓三纲五常之理人无不有此，非恶于诗书，盖不能知其诗书之义也。愚幼失学寡闻，常怀愧焉，得遇是书，精思熟虑，其文简而理备，其言略而事明，……正修齐治之道，无有不备于此也。是书之要，以道为宗，以德为本，文简理备，愚不能推其妙；言略事明，而未尽详其至善。推详事理，演以直言，上陈贤王，以助遵训之意。僭越之罪，无所逃矣。非敢有意于遗书，亦可发明于末学，思之可正其身，行之可善天下者也。"如前所述，《素书》的内容，本来基本上属于道家，王氏却声称希望借此知晓三纲五常之理，这既表明他学养层次确实不高，符合其自幼"失学寡闻"的身世，也反映

---

① 宋杜大珪《名臣碑传琬琰之集》下编卷一四《吕参政惠卿传》，据洪业等《琬琰集删存》（上海，上海古籍出版社，1990）卷三，页378。
②《宋史》卷二〇五《艺文志》四《子部·道家类》，页5181。
③ 宋陈振孙《直斋书录解题》卷九《道家类》"庄子义"条，页290。
④ 案元镇南王乃在至元二十一年始封授予脱欢，驻扬州。见《元史》（北京，中华书局，1976）卷一〇八《诸王表》，页2736。

出当时的社会在他这样一等人的层面上儒道融合的情况。

　　《素书》在唐代初年的出现，与稍早出现的王通撰《文中子》一书，在社会文化背景方面，存在着诸多相通的深层因素，涉及到南北朝后期至隋唐之际一些重大历史问题，所关非细；它在北宋中期的广泛流行，以及在元明时期的进一步传布，乃至对清代和当今社会的影响，也都涉及到中国古代文化发展史上一些相当重要的内容，这些都需要另行撰写文章，予以揭示。绍良先生独具慧眼保存下来的这部《直说素书》，既已帮助我们理清楚《素书》本身的来龙去脉，阐释上述问题，也就具备了清晰而又可靠的基础。

2007 年 3 月 31 日记

钱泳《记事珠》稿本经眼识略

买古本旧书，我一向很看重稿本。因为稿本具有原初性，而且往往也具有唯一性，——既早且少，对于收藏来说，这是两个非常重要的审视角度；更不用说名家的手稿，不管写的是什么内容，其笔墨本身，就具有很高的文物价值，或是同时兼具较高的艺术价值，近年名人书札在市场上持续走俏，就是源自收藏家对其文物和艺术价值的广泛认同。其实，名人书札价格的飙升，已经对名人稿本的售价，产生了直接的影响：这就是一些收藏家开始比照书札，以页为单位，来估算购藏古人著述稿本的出价。

面对这样的市场行情，像我这样很业余的藏书"票友"，既为前些年还有机缘偶然买下过一两种名人稿本而庆幸，又为从今而后只能望洋兴叹而不免有些沮丧。不过，藏书的趣味，很大程度上在于满足好奇心。尽管买不起，若有机会经手过眼看一看，也算得上是一种差强人意的猎奇经历，自然也是一种福分；况且，若将时间尺度拉长了看，任何一种拥有，或者说任何一个人的收藏，实际上也只是收藏品流动历史上一个很短暂的时段而已。收藏品已经凝固成为不变的历史，而收藏家都只是过客。

　　书友古渊老先生，近日觅得钱泳《记事珠》手稿，知道我喜欢孤密罕传的稿本，特举以相示，让我一饱眼福。在这些年的古籍拍卖会上，虽然偶尔会遇到一些档次较高的稿本，但到拍卖会去看预展，时间匆促，根本没办法欣赏；再说，拍卖起价虽然不菲，真正有价值的名家手稿，却是难得一遇。到大图书馆看书，倒是什么样的珍本秘笈都一应俱有，可那需要耗费很多时间和精力，生计促迫，闲情无措，多年来我始终没有专程去登门观赏的兴致。这样一来，能够读到这部《记事珠》稿本，真是一种难得的缘分了。

　　古渊老先生经营古籍有年，鉴识古籍，已经颇具眼力，在购置此书时，即已审定作者为清人钱泳。检视此书，满纸涂抹圈改，且在多处留有钱氏署名，其为钱泳手稿，自是了无疑义，毋庸再赘予徵考。

　　不过，严格地说，这部手稿似乎算不上是一部书，而且，"记事珠"三字，也不应是作者拟定的书名。

　　此稿毛装一册，约八十页上下，"记事珠"是书衣上的题签，另在书衣内的连史纸衬页上，剪贴有同样书写在古色封皮纸上的"记事珠"三字。这种情况表明，现在书衣上题写的字迹，应当出自后人之手，而书衣内衬页上粘贴的书签，则必为作者钱泳之手迹无疑。应是钱泳在书衣上原本如此题写，而年深日久，书衣破损，后人重新装池，不得不更换封皮，为留存钱氏手泽，特剪下原签，粘贴在新换书衣内的衬页上，同时在新换的封皮上，依旧移录原签。

　　既然如此，那么，又何以判断作者钱泳手书之"记事珠"不会是书名呢？用"记事珠"作书名，文献中最早的记载，是托名五代后唐人冯贽的一部杂录性著述。但冯贽的《记事珠》，不见于正史经籍艺文志著录，最早的传本，出自清初人所刻宛委山堂本《说郛》，所以，冯贽撰述此书的说法，恐怕十有八九是靠不住的。传世著述中，作者和年代都清楚可靠的以《记事珠》为名的著述，最早见于《千顷堂书目》著录，是明朝人刘国翰撰著的一部十卷本的类书（"记事"或作"纪事"）。杂录性书籍和类书的内容，虽然都很庞杂，但仍然有特定的限制，而这册手稿，内容包括钱泳起草的函稿、诗稿、金石书画题跋稿、琐事杂记、清朝使节的出使行记，甚至师友居所记录等诸多内容，已经超出任何一种单独著述所能涵盖的范围，因而，只能是一本供作者钱泳本人查阅的草稿底册，而不是著作书稿。

　　钱泳将这样一本簿录册子，题作"记事珠"，与托名冯贽和明人刘国翰同名著作的书名一样，都是取自五代王仁裕《开元天宝遗事》卷上"记事珠"条讲述的如下一则故事：

　　　　开元中，张说为宰相。有人惠说一珠，绀色有光，名曰"记事珠"。或有阙忘之事，则以手持弄此珠，便觉心神开悟，事无巨细，涣然明晓，一无所忘。说秘而至宝也。

显而易见，所谓"记事珠"，不过与现在通用的"备忘录"一语大体相当。冯贽杂录的故事，刘国翰编纂的类书，都有存而备查的功用；而此手稿的主人钱泳将其题作"记事珠"，更只不过是"笔记本"的雅称而已。这部手稿的性质，确实也和唐人张说"记事珠"本来的功用最为接近。

　　或许有些人觉得，这样一册"笔记本"，其价值可能远不如写定的著作稿本，然而在我看来，却是恰恰相反。因为这种笔记性的手稿，

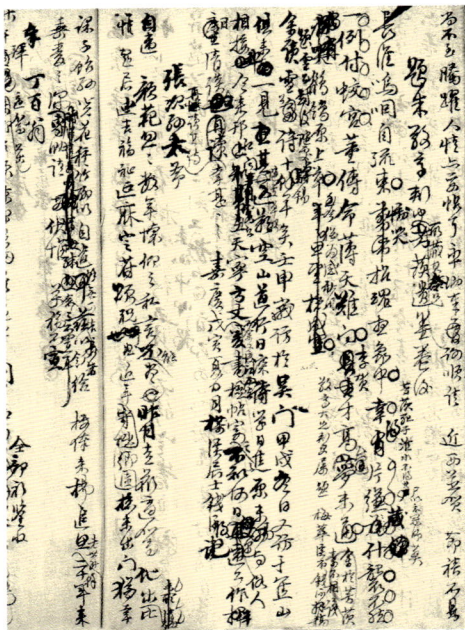

钱泳《记事珠》稿本内文

往往在两方面会有优胜之处：一是保存作者动笔之初的原始想法，这在正式写定的文稿当中，时常会有很大变化；二是还有许多内容，始终没有能够或是作者从未想过，要将其编入著作，以公之于世，所以，只有在这种记事簿里，才能够见到。可见，若是从内容的独特性来看，这种原始手稿的收藏价值，实际上非但不一定就比写定的著述低，在有些方面，甚至反而会更高。

粗略翻检此钱氏《记事珠》稿本，可以看到，它在上述两方面，确实都具有很高的价值。下面即随意摘举一些例证，来说明这一点。

钱泳虽然一生没有获取过什么功名，在当时多少有些遗憾，可上苍也算公平，弥补给他很长的寿数，享年长达八十六岁。钱氏身历乾隆、嘉庆、道光三朝，逝世于道光二十四年。正是在这一期间，中国与欧洲列强的关系，发生了根本性的转变。

很有意思的是，毕生醉心于金石书画的钱泳，在时政方面，一直很关注中国的对外交往问题。据钱氏门人胡源等编述的《梅溪先生年谱》著录，当乾隆五十八年马戛尔尼率领船队，代表大不列颠王国出使清朝，寻求缔结平等外交外贸关系，途经浙江钱仓海岸时，在杭州知府做幕僚的钱泳，曾亲眼目睹了英国使船。钱泳仔细观察并记述了英国船只的规模和英国正副使节的姓名，而且还亲眼目睹了英使的"表文贡单"，见其汉文表述，"俱俚鄙不堪卒读"。亲身经历这次东西方国际关系上的历史性事件，很可能对钱泳后来关注国家的对外交往，有很大影响。嘉庆年间，钱泳伪托歙人"余金"一名，刊行了他与徐锡麟合作撰述的《熙朝新语》一书，记述清代朝野政事，其中即特别着意于中外交往。

在这部《记事珠》稿本当中，载有一篇写于嘉庆末年以后的议论对英方略的文稿。钱泳为慎重其事，稿凡三易。文稿的基调，表面上看起来，似乎并不高明，甚至可以说还很迂腐。不过，仔细品味，在最初一稿中，其描述英国所使用的文词，却很有意思：

　　惟英夷在西洋素称强大，周围数千里，急功尚利，以海舶商贾为生涯，海中有利之区，咸为占据，几欲独霸一方。能通天文地理之学，智巧叠出，机（下有阙文），而强兵十馀万，号令严肃，临阵冲突，无敢退缩者。以连环枪为主，以千里镜镜之（下阙）。

文中对英国的总体性描述，是其"在西洋素称强大，周围数千里"，以及"海中有利之区，咸为占据，几欲独霸一方"这几句话，显然赞许有加，这本是正眼看世界所得来的客观知识，是非常正确的看法，可是，在当时昏聩愚昧的社会环境下，未免会招惹来夸饰"英夷"亦即意味着贬损清王朝天朝大国地位的是非。

钱泳身无一官半职，社会地位卑微，经不起风波，这种很不合时宜的话，最好还是适当回避一下为妙。为此，钱泳煞是耗费了一番心思：他先是用"英夷僻处西洋"这句话开头，以一"僻"字将英国定位为无足轻重的岛夷；再用"颇称富庶"这句很有保留的赞誉之词，来表述英国实际具有的国际地位；接下来话锋一转，记云：

> 闽粤人至其国贸易者，每年以千万计，知之甚悉。其国在中华之极西北，由散爹哩向北少西行，经大小西洋吕宋、佛朗机诸国，约二月可到。海中独峙，周围数千里。其人好勇多智，衣冠制度，上窄下宽，所居皆重楼叠阁，林木葱郁。民十五以上，则供役于王。又养诸国人民以为卒伍。其军法亦以五人为伍，伍各有长，故国虽小，有强兵十馀万，号令严肃，临阵突冲，无敢退缩者。其军器以连环枪为主。所制浑天仪、地图、钟表、杂器以及兵刃刀剑之属极精。舟行有量天尺，能测海中浅深及沙石鱼龙藏匿之所，分毫不爽。有千里镜者，能观百里之外；又有屈曲镜，能窥敌国之房屋幽隐，无不遍及。有天炮者，其所造也，较西洋诸国尤精巧。如敌营远近几许，用量天尺量之，用屈曲镜观之，则举炮□思中其处，不逾尺寸；炮必向天而发，到其处，则能坠落，而旋滚周

遍焉，故曰天炮。尚制有毒刀枪，无论人兽，见血立毙。有粪娄
烟者，不知何药制成，于上风高处焚之，被其烟者皆死。

钱泳本人，机智地抽身退场，代之以第三者的见闻，详细描述了英国
国内的种种具体情况，把结论留给读者。只有读到这样的手稿，我们
才能体味到作者内心深处的真实想法。

这部稿本中有一些杂记见闻的内容，已被钱泳编入道光五六年间
编定的《履园丛话》一书。对比《记事珠》稿本与《履园丛话》刊本，
可以看到，钱氏在写定书稿时，对原始的记述，往往有不同程度的修
改，从中也可以窥知作者内心深处的一些微妙波动。例如《履园丛话》
卷二〇《园林》"乐圃"条，是记述毕沅在苏州的园林的，钱泳对这
处园林有着很复杂的感情。乐圃其地，最早是吴越国的金谷园，他的
主人，为钱泳先祖广陵郡王钱元璙；而毕沅对于钱泳有知遇之恩，他
在二十九岁这一年，由一名普通的课童塾师，被毕沅赏识，聘为幕宾，
从此才得以与当朝名士广泛交游。毕沅身后，其馀家产都被抄没入官，
惟存此乐圃，使家人得以庇身其间。钱泳在《记事珠》稿本中以"毕
氏园题壁"为题记述其事云：

秋帆先生购得朱长文乐圃，不过千馀金。没后未几，有旨抄
其家产，幸已造为宗祠，未得入官，一家眷属，尽居其中。后亦
芜废不治，无有过之者。有女史胡智珠题一绝云："清池峭石古高台，
深锁园扉特地开。此日恰逢摇落后，花时悔我未曾来。""广厦当
年覆庇周，尚书风雅足千秋。只今无数孤寒士，犹指□□说故侯。"

查抄毕沅，是遵奉皇帝御旨，而胡智珠诗中的情调，则明显是在称颂昔日毕沅拔擢庇护孤寒士人的举措。钱泳在自己备忘用的《记事珠》中抄录这样的诗句，是因为他对毕沅的恩德，有着远比胡智珠更为具体的切身感受；可是，将这样的情感，公开刻入书中，钱泳或许就不能不有所顾忌了。若联想到前文所述，就连编刻《熙朝新语》这样记述朝野政事的书籍，他都要隐名埋姓的做法，以及他对有关英国讲法的一再修改，可以推断，谨言慎行，正是钱氏在清朝政治高压下一贯的处事方式。这样也就很容易理解，我们在《履园丛话》一书中，自然已无法读到《记事珠》稿本中的这些内容。

至于这本《记事珠》中完全未曾刊刻的内容，更为繁多。仅其所存数十通信札底稿，涉及到众多朝野名流，就对研究钱泳的交游关系，具有无以替代的作用。正式邮寄递送的信札，本来就是可遇而不可求之物，况且这种底稿，落笔每有推敲更改，可以窥知钱泳写信时的心绪变化，从而愈加增重其史料价值。

下面这两件契约底稿，在《记事珠》稿本诸多未刊内容中，或许最不受一般收藏家注意，其实也具有很高的史料价值：

> 立承揽卢雪舫、朱蕙香、钱竹孙、杨子□（案此字辨识不清）等揽鲍府复刻小本唐碑，凭中钱伟堂三面议，每字曹平足纹银三分，所有供饮饭食酒点一应在内，倘补刻图章名款题跋，亦照此价。当时领得曹纹五百两正。其书条石、细磨工及刻碑所用墨瓶、柴炭纸张、木凳等项，俱系鲍府自备。自揽之后，定即细心模勒，不致急缓迟误。立此承揽为照。

计开　当领曹平足纹五百两正，其余陆续按月支取。

○○○
○○○
嘉庆二十三年十月　日立承揽○○○　　中钱伟堂
○○○
○○○

立承揽石工谭松坡揽到　　鲍府镌刻小唐碑定做太湖书条石
三百六十块，每块长尺　　寸，高　尺　寸，厚　尺
寸，西方平整，两面磨光，凭中议得每块工料曹平纹银一两一钱，
当领得曹纹一百八十两正。自揽之后，当即入山置料，赶紧办理。
言定在戊寅、已卯两年内陆续交清，不致有误。立此承揽为照。

计开　如用竹林条石，每块加银二钱ラ，其细磨工加算　每
块钱ラ

嘉庆二十三年十月　　日立承揽○○○　中　卢雪舫　钱
伟堂

据《梅溪先生年谱》记述，嘉庆四年，钱泳由京师南归无锡故里，"舟
中无事，以蝇头小楷缩临有唐一代之碑，分为十卷"，后来，有扬州人
鲍崇城出资，"以先生所临碑入石"，上述两件契约，就是镌刻这一碑
石时所订立。这不仅是碑帖爱好者了解此碑刊刻掌故的难得资料，更
是研究碑刻工价及刻工承揽业务方式的绝佳史料，殊为难得。

　　钱泳一生酷爱金石书画，著述甚丰，其最重要的成就，也是在这
一领域，而且他本人就是有清一代的书画名家，李濬之《清画家诗史》

戊集下，谓钱氏"工篆隶，精镌刻，手摹缩本汉唐诸碑，并勾勒法帖，多至百数十种"，"画山水小景，疏古澹远"，因而，这一《记事珠》稿本最大的文献价值和收藏价值，当然也是在这一方面。对此，嗜好金石书画者，自然可一望而知，而我却是完全不谙此道。既谬承古渊老先生美意，在我自是以一睹为快，无奈得出的只能是这样一些风马牛不相及的肤浅感想，洵属明珠暗投；好在金石书画典籍，多年来一直是藏书界的热点，说明精于此道者大有人在，会有人更好地揭示和利用这本《记事珠》的文献价值。

2006 年 3 月 10 日记

原刊《收藏·拍卖》2006 年第 4 期

《肃慎辛氏箧存稀见明清别集题录》引言

昔梁元帝萧绎，论个人文集之流行缘起及其社会效应云：

> 诸子兴于战国，文集盛于二汉，至家家有制，人人有集。其美者，足以叙情志、敦风俗；其弊者，只以烦简牍、疲后生。往者既积，来者未已。翘足志学，白首不遍。或昔之所重，今反轻；今之所贵，古之所贱。嗟我后生博达之士，有能品藻异同，删整芜秽，使卷无瑕玷，览无遗功，可谓学矣。①

萧氏谓两汉以后，"人人有集"，这是一种很夸张的说法。检《隋书·经籍志》，可知两汉人别集存留至唐代初年，不过五十家，离"人人有集"的程度，似乎还差得很远。再说，按照唐初人在《隋书·经籍志》中的说法，将个人诗文辞赋裒集于一处这种"别集"体裁，乃是"汉东京所创"；在东汉以前，虽"属文之士众矣，然其志尚不同，风流殊别"，

---

① 梁萧绎《金楼子》(清乾隆鲍氏刊《知不足斋丛书》初印本) 卷四，页 13。按"今之所贵"之"贵"字原作"重"，与上句"昔之所重"相重，同时又与下文"古之所贱"之"贱"字互不对应，应有讹误，故依文理径正作"贵"。

獵猛虎者不於北苑鈎鯨鯢者不於南池案池原本誤作河嚲懷下

攷校何則圉非猛虎之藪池非鯨鯢之處也責羆者以

攣千鈞督跛者以及走兔驅騏驥於庭求猿猱於檻猶

倒裘而索領也

諸子興於戰國文集盛於二漢至家家有製人人有集

其美者足以敘情志敦風俗其弊者祇以煩簡牘疲後

生往者既積來者未已趨足志學白首不徧或昔之所

重今反輕今之所重古之所賤嗟我後生博達之士有

能品藻異同刪整蕪穢使卷無瑕玷覽無遺功可謂學

〔金樓子 卷四〕

十三 知不足齋叢書

清乾隆原刻初印《知不足斋丛书》本
《金楼子》有关文集缘起内容

因"后之君子欲观其体势而见其心灵",所以,才聚之以为"别集"①。清人赵翼对此进一步清楚阐释说:"据此,则古所谓'集',乃后人聚前人所作而名之,非作者自称为'集'也。"②清代四库馆臣对此有更详细的考证,指出别集之盛,正是始于萧绎身处的南朝齐、梁两朝③。或许正是因为如此,自梁阮孝绪《七录》设置"文集录",中国传统目录学分类,始有以"集"为名的类目④。

别集日趋繁多的结果,是产生了汇聚诸家诗文于一处的总集。中国现存最早的诗文总集《文选》,即为梁昭明太子萧统纂辑。再早的总集,则有晋挚虞纂《文章流别》四十一卷,而挚虞创例编纂这种诗文总集的原因,正是由于"众家之集,日以滋广",才从中"采摘孔翠,芟剪繁芜",以求免却"览者之劳倦"⑤。萧绎希望有博达之士来"品藻异同,删整芜秽",以使"卷无瑕玷,览无遗功",其实也正是要编选这种萃取众家诗文精华的总集。

总集虽行,然而别集之纂辑流布,非但未能稍有减歇,反而逐朝累增。这是因为文章总是自己的好,大多数人都希望能有更多的诗文流传于世;而且必须先有别集流行,所作诗文才更有可能被选入代表一个时代或一个方面、一个地区的总集,所以,作者反而会愈加竞相

---

① 《隋书》(北京,中华书局,1973)卷三五《经籍志》,页 1081。
② 清赵翼《陔馀丛考》(上海,商务印书馆,1957)卷二二"诗文以集名"条,页 424。
③ 清官修《四库全书总目》(北京,中华书局,1965)卷一四八集部别集类前序,页 1271。
④ 参见清赵翼《陔馀丛考》卷二二"诗文以集名"条,页 424。
⑤ 《隋书》卷三五《经籍志》,页 1089。案:清人彭兆荪尝谓"总集有选,肇始昭明",即以昭明太子萧统之《文选》为古人纂集总集之始,所说应略有差误。说见彭兆荪《小谟觞馆文集》(清嘉庆十一年韩江寓舍刊本)卷二《选注引书目录序》,页 3a。

纂集自己的集子。同时，正如梁元帝萧绎所述，对诗文轻重贵贱的评判，乃是因人因时而已，选家的眼光，无法得到所有读书人的认同，读者需要更为全面地阅读一个作者更多的诗文，从中做出自己的甄别；况且自东汉以后，"古人制作名集，编次多出于己"，作者在这去取编次当中，"各有深意存焉"，即"或身后出于门生故吏、子孙学者，亦莫不然"①。即以同一文集当中不同篇章之间的内在关联而论，清初人顾炎武论"古人集中无冗复"，便谓之曰："古人之文，不特一篇之中无冗复也，一集之中亦无冗复。且如称人之善，见于祭文，则不复见于志；见于志，则不复见于他文，后之人读其全集，可以互见也。"②选本割裂移并以后，根本无法显现这些内在的旨意。

　　另一方面，从社会文化发展的角度来看，隋唐因行用科举而使文化有较大普及，别集较诸以往始以较大幅度增多。同时，自东汉以来，一些由作者本人来纂集的诗文别集，也逐渐显现出一个明显的缺点，这就是别集的篇幅，在逐渐过分地加大，其缘由一如白居易所云："凡人为文，私于自是，不忍割截，或失于繁多，其间妍媸益又自惑，必待交友有公鉴无姑息者，讨论而削夺之，然后繁简当否得其中矣！"③不过，需要说明的是，徐俊曾研究指出，在迄至唐代为止的整个"写本时代"，"除了部分诗文集定本之外，流传更多更广的是规模相对短小、从形式到内容均无定式的传抄本"；"一般读者也总是以部分作品

---

① 明叶盛《水东日记》（北京，中华书局，1980）卷二"文集编次"条，页 18。又缪荃孙《云自在龛随笔》（北京，商务印书馆，1958）卷四《书籍》，页 108。
② 清顾炎武《日知录》（上海，上海古籍出版社，1985，影印清黄汝成《日知录集释》本）卷一九"古人集中无冗复"条，页 1471—1472。
③ 唐白居易《白居易集》（北京，文学古籍刊行社，1954）卷二八《与元九书》，页 30。

甚至单篇作品为单位来接触作家的创作，而不可能像刻本时代的读者那样，可以通过'别集'、'全集'的形式去了解作家作品"。在这样的情况下，作者本人或由他人之所以还要来编纂诗文别集，是因为其"保存传世的意图远远大于流通的功用"①。白居易自编诗文集后，自言共写录五本，"一本在庐山东林寺经藏院，一本在苏州南禅寺经藏内，一本在东都胜善寺钵塔院律库楼，一本付侄龟郎，一本付外孙谈阁童，各藏于家，传于后"②，就是很好的例证。

及至宋代雕版印刷术流行，"上至公卿，下至方外，皆得刻其私集，流播一时"③，行世个人诗文集，因之增广幅度更大，并且在当时就得以广泛传布。不过诗文别集数量更大的增长，应是出现在明朝嘉靖年间以后。著名古文学家唐顺之，曾描述当时别集盛行的情形说：

> 宇宙间有一二事，人人见惯而绝是可笑者：其屠沽细人，有一碗饭吃，其死后则必有一篇墓志；其达官贵人与中科第人，稍有名目在世者，其死后则必有一部诗文刻集，如生而饮食、死而棺椁之不可缺。此事非特三代以上所无，虽汉唐以前，亦绝无此事。④

其时官员普遍刻集，最生动的例证，是据明人陈莱孝记载说，明末闻人李贽，"尝摘录《水浒传》中黑旋风李逵事，勒成一帙，名曰《寿张

① 徐俊《敦煌诗集残卷辑考》（北京，中华书局，2000）之《前言》，页10—12。
② 唐白居易《白居易集》之白氏自撰《后记》，页112。
③ 叶德辉《书林清话》（北京，中华书局，1957）卷一"刻板盛于五代条"，页22。
④ 明唐顺之《荆川集》（台北，台湾商务印书馆，1986，影印文渊阁《四库全书》第1276册）卷五《答王遵岩书》，页308。

令李老先生文集》，题其端曰：'戴纱帽而刻集，例也。因思黑旋风李大哥也曾戴纱帽，穿圆领，坐堂审事，做寿张令半晌，不可不谓之老先生也，因刻《寿张令李老先生文集》。'"①逮至万历年间以后，编刻个人诗文别集的流行范围，更为广泛扩展，除了唐顺之所说的"达官贵人与中科第人"中"稍有名目在世者"之外，普通士人也纷纷仿效其事，清朝咸丰、同治间人平步青，列举相关记述云：

> 明复社盛时，依附者多，时人嘲之……曰："坐乘轿，改个号，刻部稿，讨个小。"……《烟屿楼诗集》卷十八《送叶苣田 (之蕃) 司教云和》云："一官一集一姬人，俗语丹青有宿因。看遍括苍好山色，一囊佳句一时新。"自注："吾乡谚云：'做一任教，刻一册稿，娶一个小。'"则甬东风气，较明末有过之无不及。②

《烟屿楼诗集》的作者徐时栋，为清后期鄞县人。复社成员中包括有许多没有考中科第的士人，而任教馆者社会地位更低。明后期以及有清一朝行世别集数量超轶前代之繁多，可概见于此。除了文化普及和发展的因素之外，书籍出版印刷业在明代后期的显著发展，应当在这其中起到了很大作用。中国古代的出版印刷业，正是分别在嘉靖和万历时期，出现了两次较大的发展，而尤以万历年间为甚。在文人普遍刊行别集的社会环境下，哪怕那些始终未能刊刻行世的文稿，大多数作

---

① 何心《水浒研究》（上海，上海古籍出版社，1985）二十二《关于〈水浒传〉的其他种种》"寿张文集"条（页390）述缪荃孙《艺风随录》（未刊）转录明人陈莱孝《谈暇》语。
② 清平步青《霞外捃屑》（上海，上海古籍出版社，1982）卷三"刻稿娶小"条，页190。

者，亦未尝不期望有朝一日能够付诸梓人，传之久远。

　　清人赵翼，曾针对世人这一风习，在诗中议论道：

　　　　只为名心鉥肺肝，纷纷梨枣竞雕刊。岂知同在恒沙数，谁能
　　独回大海澜？后代时逾前代久，今人传比古人难。如何三寸鸡毛笔，
　　便作擎天柱地看。①

赵氏甚至还更刻薄地讥讽说："准拟惊人都有句，谁知点鬼也无名。""姓
氏争期著述留，百年难驻况千秋。"②赵翼这些诗句，形象地道出，作
者个人的愿望，与社会的选择大多并不能吻合。事实上，诗文别集在
世间的存没情形，恰如清代四库馆臣在《四库提要》中所述："新刻日
增，旧编日减。……文章公论，历久乃明，天地英华所聚，卓然不可
磨灭者，一代不过数十人。"至于"其馀可传可不传者，则系乎有幸有
不幸，存佚靡恒，不足异也。"③四库馆臣这些话，是写给乾隆皇帝看的，
语气要讲究敦厚平和；前面提到的明朝人唐顺之，在私下里同挚友王
慎中评议时弊时，可就没有这么多顾忌了，唐氏针对每一中考者例所
必刻的集子，用很尖刻的言词谈论说，幸而此等所谓诗文集者，"皆不

---

①　清赵翼《瓯北集》（上海，上海古籍出版社，1997）卷三八《近日刻诗集者又十数家，
　　翻阅之馀，戏题一律》，页908。
②　清赵翼《瓯北集》卷三五《有以明人诗文集二百馀种来售，余所知者乃不及十之
　　二三，深自愧闻见之陋，而文人仰屋著书，不数百年间，终归湮没，古今来如此者
　　何限，既悼昔人，亦行自叹也，感成四律》，页810。
③　清官修《四库全书总目》卷一四八集部别集类前序，页1271。

久泯灭。……若皆存在世间，即使以大地为架子，亦安顿不下矣"①。

宋元以前人的集子，终究还没有像明代以后那样泛滥，而且经历过一段时间的淘汰之后，存世数量并不太多，所以明朝人已经注意藏弃。但是，明朝后期以来的诗文别集当时的有识之士，即认为不足以存世，唐顺之甚至主张"家藏人蓄"此等别集者，要"尽举祖龙手段作用一番"②，也就是放火焚毁干净。正是由于行世诗文别集为数过于繁多，清朝在纂修《四库全书》时，乾隆皇帝特别指示，对于那些"其人本无实学，不过嫁名驰骛，编刻酬唱诗文琐屑无当者"，"均无庸采取"③，这是一种皇权强制的选择和淘汰。不过，世间大多数人，对待这些诗文别集的态度，并不都是这样严苛。尽管大家都知道，许多人刊刻诗文别集，"欲借雕虫小技以寿世"，自是"无如爝火之光，虽照不远"④，但也只是听其自生自灭。只是自然的汰选，往往需要一定的时间，其实际情形，正如唐顺之本人所云，虽然"往者灭矣，而在者尚满屋也"⑤。

其实，唐顺之等人的看法，只是旧时文人学士主要从明道立言或是诗文鉴赏角度所做的评判，若是以现代的学术视野来观察，情况会有很大不同。

民国以来，徐乃昌、邓之诚、伦明等许多人，分别从不同学术文化角度出发，着意集藏明清两朝人尤其是清人别集，其中最有代表性

① 明唐顺之《荆川集》卷五《答王遵岩书》，页308。
② 明唐顺之《荆川集》卷五《答王遵岩书》，页308。
③ 清官修《四库全书总目》卷首乾隆三十七年正月初四日上谕，页1。
④ 清王之春《椒生随笔》（清光绪七年上海文艺斋刻本）卷八"诗文集"条，页9—10。
⑤ 明唐顺之《荆川集》卷五《答王遵岩书》，页308。

的是郑振铎，曾连续数年，"志不旁骛，专以罗致清集为事"^①，即收罗那些距其时代最近而尚未经过时间充分淘汰的清朝人的文集^②。郑氏这样做，是因为他以为对于历史研究来说，哪怕是"竹头木屑"，亦"无不有用"，所以，根本"不问精粗美恶"，只要是在他书架上尚且没有庋藏，即每见必收^③。

尽管如此，由于清人文集存世数量过于庞大，而且有很多流传稀少，郑振铎收集到的近千种清人文集，实际上只是清人文集总数中的很小一部分。另外，由于个人财力和精力所限，在当时清人别集充斥书肆的情况下，郑振铎基本上是只收文集而顾不上不收藏诗集、词集，这样，就别集总数而言，郑氏所得，更为有限。若是不论品质，不仅郑氏如此，其他收藏家庋藏的种类和数量，也大抵相似，而更多的清人别集，仍然散存于千家万户。及至1949年以后，天下古籍，渐次归入公藏，才使得散落在普通人家的明清人别集，只剩下很小一部分。

余生也晚，有机会有条件着手购置古籍更晚，已是旧籍日稀而书价逐年倍增之时。因无力竞购名刊佳椠，只能依循前辈学者如谢国桢等人之故辙，人弃我取，拾取一些无人理会的瓜蒂豆萁，其中就有一部分是作者名不见经传的清人诗文别集。此等诗文集，文辞固然多不

---

① 郑振铎《西谛书话》（北京，生活·读书·新知三联书店，1983）下册《清代文集目录跋》，页483。
② 除上述著名文人学士之外，民国时在民间还颇有一些人士，着意搜集清人别集，其中规模较著者，张景栻在《济南书肆记》（刊《藏书家》第2辑，济南，齐鲁书社，2000，页24）一文中，提到有济南人张英麟；余近年在北京书肆，则见有众多清人集部精品，出自山东人孙孟延旧藏，知孙氏集藏清人集子，数量和质量均颇为可观。
③ 郑振铎《西谛书话》下册《清代文集目录序》，页480。

足取,其低劣者甚至比《儒林外史》中的"牛布衣诗稿"还要等而下之,有些只是无名鼠辈之试帖诗或制义文习作,似乎尚不及郑振铎所说之"竹头木屑"。不过,在这当中,确有一些属于孤秘罕传的集子,而拾遗补缺,本是当今私人藏书所能起到的最大社会效用;加之历年既久,也偶然得到过若干较为稀见的清代名人别集,甚至还有几部世不多见的明朝人诗文集。

若进一步析而论之,就历史研究而言,即使是看似类同垃圾的八股制义,实际同样具有史料价值。明朝嘉靖、万历年间人于慎行,曾就制举时文对其时代文风与社会风气的影响,做过很好的论述:

今之文体当正者三,其一,科场经义为制举之文;其一,士人纂述为著作之文;其一,朝廷方国上下所用为经济之文。制举、著作之文,士风所关;至于经济之文,则政体污隆出焉,不可不亟图也。然三者亦自相因,经济之文由著作而弊,著作之文由制举而弊,同条共贯则一物也。何者?士方其横经请业、操觚为文,所为殚精毕力、守为腹笥金籯者,固此物也。及其志业已酬,思以文采自见,而平时所沉酣濡戴入骨已深,即欲极力模拟,而格固不出此矣;至于当官奉职,从事筐篚之间,亦惟其素所服习以资黼黻,而质固不出此矣。雅则俱雅,弊则俱弊,己亦不知,人亦不知也。故欲使经济之文一出于正,必匡之于制作;欲使著作之文一出于正,必端之于制举;而欲使制举之文一出于正,反之于经训而后可也。[1]

显而易见，制义文也并不是百年一体，千人一面，若能像对待其他文体一样，悉心加以探究，自可发现其间的时代变迁和个人差异，有助于知人论世，所以，这也是治史者所不可忽视的研究内容。

由于这些明清人别集，俱流传无多，有些甚至可能已成为天壤间仅存之孤本，现特公之于此，以供编述传世明清人别集目录者采摘。弊箧旧存稀见清人别集，偶有因师友爱重而已相让者，在此不录。寒斋另存有几部民国时人诗文别集，因同样稀见难觏，所以，也一并附在篇末。

本书除明清人别集外，还附列有一少部分民国人别集。内有一些集子，原本缺失或未定书名，今既编为书目，则不能不姑且代为拟定；又合刻别集或丛著中之别集，一律析出，单独著录，凡此，均在文中予以注明。叙述体例，仿效王重民氏《中国善本书提要》而略有增衍；排列次序，则大略依作者时代早晚而未加详考。诸家别集所谓稀见与否的界定标准，是名人从宽而寻常人物就严，非谓尊卑有差，盖集子当中所涉及时事，其意义大小有别，且诗文艺术水准之高下，亦不宜等量齐观，所以，不能不区分对待。明人及雍正以前清人别集，凡《四库全书》未曾收录者均予注明；清乾隆年间以前别集，凡《中国古籍善本书目》未曾著录者，亦予以注明；为求行文简省，清人集部，凡未见于《清史稿·艺文志》、武作成《清史稿艺文志补编》、王绍曾主

[1] 明于慎行《穀山笔麈》（北京，中华书局，1984）卷八《诗文》，页 84。

编《清史稿艺文志拾遗》以及李灵年、杨忠主编《清人别集总目》、柯愈春《清人诗文集总目提要》诸书著录者，姑标注以"未见著录"。存世清人著述，迄今为止，还没有比较完备的目录，上述诸目录书籍，固多有阙遗；惟舍此而外，当前尚别无它书，可以用作比较的参据。至于诸公藏同人别集与寒斋藏本之间的异同，因未遑一一核对，本文所述，只是就书名所作的初步判断，更为具体的情况，还有待于日后详细比勘。

郑振铎在 20 世纪三四十年代集藏清人别集时，曾自述其心境说："沧海横流，人间何世，赖有'此君'相慰，乃得稍见生意耳。"① 学术精神，有历经千古而不替变者；治学者视古椠旧籍之情感，亦复如是。余于郑氏斯言，深有同慨。

---

① 郑振铎《西谛书话》下册《清代文集目录跋》，页 487。

说"借书一痴，还书一痴"

读古人书，每有白纸黑字，言之凿凿，而揆诸人情事理，却绝不可通者。若此，则其文字必定存在讹误而有待订正；或是它的由来隐没不显，或是其在字面之外尚别有语义，凡此，则皆有待于读书者抉隐发覆。藏书用书者之间所艳称的"借书一痴，还书一痴"这一成语，便是属于后面这样一种情况[①]。

"借书一痴，还书一痴"，赵宋时在社会上即已经非常流行[②]。除了这一原初形态之外，还有"借书而与之，借人书而归之，二者皆痴也"[③]；

---

① 案今人专门叙述这一问题，我所见到的有范景中撰《"借书还书"与抄书——兼谈〈此君轩漫笔〉》一文，拙文于此多有取资。不过，范氏此文及其所引述的《此君轩漫笔》等著述，实际上只是采集罗列了一些相关的资料，并没有对其加以归纳解析，也没有提出他本人新的看法。范文刊《藏书家》第 2 辑（济南，齐鲁书社，2000），页 115—120。又在范氏之前日本学者大内月白也曾论述过这一问题，但对这一成语的源流，同样没有能够提出明确的判断。大内氏说见所著《支那典籍史谈》（东京，昭森社，1944）後编《漢籍漫談·貸したが最後》，页 147—148。
② 宋张世南《游宦纪闻》（北京，中华书局，1981）卷四，页 37。
③ 宋吕希哲《吕氏杂记》（台北，台湾商务印书馆，1983，影印文渊阁《四库全书》本）卷上，页 212。

"借与人书为一痴，还书与人为一痴"①；"借书与人一痴，借得复还为一痴"②；等等，衍生出诸多变化的表述形式。可是，假若刻板地以常理解之，这话却实在不太合乎情理，当时即颇有一些咬文嚼字的人，对此感到困惑。譬如南宋初人邵博，在《邵氏闻见后录》中即曾发出疑问说："借书、还书，理也，何痴云？"③与邵博的想法相似，同时人曾慥也同样质疑说："有无相通，义也；贷而必还，礼也。尚何痴？"④后来，明朝人陆容，在提到此语时，甚而竟至于相当激愤地说："以书借人，是仁贤之德；借书不还，是盗贼之行，岂可但以痴目之哉！"⑤一言以蔽之，借书、还书，都是理所应当的事情，无论如何，也谈不上痴与不痴的问题。

不过，这些只是普通文人学士出于直觉的一般看法，到了清代理学家魏裔介的笔下，书之借与不借，却已经远不是这样简单：

> 书可借乎？曰可，书以言理也。彼人之借书者，将以求明乎理，以书为鉴，弗借则无由开发之，书何可以不借。书可轻借乎？曰不可，书以言理也。彼人之借书者，未必求明乎理，以书为邮，轻借则如同捐弃之，书何可以轻借。故凡借书者，当视其人：其人为吾性命之友也，则可以性命之书借之；其人为吾经济之友也，

① 宋邵博《邵氏闻见后录》（北京，中华书局，1983）卷二七，页 213—214。
② 宋曾慥《高斋漫录》（上海，商务印书馆，1936，《丛书集成》初编排印《守山阁丛书》本），页 6。
③ 宋邵博《邵氏闻见后录》卷二七，页 213—214。
④ 宋曾慥《高斋漫录》，页 6。
⑤ 明陆容《菽园杂记》（北京，中华书局，1985）卷九，页 116。

则可以经济之书借之；其人为吾文章之友也，则可以文章之书借

之。否则，虽稗官小说，且不可假手，而况于帐中之秘乎？

理学家事事都要讲究天理人性，而传布书籍直接关系到整治世道民心，如此郑重其事地看待借书，是很自然的事情。不过，令人意想不到的是，魏氏竟遵循这样的价值判断准则，对借书、还书之痴与不痴，提出了完全与众不同的奇特看法：

古人之借书者，是必如吾所谓性命之友也，不则经济之友也，又不则文章之友也。……今借书未必同于三者之友，或高阁数月，以致缺少伤损，竟为破甑者有之，……而轻借轻还，是非痴乎？[①]

如此神圣的主张，即使得到举世公认，也只适用于评价其同时代人的借书还书行为，完全不能用以判断在魏氏之前的古人所说"借书一痴，还书一痴"这句话便泂属合乎情理。因为这句成语正是出自魏氏所推崇的"古人之借书者"中间，并不是在他所生活的清代才出现这样的说法。及至进入近代社会以后，像钱钟书《围城》所云之以书为媒，传情达意，适可谓之"借书一痴，还书一痴"，不过，乃痴于情，非痴于书，按照魏裔介对书的神圣看法，这恐怕又是大不敬的举动了。

　　毫无缘由地径谓借书、还书为痴人痴事，既然有违常理，而借还书籍又是文人之间不可或缺的往来，于是，这些文人学士们便纷纷为其另外寻求解释。

---

① 清魏裔介《兼济堂文集》(台北，台湾商务印书馆，1983，影印文渊阁《四库全书》本)卷一五《借书说》，页928。

　　宋人"借书一痴，还书一痴"的说法，其渊源可以追溯到唐代以前；而至迟从唐代开始，就有人试图对它做出解释，具体的解释也不止一种。唐末人李匡文援引古时谚语解释说，这一"痴"字，本应是嗤笑之"嗤"，说见所著《资暇集》卷下：

　　　　借借〔上，子亦反；下，子夜反〕书籍，俗曰借一痴，借二痴，索三痴，还四痴。又案《王府新书》："杜元凯遗其子书曰："书勿借人。古人云古谚：'借书一嗤，还书二嗤〔嗤，笑也〕。'"后人更生其词，至三、四，因讹为痴。①

在这段文字中，有两处连用或相继使用的"借"字，乍看起来，显得颇为费解，需要略加疏释；另外，由于《资暇集》诸传世刊本"类非善本"②，尚有一些文字错讹，需要订正；还有一些文句，究竟出自何人之口，也需要辨别。

　　首先，李氏自注"借借书籍"这句话中的两个"借"字，上字读子亦反，下字读子夜反，这两个读音虽然都可以解作"假借"之义③，但在此处重叠使用，语义似应有所区别。"借"字细分，有自他人处借

---

① 唐李匡文《资暇集》（北京，中华书局，1985，重印《丛书集成》初编排印《阳山顾氏文房》丛书本）卷下"借书"条，页19。案此"李匡文"之"文"旧多题作"乂"，乃字误，说详余嘉锡《四库提要辨证》（北京，中华书局，1980）卷一五"资暇集"条，页868—869。

② 吴昌绶辑《劳氏碎金》（民国初年双照楼铅印本）卷中"资暇集"条录清人劳权语，页2a。

③ 宋陈彭年等《大宋重修广韵》（北京，中华书局，2004，周祖谟《广韵校本》影印清康熙刻《泽存堂五种》本）卷四去声祃第四十，页425；又卷五入声昔第二十二，页518。

之与借之与他人两重不同的涵义（借字别有助益之义，就应当是由借之与他人这一重语义引申而来），而于其读音或许有所差别，这里所说"借借"一语，应当就是着意强调包含这两种不同的情况。南宋高宗绍兴年间人严有翼，在所著《艺苑雌黄》中引述《资暇集》此语，改书作"假借书籍"①，基本语义，虽然差别不是很大，却体现不出二者之间的区别。

　　其次，"借一痴，借二痴，索三痴，还四痴"这句话中，前后两个"借"字相重，显然也存在问题。宋人祝穆转录严有翼《艺苑雌黄》引述此文，先改上文"借借书籍"为"惜借书籍"，复改此句作"惜一痴，借二痴，索三痴，还四痴"②，虽然单纯字面上看，似乎要比原文通畅，但实际并不符合李匡文原意。因为如上所述，李氏原文"借借书籍"，应是自他人处借书与借书给他人这两重意思，并没有"惜借"的涵义。宋人方勺在《泊宅编》中引述李匡文此文，书作"借一痴，借之二痴，索三痴，还四痴"③；宋王楙《野客丛书》引同文作"借一痴，与二痴，索三痴，还四痴"④，方、王二人便是将前一"借"字解作向他人借书，

---

① 宋胡仔《苕溪渔隐丛话》（上海，商务印书馆，1937，《丛书集成》初编排印《海山仙馆丛书》本）后集卷三二《山谷》下（页657）引宋严有翼《艺苑雌黄》。

② 宋祝穆《古今事文类聚》（上海，上海古籍出版社，1992，《四库类书丛刊》影印文渊阁《四库全书》本）别集卷三"借书一痴"条（页549）引宋严有翼《艺苑雌黄》。案宋胡仔《苕溪渔隐丛话》后集卷三二《山谷》下（页657）引《艺苑雌黄》此文，一如今本《资暇集》，仍作两"借"字，故联系《古今事文类聚》改"借借书籍"为"惜借书籍"的情况，可知祝穆《古今事文类聚》此处作"惜一痴，借二痴"，"惜"字应是祝穆擅改。

③ 宋方勺《泊宅编》（北京，中华书局，1983）卷一〇，页60—61。

④ 宋王楙《野客丛书》（扬州，江苏广陵古籍刻印社，1984，《笔记小说大观》本）卷一一"借书一鸱"条，第九册，页63。

将后一"借"字解作借书给他人。由此逆推，按照《资暇集》上文"借借书籍"语中"借借"两个字不同读音与之对应的顺序，前一读作子亦反的"借"字，应当是指借用他人书籍；后一读作子夜反的"借"字，则是指借书给他人使用。

宋人严有翼引述李匡文上述记载，《王府新书》之"王府"俱作"玉府"①，《通志》等书著录有《玉府新书》，系南朝萧梁时署"齐逸人"者所撰类书②，故知今本《资暇集》书作"王府"应属传刻字误。另外，上述引文中"古人云古谚"云云，语义重复，显然应有衍文；不过，这并不影响理解文义③。《资暇集》这段文字理解最为困难的地方，其实是如何判断文中引文的起讫，特别是"借书一嗤，还书二嗤"这两句话，究竟应该归属于谁人之口。

文中所说"杜元凯"是以字称西晋人杜预。杜预这封劝诫他儿子不要借书与人的信函，尚别见于行年稍早于李匡文的唐懿宗时人段成式所著《酉阳杂俎》中的引述：

　　　　今人云"借书还书，等为二痴"。据杜荆州书告贶云："知汝颇欲念学，今因还车，致副书，可案录受之，当别置一宅中，勿

---

① 宋胡仔《苕溪渔隐丛话》后集卷三二《山谷》下（页657）、宋祝穆《古今事文类聚》别集卷三"借书一痴"条（页549）引宋严有翼《艺苑雌黄》。

② 宋郑樵《通志》之《艺文略》第七《类书》上，据《通志略》单行本（上海，上海古籍出版社，1990），页687。

③ 余嘉锡《殷芸小说辑证》谓"古人云"三字当衍，说见《余嘉锡论学杂著》（北京，中华书局，1963），页318。

复以借人。古谚云'有书借人为嗤，借人书送还为嗤'也。"①

另外，南朝梁齐时人殷芸在所著《小说》中引述杜预此信，其中也包括"有书借人为可嗤，借书送还亦可嗤"这样的"古谚"②。几处记述相互参校，可知"借书一嗤、还书二嗤"或是写作"有书借人为嗤，借人书送还为嗤"、"有书借人为可嗤，借书送还亦可嗤"这句古谚，肯定应属杜预书信中的组成部分③。

考古释古，率以溯其本源为归依，而在大多数情况下，文献记载的年代愈为久远，则应当愈加接近这一渊源。杜预信中所说"借书一嗤、还书二嗤"的古谚，其所产生的年代，自然是要在西晋之先，李匡文引据它来说明以借书还书为痴事的由来，显然也是以其源出古远。不过，史阙有间，为历代恒有之事，今日所见的最早记载，也并不一定就是其最原始的面貌。因借书、还书而平白为人嗤笑，较诸被人视作痴事，其刻薄轻慢尤甚，故宋人张世南即斥之为"鄙俗无状语"④。

---

① 唐段成式《酉阳杂俎》（上海，商务印书馆，民国《四部丛刊》初编影印明万历赵氏脉望馆刊本）续集卷四，页3b。

② 宋曾慥《类说》（北京，书目文献出版社，1988，《北京图书馆古籍珍本丛刊》影印明天启岳钟秀刻本）卷四九摘录《殷芸小说》"借书可嗤"条，页832。又叶廷珪《海录碎事》（上海，上海辞书出版社，1989，影印明万历卓显卿刻本）卷一八《文学部·借书门》（页514）并宋潘自牧《记纂渊海》（台北，台湾商务印书馆，1983，影印文渊阁《四库全书》本）卷四六《性行部·好胜》（页260）引《殷芸小说》。

③ 案宋何薳《春渚纪闻》（北京，中华书局，1983）卷五《杂记》"瓶酒借书"条（页74），在引述杜预这通信函时叙述说："杜征南与儿书言，昔人云'借人书一痴，还人书一痴'。"何氏将"嗤"字书作"痴"，应是记忆舛错致误，但何氏同样是将这一谚语视作杜预书信中所固有的内容。

④ 宋张世南《游宦纪闻》卷四，页37。

相比之下，为人嗤笑恐怕更不合乎情理；至少在这二者之间，我们看不出有什么实质性差异，正如两宋间人黄朝俊在所著《靖康缃素杂记》中所云："痴之与嗤，其义略同。"[①]因此，杜预信中提到的这一谚语，并不能很好地解释"借书一痴，还书一痴"的来历。

　　正因为如此，李匡文的看法，在后世并没有得到太多认同。除了明朝人周婴表示肯定这一说法外[②]，与李氏相类似的观点，尚有宋人周煇，在所著《清波杂志》中，将"借书一痴，还书一痴"的"原型"，复原作"借书一欷，还书一欷"，以为乃是由"欷"而后讹为"痴"。"欷"字义乃"悲也"，或组词作"欷歔"，按照现在的"规范"写法，应写作"唏嘘"，古时乃指"泣馀声也"[③]。以"欷"字用于借书还书之事，比用"嗤"字更不像话，周煇本人即斥之曰"殊失忠厚气象"[④]，与李匡文所说同样不宜信从。

　　至迟从北宋时起，还有人将"借书一痴，还书一痴"这句话，书作"借书一瓻，还书一瓻"。南宋初人邵博，在所著《邵氏闻见后录》中即将其解作这一俗语的语源：

　　　　俗语"借与人书为一痴，还书与人为一痴"。予每疑此语近薄，

————————————

① 见宋胡仔《苕溪渔隐丛话》后集卷三二《山谷》下（页 657）引宋严有翼《艺苑雌黄》转录宋黄朝俊《靖康缃素杂记》佚文。

② 明周婴《卮林》（台北，台湾商务印书馆，1983，影印文渊阁《四库全书》本）卷七"杜书"条，页 148—149。

③ 梁顾野王著、唐宋增修《大广益会玉篇》（北京，中华书局，1987，影印清康熙刻《泽存堂五种》本）卷上欠部第一百十一，页 45。

④ 宋周煇《清波杂志》（北京，中华书局，1999，影印清原刻《知不足斋丛书》本）卷四，页 574。

借书、还书，理也，何痴云？后见王乐道与钱穆四书："《出师颂》，书函中最妙绝。古语'借书一瓻，还书一瓻'，欲以酒二尊往，知却例外物，不敢。"因检《说文》："瓻，抽迟反，亦音絺。"注云："酒器，古以借书。"盖俗误以为痴也。①

明人周婴曾就此"王乐道与钱穆四书"考述说："穆四不审其人，当是如中郎第五之类，或钱穆叔之讹乎？王乐道者，王荆公有和其《烘虱》诗，《宋史》王陶字乐道，英宗太子詹事，神宗拜枢密御史中丞，力攻韩琦，徙知陈州，正与穆叔同时。此宋代人。"②今案"钱穆四"其人尚别见于《邵氏闻见后录》，与神宗朝之韩缜同时③，可知"借书一瓻，还书一瓻"一语，在北宋神宗时期已被称作"古语"。

那么，这一"古语"又能够追溯到什么年代呢？邵博说他检核《说文》，找到了瓻为酒器，"古以借书"的记载，所说略有差误。许慎《说文解字》原本没有收录"瓻"字，宋初大徐本中虽新附有此字，但也并没有邵博所说的注释内容④。因而，"借书一瓻，还书一瓻"一语出现的时间，无论如何也不会早到许慎撰著《说文解字》的东汉时期。

稍早于邵博，北宋晚期人何薳，曾考述"借书一痴，还书一痴"的语源说："孙愐《唐韵》五之字韵中瓻字下注云：'酒器，大者一石，

---

① 宋邵博《邵氏闻见后录》（北京，中华书局，1983）卷二七，页213—214。
② 明周婴《卮林》卷七"杜书"条，页148—149。
③ 宋邵博《邵氏闻见后录》卷三〇，页238。
④ 东汉许慎《说文解字》（北京，中华书局，1963，影印清同治番禺陈氏刻大徐本）瓦部新附，页269。

小者五斗，古借书盛酒瓶也。"①与邵博约略同时人严有翼，对此亦有
更明确阐释云："案《唐韵》云：'瓻，丑饥切，酒器，大者一石，小
者五斗。古之借书，以盛酒瓶。'则借书二瓻，当用此字。"②南宋初年
其他一些人如袁文、曾慥，以及稍后之高似孙等人，也都同样引述《唐
韵》来论证这一问题③。撰述《唐韵》的孙愐，为唐玄宗天宝时人。北
宋真宗景德四年陈彭年等奉敕对《唐韵》加以增订，至大中祥符四年
修补成书，赐名《大宋重修广韵》；及至仁宗时丁度等复又奉敕撰成《集
韵》与《礼部韵略》，遂逐渐取代孙氏此书，并使其最终散佚失传④。不过，
北宋初年的《重修广韵》，乃"多用旧文"⑤，实际上保存有很多《唐韵》
的内容，检《重修广韵》瓻字下的注释，其内容正与何、严二氏所引
完全相同⑥。

　　周祖谟尝论述孙愐《唐韵》在韵书演变史上的地位云："韵书初制，
本依音系字，取便寻览。每字之下，仅粗具训释而已。及孙愐著《唐韵》，
乃详姓氏，解名物，援引凭据，注文渐繁。"⑦审视《唐韵》在训释"瓻"

---

① 宋何薳《春渚纪闻》卷五《杂记》"瓻酒借书"条，页 74。

② 宋祝穆《古今事文类聚》别集卷三"借书一痴"条（页 549）引宋严有翼《艺苑雌黄》。

③ 宋袁文《瓮牖闲评》（上海，上海古籍出版社，1985）卷六，页 57。宋曾慥《高斋漫
　　录》，页 6。又宋高似孙《纬略》（北京，中华书局，1985，重印《丛书集成》初编
　　排印《守山阁丛书》本）卷四"鸱夷"条，页 53—54。

④ 清官修《四库全书总目》（北京，中华书局，1965，影印清乾隆浙江刻本）卷四二"唐
　　韵考"条，页 369。

⑤ 宋丁度等《集韵》（上海，上海古籍出版社，1985，影印述古堂影宋抄本）卷一《韵
　　例》，页 1。

⑥ 宋陈彭年等《大宋重修广韵》卷一上平声，六脂，页 55。

⑦ 周祖谟《广韵校本》（北京，中华书局，2004）之《序言》，页 1。

字语义时所叙述的内容，似当时已有"借书一瓻，还书一瓻"的说法，孙愐的注释，即直接针对这一成语而发。因此，若谓王乐道系沿承唐人这一说法而将其称作"古语"，应该比较合乎情理。

孙愐用"古借书盛酒瓶"，来解释"借书一瓻，还书一瓻"的涵义，宋朝人普遍将其理解为"借书以一瓻酒,还之亦以一瓻酒"①，"借书馈酒一瓻,还书亦馈酒一瓻"②。若借用明朝人周婴的话来更清楚地阐释，就是"寻孙愐意，当是谓借书时饷酒一瓻，还书时复饷酒一瓻"③。明人陆容亦释之曰："借时以一瓻为赘，还时以一瓻为谢。"④《邵氏闻见后录》引"王乐道与钱穆四书"谓王陶在商借《出师颂》时"欲以酒二尊往"。又宋人曾幾(谥文清)有《还郑侍郎通鉴》诗曰"借我以一鉴,饷公无两瓻"⑤，曾慥亦有《送还考古图》诗云："悬知插架有万轴，颇恨送还无一瓻。"⑥

王陶欲携酒借书，只是虚拟之词；曾幾和曾慥更自言其本无一二酒瓻为谢。两宋之际人袁文下面一段议论，更能清楚反映出，所谓"借书一瓻，还书一瓻"，并不是宋朝实际存在的社会习俗：

　　　　瓻，酒器，古之盛酒以遗借书者也。故古语云："借一瓻，还

---

① 宋方勺《泊宅编》卷一〇，页 60—61。
② 宋史容《山谷外集诗注》(清乾隆武英殿聚珍版本) 卷九《闻致政胡朝请多藏书，以诗借书目》诗注，页 11b—12a。
③ 明周婴《卮林》卷七"杜书"条，页 148—149。
④ 明陆容《菽园杂记》卷九，页 116。
⑤ 宋王楙《野客丛书》卷一一"借书一鸥"条，页 63。
⑥ 宋曾慥《高斋漫录》，页 6。

一瓶。"然《唐韵》云"瓶大者一石，小者五斗"，如此，则以书借人者，得酒甚多。余家贫，常苦无酒，虽不善剧饮，而每欲以饮客，今当广置书以借人，若时得数瓶以为用，顾不美耶？但恐今人非古人，虽借书而酒不可得也。

由此可见，所谓"借书一瓶，还书一瓶"，其实不过是一种戏谑的说法，当时并没有通行以酒为贽来借取书籍的做法。也正因为如此，何薳才会在北宋末时即向前追溯说："当是古人借书，必先以酒醴通殷勤，借书皆用之。"[1] 但不管是何薳这一推想，还是王陶、曾几、曾慥辈拟议依照孙氏所云来行事，恐怕也只能是望文生意，自我作古，因为这只是孙悑对"借书一瓶，还书一瓶"这句俗语一种想当然的解释，在这之前的历史文献中根本找不到凭酒借书的记载[2]。假若以瓶盛酒借取书籍确是唐代以来社会上流行的习惯，那么，唐人段成式、李匡文就不会对"借书一痴"之说感到困惑，并去另求别解了。宋代以后，由于"借书一瓶，还书一瓶"这一说法的流行，确是出现有借还书籍时以酒相酬谢的情况。如清嘉庆、道光时人董筠，即在一首题为《得酒志喜》的诗中写道："正对芙蕖思薄醉，一瓶欣与借书还。"[3] 但这只是个别人刻意依从前人成说行事而已，并不能说明这一说法确实信而有据。

　　正由于借书以酒为贽只是一种自我作古的行为，实际行用其事或

---

① 宋何薳《春渚纪闻》卷五《杂记》"瓶酒借书"条，页74。

② 案与此性质相近的情况，如宋祝穆《古今事文类聚》别集卷三"投贽借书"条（页548）引宋王晔《唐馀录》，述及唐人倪若水行事云："倪若水藏书甚多，子弟直日看书。借书者先束脩投贽，然后借之。"所投之贽，也只是"束脩"，并非醴酒。

③ 清董筠《香雪庐诗存》（清道光间刻本）卷上《得酒志喜》，页1a。

是借用其典的时候，也就不妨再自我创制一些新的花样。北宋神宗时人方勺，即谓"借书一瓻，还书一瓻"之"瓻"字，可以"通作鸥"①；南宋时毛晃纂集《增修互注礼部韵略》，更明确标注云，"大者一石，小者五斗"的盛酒器"瓻"，"亦作鸥"②。作为借"鸥"为"瓻"的具体例证，其时代较早者，有与方勺约略同时的苏轼，他在《和陶诗》中有句云"不持两鸥酒，肯借一车书"③；秦观在《次韵宋履中近谒大庆退食馆中》一诗中也叙述说："知续《春明退朝录》，借观当奉一鸥还。"④黄庭坚在诗章中更不止一次使用这一典故，如《闻致政胡朝请多藏书，以诗借书目》诗曰："万事不理问伯始，藉甚声名南郡胡。远孙白头坐郎省，乞身归来犹好书。手抄万卷未阁笔，心醉六经还荷鉏。愿公借我藏书目，时送一鸥开鏁鱼。"⑤又《从丘十四借韩文二首》诗云："吏部文章万世，吾求善本编窥。散帙云窗棐几，同安得见丘迟。中有先君手泽，丹铅点勘书诗。莫惜借行千里，他日还君一鸥。"⑥王楙在《野客丛书》中则列举有南宋人苏养直一组这样的诗句，如："休言贫病惟

① 宋方勺《泊宅编》卷一〇，页 60—61。

② 宋毛晃《增修互注礼部韵略》（台北，台湾商务印书馆，1983，影印文渊阁《四库全书》本）卷一上平声六脂，页 350。

③ 宋苏轼《东坡续集》（上海，中华书局，民国《四部备要》排印《东坡七集》纸皮洋装本）卷三《和陶诗·和赠羊长史》，页 689。案此诗前有小序云："得郑会嘉靖老书，欲于海舶载书千馀卷见借，因读渊明《赠羊长史诗》云：'愚生三季后，慨然念黄虞。得知千载事，上赖古人书。'次其韵以谢郑君。"

④ 宋秦观《淮海集》（上海，商务印书馆，民国《四部丛刊》初编影印明嘉靖间刊本）卷九《次韵宋履中近谒大庆退食馆中》，页 6。

⑤ 据宋史容《山谷外集诗注》卷九《闻致政胡朝请多藏书，以诗借书目》，页 11b—12a。

⑥ 据宋史容《山谷外集诗注》卷八《从丘十四借韩文二首》，页 15a。

三箧，已办借书无一鸱。"又："去止书三箧，归亡酒一鸱。"又如："惭无安世书三箧，滥得扬雄酒一鸱。"①

　　方勺在讲述"瓻"字可以"通作鸱"时，还附有解释说："吴王取马革受子胥，沉之江。颜师古曰：'即今之盛酒鸱夷䑋。'"案方勺引唐人颜师古语，出自颜氏《汉书·邹阳传》注；又"吴王取马革受子胥"云云，亦录自颜师古注引东汉人应劭语，原文为："吴王取马革为鸱夷，受子胥，沉之江。鸱夷，榼形。"②颜师古注《汉书·食货传》范蠡"变姓名，适齐为鸱夷子皮"一事，亦述及此"鸱夷"形制云："自号鸱夷者，言若盛酒之鸱夷，多所容受，而可卷怀，与时张弛也。鸱夷，皮之所为，故曰子皮。"③据此，可知鸱夷乃皮制盛酒容器。文人写诗作文，以"鸱"通"瓻"，即用鸱夷来替换酒瓻，这不过是因"鸱"、"瓻"音同义通，修辞造句，可以增添一些选择和变化而已；特别是汉末名士扬雄写过一篇很有名的《酒箴》，其中有句云："（瓶）自用如此，不如鸱夷。鸱夷滑稽，腹大如壶，尽日盛酒，人复借酤。常为国器，托于属车，出入两宫，经营公家。由是言之，酒何过乎！"④借用"鸱（夷）"来替代"瓻"字，可以更清楚地体现出其盛酒容器的性质，这与对"借书一痴，还书一痴"的解释，并没有什么实质性关联。

　　总括以上列举的各种说法，唐宋以来对"借书一痴，还书一痴"这一成语的解释，主要有如下三种：第一种，以为"痴"字为"嗤"

---

① 宋王楙《野客丛书》卷一一"借书一鸱"条，页63。
②《汉书》（北京，中华书局，1962）卷五一《邹阳传》唐颜师古注，页2344—2345。
③《汉书》卷九一《货殖传》唐颜师古注，页3683—3684。
④《汉书》卷九二《游侠传·陈遵》，页3712—3713。案唐颜师古在此处复有注释云："鸱夷，韦囊以盛酒，即今鸱夷䑋也。"

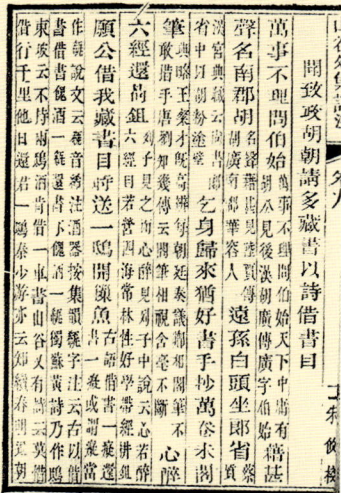

清乾隆武英殿聚珍版本《山谷外集诗注》
有关以鸱盛酒借书的内容

之讹误。这种观点，以唐人李匡文为代表，唐人段成式的看法，也应该大致相同①。第二种，以为"痴"字系"欲"字的讹误。宋人周煇持此说。第三种以为"痴"乃是由"瓻"字讹变而来。唐人孙愐最早提到这一看法，宋人多持此说，特别是洪刍、何薳、严有翼、邵博、曾慥、高似孙、周煇等人，都有很明确的论述，洪刍甚至推测说："疑'痴'字

---

① 案后世仅偶有赞同这一观点的人，如明周婴《卮林》卷七"杜书"条（页148—149）就此阐释说，此语应"本作'嗤'字，以'瓻'代'嗤'，后人之凿也"。

刻薄子妄改尔。"[1] 至于诗文中移"瓴"作"鸥",那只是文人出于遣词用典需要所做的改换,尽管也有人以为"借书一鸥,用鸥字为胜"[2],但这实际上并不涉及"借书一痴,还书一痴"的语源问题。

上述三种解释,既然都不能令人满意,就不妨再另行寻求答案。前文谈到,宋代以后人比较普遍地是将唐人孙愐"古借书盛酒瓶"的说法,理解为借书还书时以瓴盛酒馈送给书籍主人,作为答谢,然而,若单纯从字面上看,却似乎看不出有以瓴盛酒的意思,而若解作用酒瓴来盛放所借取的书籍,或许要更接近孙愐的本意。元朝人吾丘衍即谓"古称借书一瓴,还书一瓴,当作瓦瓮承其书卷"[3];明朝人周婴也认为,孙愐谓"古借书盛酒瓶",其本意应当是讲"以瓶盛书"[4]。

不过,用酒瓮或酒瓶来承放书籍,至少自宋朝以来,按照绝大多数人的经验来判断,恐怕是绝不可能的事情,所以,宋朝并没有人做这样的理解。明朝人周婴虽然觉得按照字面应当做如上解读,但最终还是因"以瓶盛书,殊乖于义",而不得不遵从宋代以来多数学者的解

---

① 宋何薳《春渚纪闻》卷五《杂记》"瓴酒借书"条,页74。宋祝穆《古今事文类聚》别集卷三"借书一痴"条(页549)引宋严有翼《艺苑雌黄》。宋邵博《邵氏闻见后录》卷二七,页213—214。宋曾慥《高斋漫录》及其所引述《洪驹父诗话》语,页6。宋高似孙《纬略》卷四"鸥夷"条,页53—54。宋周煇《清波杂志》卷四,页574。

② 宋胡仔《苕溪渔隐丛话》后集卷三二《山谷》下(页657)引宋严有翼《艺苑雌黄》。

③ 元吾丘衍《闲居录》(台北,台湾商务印书馆,1983,影印文渊阁《四库全书》本),页639。案吾丘衍乃复姓"吾丘",吾丘氏见宋郑樵《通志》之《氏族略》第三"以邑为氏"项下(据单行本《通志略》,页37),另有书其姓名作"吾衍"者,或许系避孔子名讳而减省了"丘"字所致。

④ 明周婴《卮林》卷七"杜书"条,页148—149。

释①。清代乾隆年间在纂修《四库全书》时，四库馆臣也是不加任何辨析即断然贬斥元人吾丘衍，"论借书一瓻，谓以瓮承卷轴，亦为穿凿"②。

然而，正如四库馆臣所云，吾丘衍"学本淹贯"，"虽偶然涉笔，终有典型"③，就孙愐《唐韵》有关"借书一瓻，还书一瓻"的解释而言，吾丘衍独到的见解，恐怕也不能简单地斥之为诬妄的穿凿。宋代以来的其他学者，都是按照宋代书籍雕版印刷术普及之后方册书籍的存放情况，来解读孙愐《唐韵》的说法，而吾丘衍却阐释说，他之所以会以为"古称借书一瓻，还书一瓻，当作瓦瓮承其书卷"，乃是因为"古书无方册，恐其遗落耳"④。从前述"借书一痴，还书一痴"一语各种变化形态所流行的时间来看，这一说法至迟应当已经通行于西晋时期，由于我们所见到"借书一嗤，还书二嗤"这一最早说法，显然不可能是它原初的形态，这一说法最初出现的时间，应该要比这再稍早一些，估计或许可以追溯到三国时期。在魏晋至隋唐时代，书籍尚处于手写传录状态，与此相对应的装帧形式为卷轴，吾丘衍所说"古书无方册"，即是就此而言。卷轴装的书卷，当然可以用酒瓻来盛放，犹如当今在瓷瓶里放置书画卷轴，所以，唐朝人孙愐才会对其做出这样的解释，社会上也才会有"借书一瓻，还书一瓻"的讲法。

可是，若谓当时人借书、还书，是普遍盛以酒瓻，而且"借书一痴，还书一痴"这句成语就是由此而产生，恐怕也并不合理。因为存

① 明周婴《卮林》卷七"杜书"条，页148—149。
② 清官修《四库全书总目》卷一二二"闲居录"条，页1052。
③ 清官修《四库全书总目》卷一二二"闲居录"条，页1052。
④ 元吾丘衍《闲居录》，页639。

在这样的可能，并不等于就存在相应的事实。清人吴骞即曾对此提出质疑说："古人承书……未闻纳于瓦瓿者，况道路挈携，瓦瓿非便。"①我们确实见不到其他任何一种在卷轴时代以瓿盛书的记载。事实上当时的书籍，按照通制是包裹在专门盛放卷轴的书帙里，每部书系以十卷装为一帙，不足十卷的小书或是十卷以上书籍所多出的零头，则单独另装入一个书帙；不同的书籍，一般不会盛放在同一部书帙里，相互混杂②。因此，不管是取用自己的书籍，还是向他人借用书籍，通常一定都是连带着原来的书帙一同带走即可，并不需要再另行装裹。南朝梁萧子显所撰《南齐书》，记述南齐人崔慰祖，"好学，聚书至万卷，邻里年少好事者来从假借，日数十帙，慰祖亲自取与，未尝为辞"③，此事可以清楚说明当时按帙借书的情况。这样也就自然不会普遍存在以酒瓿盛书的事情。

　　尽管如此，唐代流行的"借书一瓻，还书一瓻"的说法，以及孙愐以盛放书籍的器具来解释这一谚语的想法，还是可以给我们提供一个重要的启示，这就是魏晋至隋唐时期既然是以帙盛书，那么，这句话的原型，完全有可能是"借书一帙，还书一帙"，其语义与现在民间借贷物品时常说的"好借好还，再借不难"这句成语，应该大致相差

---

① 清吴骞《尖阳丛笔》（济南，齐鲁书社，1996，《四库全书存目丛书》影印清抄本）卷一，页452。

② 别详拙稿《由梁元帝著述书目看两晋南北朝时期的四部分类体系——兼论卷轴时代卷与帙的关系》，原刊《文史》1999年第4辑，见拙著《历史的空间与空间的历史——中国历史地理与地理学史研究》（北京，北京师范大学出版社，2005），页320—336。

③ 《南齐书》（北京，中华书局，1972）卷五二《文学传·崔慰祖》，页901。

不多。

依照邵博所云，"借书、还书，理也"，民间又何以会流行"借书一帙，还书一帙"的谚语？这是因为在实际生活中，有很多人并不按常理行事。在借书、还书的交往中，有些人会因为自己具有不良读书习惯，而致使书籍遭受损毁，如北齐人颜之推所述："狼籍几案，分散部帙，多为童幼婢妾之所点污，风雨虫鼠之所毁伤。"[①] 请注意，颜之推特别提到"分散部帙"亦即打乱每一书帙内原装的次序，这是对书籍的一种损毁。显而易见，每一册书籍在同一书帙内固有的前后排列次序一经扰乱，就会给后人阅读书籍带来不便，更不用说将某一书帙内的书籍拆分乱放到几个不同的书帙之内、或是将不同书帙内的书籍混放到同一书帙之中，那样必然要造成更大的麻烦。所以，"借书一帙，还书一帙"这句俗语最狭一层基本语义，应当就是送还书籍时务必要保持原来的卷帙装裹次序；由此稍加延展，则是一无污损，完璧归赵。

颜之推身隶世家旧族，衡量借人书籍的道德标准，更不仅局限于此。他要求家族子弟说："借人典籍，皆须爱护，先有缺坏，就为补治。此亦士大夫百行之一也。"颜氏并列举时人之具有良好阅读习惯者云："济阳江禄，读书未竟，虽有急速，必待卷束整齐，然后得起，故无损败，人不厌其求假焉。"[②] 污损他人书籍，固然有违颜之推辈所要恪守的士大夫"百行"，不过，与昧心背理干没不还相比，毕竟还要胜出许多。像宋人周辉说他亲手抄录的书籍，即因为借给别人阅读，致使"前

---

① 北齐颜之推《颜氏家训·治家》，据王利器《颜氏家训集解》（上海，上海古籍出版社，1980）卷一，页66。

② 北齐颜之推《颜氏家训·治家》，据王利器《颜氏家训集解》卷一，页66。

后遗失亦多"，周氏对此，"未免往来于怀"。虽然周煇在无可奈何之中，曾自我安慰说："彼窃者必其所好也，心之所好，则思得之，惧吾靳之不予也而窃之，则斯人也得其所好矣。得其所好，则宝之，惧其泄而密之，惧其坏而安置之，则是物也，得其所讬矣。人得其所好，物得其所讬，复何求哉！"[①]但大多数人毕竟做不到这样洒脱，特别是在唐代以前的写本时代，得书殊非易事，既然有人会施此"盗贼之行"，自然会有更多的人吝于借书与人，甚至个别人会在藏书上写出诸如"鬻及借人为不孝"这样激愤的语句来[②]。就这一社会背景而言，通行"借书一帙，还书一帙"这样的成语，正可用以警示借书者要有借有还。

按照今人核定的中古语音，"帙"字属澄母、质部，而"瓻"字应属彻母、脂部[③]。彻、澄二母，系清浊相对，自可互转；而质、脂两部主要元音相近，也能够彼此对转。所以，若是假定最先出现有"借书一帙，还书一帙"的说法，便很容易在广泛流行的过程当中，因彼此相互戏谑而在无意间失去其本字，转化成为意义相近的"借书一瓻，还书一瓻"。进而论之，"鸱"、"嗤"、"痴"诸字，与"瓻"读音更为接近[④]，愈加容易相互通转。由此我们不妨推测，所谓"借书一嗤，还书一嗤"、"借书一痴，还书一痴"都是因读音比较接近而被普遍取以调笑，才逐渐取代其原初形态而广泛流行开来。同样，"借书一欷，还书一欷"，也应当是将"欷"字读作"瓻"音后衍生出来的写法，清人

---

① 宋周煇《清波杂志》卷四，页574。
② 宋周煇《清波杂志》卷四（页574）引述唐人杜暹在其家藏书籍篇末自题云："清俸买来手自校，子孙读之知圣道，鬻及借人为不孝。"
③ 郭锡良《汉字古音手册》（北京，北京大学出版社，1986），页52—53。
④ 郭锡良《汉字古音手册》，页53。

吴景旭即谓此"欷"字，本来"当作'瓻'，盖'欷'与'瓻'字近而讹耳"①；就连一些文人有意别出心裁写成的"借书一鸱，还书一鸱"这一表述形式，同样也是基于"鸱"、"瓻"两字语音相通。简单地讲，这一组成语的演化脉络应当是：由"借书一帙，还书一帙"，一变而成"借书一瓻，还书一瓻"，再变而成"借书一嗤，还书一嗤"、"借书一痴，还书一痴"，或是"借书一欷，还书一欷"，或别有一些好事文人，径行改换为"借书一鸱，还书一鸱"。

上述推测，虽然没有直接的文献依据，但颇有一些通行的俗谚成语，经历有类似的演化轨迹，可以与之相互印证。例如现今民间仍然习用的"打秋风"一语，明朝人郎瑛尝有考述云："俗以干人云'打秋风'，予累思不得其义。偶于友人处见米芾札有此二字，'风'乃'丰熟'之'丰'，然后知二字有理，而来历亦远。"②同类的事例，郎瑛尚辨别指出，明人谓空手得钱为"白入己"，乃是由"宋时指贼人曰'白日鬼'"演化而来；谓木格阁板为"鬼背儿"，本来应写作"庋背儿"，等等③。南朝刘宋时流行有"禾绢闭眼诺，胡母大张橐"这样一首歌谣，后人名之曰《禾绢谣》，以"禾绢"隐喻当时在位的宋明帝，讥刺"中书舍人胡母颢专权，奏无不可"④。后世有很多人，缘此而将"禾绢"用作代指人主的辞藻，可是对"禾绢"二字的具体含义，却并不理解，往

---

① 清吴景旭《历代诗话》（台北，台湾商务印书馆，1983，影印文渊阁《四库全书》本）卷五九辛集中之下《宋诗》"一鸱"条，页597—598。

② 明郎瑛《七修类稿》（北京，中华书局，1959）卷二三《辨证类》"懂子秋风"条，页346—347。

③ 明郎瑛《七修类稿》卷二四《辨证类》"俗言讹"条，页371。

④ 《南史》（北京，中华书局，1978）卷三《宋本纪》下，页84。

往避而不谈，仅有个别老实的学者坦然承认说："'禾绢'二字，甚为费解。"但恨"无文可证，难以臆决"①。其实"禾绢"的"绢"本应是"稍"字的误写，意即"麦茎"，也是因音同而产生讹变②。这与本文论述的主要内容，虽然存在着有意取其谐音和无意缘音致变的区别，但其内在原理，并没有什么差异。由此可见，本文所论"借书一痴，还书一痴"这一成语的演化过程，完全符合这一类语词的蜕变通则。况且在其由"借书一帙，还书一帙"这一原初面貌朝向各种衍生形态转变的六朝期间，正是乐府诗中以同音异义字双关假借的所谓"风人体"普遍盛行的时候；而这种"风人体"的盛行，则与魏晋六朝时期官僚士人在谈吐之间经常采用谐音双关语密切相关③。——时代风气既是如此，人们戏以各种读音相近的字来打趣借阅书籍的嗜学痴人，更是自然而然的事情。

2007 年 1 月 7 日记

---

① 清杜文澜《古谣谚》（北京，中华书局，1958）卷首《凡例》，页 10。

② 别详拙稿《释〈南史·宋本纪〉之"禾绢闭眼诺"》，刊《中华文史论丛》2007 年第 3 期，页 201~206。

③ 参见清翟灏《通俗编》（上海，商务印书馆，1937，《丛书集成》初编排印《函海》本）卷一，页 8—9。又王运熙《六朝乐府与民歌》（北京，中华书局，1961）之《论吴声西曲与谐音双关语》，页 121—166。

咸丰九修《毘陵徐氏宗谱》
与中国古代的铜活字印本问题

　　很早就有人着意收藏用中国传统印刷方法印行的古活字本。据说当年周叔弢先生将其珍藏的宋元古本悉数捐献给国家之后，即又以廉价陆续罗致到不少清代活字印本，用以自娱。近年来，古活字本更成为藏书界普遍求索的热门品类，普通的清后期木活字印本，除了家谱，因民间存本尚多，且内容不堪赏玩，而殊少有人顾问之外，其它各类内容的书籍，每册价格大多都已在千元上下；更不用说铜活字本、特别是明代的铜活字印本，早已被藏书家视作与宋元佳椠不相上下的珍品，即使是残缺严重的单本零册，也都被竞相争逐，卖出令许多旁观者意想不到的高价。

　　中国虽然是发明活字印刷的国度，并且按照元朝人王桢在《农书》中的记载，至迟在元代就已经出现锡制金属活字，但在引入西洋印刷技术之前，整版的雕版印刷，一直在书籍出版印刷中占据着绝对主导的地位；相形之下，活字印书始终只是一种很次要的陪衬，金属活字印本，更是微不足道。所以，传世活字本要大大少于刻本，其中铜活字等金属活字本，又大大少于木活字印本。收藏的基本原则，是以稀为贵，活字本、特别是金属活字印本，其价格明显高于刻本，自然是天经地义的事情，丝毫不足为怪。

关于活字印刷在中国未能兴盛的缘由，已有不少学者做过解释，但似乎还不够清晰，有待进一步分析总结。不过，与此相比，当前更重要、同时也更为迫切需要探讨的问题，应该是重新审核中国古代采用铜等金属活字印书的真实状况。因为时下被普遍认作铜活字印本的许多中国古籍，特别是其中的所谓明铜活字印本，其实并没有可靠的文献依据，恐怕经不起认真的推敲。一些印刷史研究者所持早在宋代中国即已有铜活字印书的观点，恐怕亦纯属想当然之说，浑然不知其究竟是从何说起。

从学术上一一论证这些问题，需要花费很多笔墨，不适宜在这里讨论，我将另行发布论文，与关注版刻史和印刷史的朋友讨论。不过，有一项原则，必须声明，这就是学术研究的宗旨，是揭示客观世界的真实面貌及其内在本质，求真是它的第一要义。因此，讨论学术问题，不能带有过多的个人感情好尚，更不宜怀有本民族或者是本国自身的文化必定要事事优越于人的狭隘情结。就书籍出版印刷而言，我认为古代朝鲜的铜活字印刷，不管在行用时间的早晚上，印刷技术的发达完善程度上，还是印书的份额、数量和施行的普遍性上，都要大大领先于中国，这恐怕是不争的事实。而且，假若由此再进一步探究，中国铜活字印刷的产生，实际上很可能是直接受到西洋以及朝鲜印刷术影响所致。这样的迹象，已经相当清晰，我将另行撰文，加以说明。

世界各国的文化，都是在交互影响中发展的。印刷术虽然是由吾国先人所发明创造，但在其问世之初，就带有强烈的外来文化影响因素，其捺印佛像这一技术源头，就清清楚楚地是由印度传来；晚近西洋活字法印刷技术彻底改变了中国印刷的面貌，更是世所共知的事实。因此，在这漫长的发展期间内，中国传统的印刷技术，若是在某些方面，受到周边地区甚至泰西工艺一定程度的影响，也是理所应当的事情，不必每一项技术环节都一定非由中国向外辐射不可。况且积极吸收外来文明以壮大自身，本来是一件值得庆幸的好事。人类文明的成长，不同于豢养赛狗赛马，"纯种"的文明，往往意味着弱智、痴呆乃至消亡，并不是什么值得夸耀的好事。假若不能忠实于实事求是的学术原则，冷静地分析各种史料，恐怕很难得出足以服人的结论。

　　辨认铜活字等金属活字印书，目前应该已经具备一定技术手段，这就是通过显微放大印本的墨迹，似乎应不难辨识金属活字与木活字印痕的差别，据闻已经有人做过成功的实验，并出版了专门的著述。至于能否通过检测印本墨痕中残留的金属微粒，区分出所用活字属于哪一种金属，似乎还有待验证。不过，若谓不经技术手段检验，或是依赖其他间接的辅助办法，就单凭肉眼观察来区分印本所用活字的种类，哪怕只是简单区分开金属活字与木活字（或是泥等其它材质的活字），除非怀有特异功能者之外，平常人恐怕很难做到（如张秀民、黄永年等先生就都坦然承认这一点[①]）。所以，以往认定的铜活字印本，实际上主要是依赖书中的注记题识，或是相关的文献记载。如果这些文字记述统统明确无疑，譬如像清内府用铜活字印行《古今图书集成》，这自然不会

---

① 张秀民《明代的铜活字》，又同人《元明两代的木活字》，后文原刊《图书馆》1961年第1期，此并据《张秀民印刷史论文集》（北京，印刷工业出版社，1988），页208、页245；又张氏与韩琦合著《中国活字印刷史》（北京，中国书籍出版社，1998）第二章第一节《木活字的发展》，页26。黄永年《古籍版本学》（南京，江苏教育出版社，2005）第九章之"明活字本及其鉴别"一节，页186—187。

有什么问题；可是，假若相关的标识记载含含混混，不甚清楚，譬如像所谓明铜活字本那样，正确理解它的含义，就需要综合分析各种相关史事来作出合理的判断，万万不可像藏书家估价自己藏书的价值那样，抱有尽量往多里算、尽量往好里算的念头。

在活字印本特别是铜等金属活字的实际鉴别活动当中，由于印本流传稀少，事实上只有很少一部分人，既有相应的研究能力和探究兴趣，又有较多机会，得以直接目验其书，参与辨识；其它大多数关注印刷出版史事的人，往往只能被动地遵从他们的结论。若是用一犬吠影、众犬吠声这句成语来比喻此中情形，虽然不甚适宜，且多少有些失礼，却也算得上是差相仿佛了。其实，这本是在许多研究中所共有的现象，并不是只存在于版本鉴别领域。不过，麻烦就麻烦在鉴别版本时的这个"影子"，往往不易看清究竟是人影、贼影，还是鬼影，有时甚至根本就完全是没有"影子"的"幻影"，有可能会因一个不知其所以然的偶然失误，不经意间被人错认，而后来者相继将错就错，终至弄假成"真"。在我看来，在中国的版本学界和印刷史研究领域当中通行的所谓清铜活字印本咸丰九修《毗陵徐氏宗谱》，就是这样一部被误认的书籍。

毗陵是常州历史上的古郡名，用古地名作为居邑的雅称，久已有之，但自明代中期以来，尤为普遍。这部咸丰九修《毗陵徐氏宗谱》，乃是常州徐氏家族在清咸丰年间纂修并印行的族谱。清代在常州以及江浙地区其它一些地方，纂修族谱的风气颇为盛行，有条件的家族，大致平均每隔三十年上下时间，就要重修一次，以赓续前脉，称此家谱为"九修"，是为了与该家族此前历次所修之族谱相区别。

　　这种族谱过去不受文人重视，藏书家对它更没有兴致，晚近以来，受西方学术影响，才作为历史研究的资料，受到相关的研究人员的青睐。但与纂修的庞大数量相比，国内外学术机构的族谱收藏，仍显得很不完备，并且一直缺乏综合各处收藏的比较全面的联合目录（这主要是因为颇有一些集中收藏族谱的地方，还从来没有全面做过著录），再加上还有大量族谱，一直散存于民间，甚至还无法踪迹其存佚状况。所以，这部九修《毗陵徐氏宗谱》，究竟有多少传本存世及其藏身何处，现在都还不太清楚。当前，活字印刷研究者所依据的本子，是收藏在日本东京东洋文库的一部印本。虽然现在还没有人提出这部族谱另有传本藏弆，但某些人径称此东洋文库藏本为传世孤本，却似乎还有待进一步验证。

　　中国最早将这部《毗陵徐氏宗谱》用作清代铜活字本代表的学者，是专门研究印刷史的张秀民先生，说见所撰《清代的铜活字》一文[1]。后来中国国内谈及同一问题的著述，直至今天，无一例外，都应当是在转述张氏的说法。张秀民先生对中国印刷史做过很多重要研究，其筚路蓝缕之功不可没。不过，学术研究，后来居上，也是事之常理。时至今日，市面上刊布的很多相关书籍和文章，仍在一一依样复述张氏多年以前的所有说法，未能对其稍有订正补益，这不能不使人感到诧异，感到遗憾。个别学者如江苏的潘天桢先生，虽然提出过很好也很重要的新见解[2]，但却根本不被撰述通述性著作的学者，特别是那些

---

[1] 原刊《文物》1962 年第 1 期，此据《张秀民印刷史论文集》，页 250—259。

[2] 潘天桢《明代无锡会通馆印书是锡活字本》，原刊《江苏图书馆工作》第 1 期，1980 年，此据上海新四军历史研究会印刷印钞分会编《中国印刷史料选辑》之二《雕版印刷源流》（北京，印刷工业出版社，1990），页 139—144。又潘天桢《再谈明代无锡会通馆印书是锡活字》，刊《北京图书馆馆刊》1993 年 12 月第 3、4 期合刊，页 65—70。

研究印刷史和版本史的名家所理睬。

　　面对西洋文化的巨大冲击，张秀民先生那一代中国知识分子，颇有一些人热衷于到中国历史中去挖掘找寻与西洋近代文化相通相似的事例，以这些西洋舶来品在我国古已有之而自我慰藉。古代的铜活字印刷，在技术上显然与西洋晚近活字印刷最为接近。不知张秀民先生是不是因怀有上述对西方文化的趋从与自我印证心态所致，在鉴识古代的铜活字本时，颇有多多益善的倾向，以致将一些缺乏足够证据而本可存疑待考的活字印本，率尔认定为铜字所印。类似的情况，在赵万里先生等人身上同样存在，这恐怕不仅仅是张氏个人研究的局限所致，在相当程度上，也是那一时代在研究观念上的偏差所造成的结果。时至今日，我们对此不能不加以反思，不能不引以为戒。

　　当年由于客观条件的限制，张秀民先生并没有机会能够亲眼看到这部《毘陵徐氏宗谱》。他将这部书籍认作铜活字印本，实际上只是在转述日本学者多贺秋五郎先生的介绍。以前我虽然也曾来过两次东洋文库，但过去对于古籍版本内容的关注，只限于历史研究中利用古代典籍以及弄旧书消遣所需要的一般常识，对印刷史或版刻史研究，还没有什么兴趣，所以，没有想到过要去核实一下相关情况。近来，因为在学校教书讲版本课的缘故，逼迫自己不得不对印刷出版史稍稍花费一些功夫，结果从历史学的角度，来审视现在通行的一些说法，发觉似乎存在很多问题，需要重新研究，其中铜活字本问题，最为明显，而对这部所谓铜活字印本《徐氏宗谱》，更是疑云重重。恰好近日因蒙日本中央大学妹尾达彦先生相邀，到日本东京访学，并承东洋文库理事长斯波义信先生热情接待，遂得以至东洋文库，观览其宝藏，于

咸丰九修《毗陵徐氏宗谱》活字排印内文

是首先想到，需要找出这部族谱和多贺秋五郎先生的著述，以一探其究竟。

　　根据东京都立大学教授佐竹靖彦先生和妹尾达彦先生的介绍，知多贺秋五郎先生过去供职于中央大学教育学部，在中国历史文化研究方面，多贺氏的学术专长，应该是研究中国古代族谱，而不是中国古籍版本或中国古代印刷史。我所见多贺秋五郎先生关于中国族谱的研究著述，共有两部：一部题《宗譜の研究》，所出版者似乎只有其计划中的一部分，即其中的《资料篇》（整个书名可以译为《宗谱研究·资料篇》），1 册，出版于 1960 年，由东洋文库印行；另一部书名为《中国宗譜の研究》(《中国宗谱研究》)，上、下两册，出版于 1981 年，由日本学术振兴会印行。这两部书都是很有分量的学术巨著，遗憾的是多贺秋五郎先生已经故世，无从求教其当年著录《徐氏宗谱》版本的依据。不过，通观这两部著述，可知多贺氏虽然对中国族谱的印制方法有所涉及，但并没有过多留意版刻形式问题；并且从书中有关家谱版刻印刷的叙述可以看出，多贺秋五郎先生本人，对中国版刻似乎也不具备很好的鉴别能力，其所说版刻类别，恐怕只能是承用藏书单位已有的著录。

　　或许正是因为如此，多贺秋五郎先生在这两部著述中，都没有专门且具体地讲述此《毘陵徐氏宗谱》的版刻形式问题，只是在《宗谱の研究》第一部《解说》的第五节"體裁與印刷"部分当中提到（页 30，页 35），就其所见而言，族谱的铜活字印本，仅见于华中地区，而他在注释中列举的具体书籍，就是这部《徐氏宗谱》。除此之外，在《宗谱の研究》一书之第二部《日本现存宗谱目录》里面（页 129），也列有东洋文库收藏的这部《毘陵徐氏宗谱》，著录的书名系写作"徐氏宗譜"；而在印刷形式项下，著录的正是"銅活"二字，张秀民先生引作铜活字印本依据的正是这一项记述。后来多贺氏在《中國宗譜の研究》一书中，虽然在其它方面，又增加了很多新的内容，包括著录了更多世界各地收藏的族谱，但对所谓铜活字印本问题，却没有更多新的增益。

　　对于多贺秋五郎先生规模庞大的族谱研究来说，这部《毘陵徐氏宗谱》的印制方法，只是其中无关宏旨的一个细枝末节，他原本就无须为此一一从头探讨，援用版本鉴别既有的结论，是理所当然的做法。然而，张秀民先生却是在做专门的版刻和印刷史研究，尤其是他还特别偏重对中国古活字本的研究，即使看不到原书，也不宜简单转述他人的说法。退一步讲，即使提出这样的主张，也只能作为一家之言，而不宜像他所做的那样，将这一看法视同定论，率尔写入《中国大百科全书》^①。既然是在做专门的研究，对于其中所关非细的核心问题，就需要做出起码的分析与判断。这恐怕不能算是苛责于人，而是学术研究的基本要求。

在东洋文库编纂的《東洋文庫所藏漢籍分類目錄》之《史部》第十《傳記類》"家乘之屬"江苏部分（页93），著录此《徐氏宗谱》，正是写作"清咸豐八年毗陵賜書堂銅活字印本"。不过，《东洋文库所藏汉籍分类目录》是分成经、史、子、集诸部陆续分册编纂出版的，此《史部》分册出版于1986年，大大晚于《宗譜の研究》的出版时间，因此，多贺秋五郎先生对《徐氏宗谱》的著录，不可能源出于此。这样一来，剩下来的唯一途径，似乎只有图书馆的藏书和索书卡片了。检视东洋文库的索书卡片，知此《徐氏宗谱》自是已然著录为"銅活字印"。察看索书卡片的纸张、字迹和墨色，显然已经历时很久。可以推测，多贺秋五郎先生当年将这部《毗陵徐氏宗谱》视作铜活字印本，实际上只能是在依样移写东洋文库的这一藏书底簿。

那么，东洋文库所著录的这一版刻性质，究竟是否可以信赖呢？前面已经谈过，若是不采用技术检测手段，目前辨认铜活字印本，实际上只能依赖书中的注记题识或其它有关文字记载，中国的版刻史研究者如此，日本学者也不会有更高超的眼力。下面就来逐一考察，在这部《毗陵徐氏宗谱》书中，是否存在这类文字标识。

---

① 见《中国大百科全书》之《新闻出版》卷（北京，中国大百科全书出版社，1990）"铜活字"条，页318。

（1）内封面。这是清代经常用来标示书籍印行方式的地方。日本版本学界习惯称内封面处为"见返"。东洋文库的索书卡片上著录有"见返『毘陵徐氏宗谱』"字样，多贺秋五郎先生在书中也原样抄录了东洋文库所著录的这一内容。今检视此《徐氏宗谱》原书，知其内封面样式，系按照大多数清代书籍惯例，分作左、中、右三栏：右署"咸丰岁次戊午校刊"，标明印制的年代为咸丰八年；中题"毘陵徐氏宗谱"，这是这部族谱的正式书名；左注"翰墨诗辞嗣刊"，旨在说明尚有族人诗文有待后续印行。不但没有任何使用铜活字的注记，而且连"活字"都根本没有标示，乃是借用刻本中惯用的"校刊"二字，来反映族谱的印行事宜。

（2）书口。从明代起，有许多活字本就是在书口处标示其印制方法，如今人所谓华燧会通馆铜活字印本，就往往在书口上印有"会通馆活字铜板印行"字样。如前所述，《东洋文库所藏汉籍分类目录》著录此《徐氏宗谱》，云乃"清咸丰八年毘陵赐书堂铜活字印本"，此"赐书堂"三字，即出自族谱印本版心之下部，版心上部相对位置处，则排印有"徐氏宗谱"四字，除了卷次和页码之外，书口上再别无其它文字注记，当然也绝无"铜活字"的字样。《东洋文库所藏汉籍分类目录》之"铜活字"云云，似乎也只能是依据馆内从前的卡片底册。

（3）牌记、题识、序跋。在这部《徐氏宗谱》书中，未见牌记和任何印书题识。逐一检核每一篇序跋，特别是族谱执笔者徐国华所撰跋语，以及乃师太子太保翰林院学士贾桢撰写的序文，均只字未提族谱是采用哪一种活字印制的问题。另外，在此《徐氏宗谱》卷首，印有"续修族谱记名"一项内容，开列参与族谱编纂校印的各项有关人员，其中也没有透露出一丝一毫铜活字的痕迹。

（4）正文。由于时间关系，这次无暇逐一审读，不过，一般不会在内文里说明这类印书形式问题，估计东洋文库的司理人员和多贺秋五郎先生，也不大可能花这样大的力气，来逐页查找一部族谱的印制方法。

（5）其它相关文字记载。从内容上看，这部《毘陵徐氏宗谱》，是清代江南地区一部极为普通的族谱，谱主徐氏也是当地实在很平常的一个家族，人们一般没有理由对其多加理会，特地予以记述议论。所以，目前只能就书中有关族谱纂修主要成员的记述，适当加以考索。东洋文库以及多贺秋五郎先生，都著录这部族谱为徐隆兴、徐志瀛等修纂，但具体检读族谱，知徐隆兴虽名列卷首《续修族谱记名》"主修"者之首位，徐志瀛亦列名"编次"者之首位，但实际一手主持其事并秉笔撰述族谱的人，却是署名"监局"的徐国华（这种只挂名、不做事的情形，同古今官修书籍以及时下许多还算不上官修的名人主编书籍的"挂名主编"，道理相同）。光绪时徐氏家族复又第十次重修族谱，在这部光绪十修《毘陵徐氏宗谱》卷三十三中，收有署名"侄孙徐家华"撰写的《叔祖寿苍公传》（页1～2），文中在述及徐国华纂修九修族谱一事时，仅记云："乙卯，捷音北闱，厥后在京，闻金陵荆棘，毘陵多恐，于咸丰六年，即归故里，尽心孝养。……因是辍馆务，静坐一室，……以己身任举事，无论难易，俱以敬出之。"也绝然没有提到用铜活字印制谱书的事情。据九修《毘陵徐氏宗谱》卷首《续修族谱记名》，这位为徐国华作传的侄孙徐家华（按，据徐家华撰《叔祖寿苍公传》，徐国华本名寿苍，号静山，国华是其应考时使用的"榜名"，所以才会出现有若祖孙联名的现象），是九修《毘陵徐氏宗谱》中列出姓名的两位"校对"人员之一，在其名下且附有说明云："各支皆有人校勘，惟二人无分彼此，与局始终。"由此可知，徐家华对九修族谱的印制情况，应当了若指掌，所说特别值得注意。

接下来不妨再勉强来看看根据印本的字迹墨色，能否看出此咸丰九修《毘陵徐氏宗谱》为铜活字印本。严格地说，这部族谱，其实并不是通篇采用同一种方式印制，而是由活字摆印和雕版刷印两种方式组合而成。所以，其内封面上所题署的"校刊"二字，也不完全是随便沿用刻本惯用的语汇来表示活字排版，而是书中也确有相当一部分"刊"制的版面。具体地讲，其绝大部分内容，是用活字摆印；另有一小部分内容，主要是以前所修谱中已有的旧序、人物传记、墓志铭文和朝廷诰赐等，乃是使用清代前期康熙至乾隆年间旧谱中所镌刻的版片，重新刷印。《毘陵徐氏宗谱》中整版刷印的这一部分，在此自可置而不论；而谱牒中新排印的这一部分版面，其字迹墨色，在我看来，则与同一时期江浙地区普通的木活字印本，没有任何区别：既看不出雕制铜质活字有可能出现的字形稚拙情形，也看不出金属活字印书有可能出现的着墨不佳迹象。相信东洋文库的司理人员和多贺秋五郎先生，也绝不可能仅用肉眼的视力，即清楚判别出它应属于铜活字，而不是木活字印本。

综上所述，以我本人疏浅的文献判读能力和非常有限的版本见识来审度观察，我认为，至少没有任何文字证据和肉眼可见的版刻特征，以资证实这部《毘陵徐氏宗谱》有可能是采用铜活字所印，甚至连极为轻微的征象也没有。

不仅如此，若是进一步深入分析，似乎还可以看到一些与此恰恰

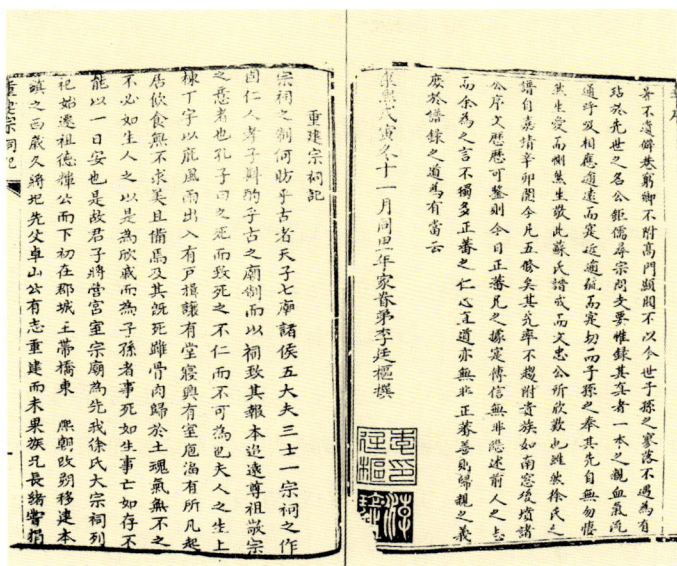

咸丰九修《毗陵徐氏宗谱》使用雕刻旧版重印版面

相反的迹象。

　　在中国古代，虽然早在司马迁的时代，就已经清楚探知，铜矿资源"千里往往山出棋置"[①]，分布比较普遍，但大多数矿藏储量并不很丰富，相对于其庞大的需求量而言，一向显得比较稀缺；加之冶炼非易，又被铸成货币，用以交易，遂使得铜成为一种颇为昂贵的金属。用铜活字印书，不仅要动用大量铜材，铸字钉、刻字印还要耗费众多工时，成本之高昂，非同寻常。例如，略早于此咸丰九修《毗陵徐氏宗谱》的福建林氏"福田书海"铜活字本印书，其事主林春祺，为刻

————————————

[①]《史记》（北京，中华书局，1982）卷一二九《货殖列传》，页3254。

就一套活字所耗费的白银，竟高达二十多万两。这显然不是随便什么人、在什么时候想做就能够轻易做到的事情。

林春祺不惜工本刻制铜活字印书，一是因为他家里有钱，二是他可以随心所欲动用这些钱。所以，不管以铜活字印书这件事在旁人看起来有多么荒唐，只要他本人执意去做，自然也就做得到。然而，徐氏家族印制族谱的情况，却显然与此不同。

一是徐氏家族财力并不十分充裕。这一点其实本用不着多事考究，前述此九修《毗陵徐氏宗谱》内封面上"翰墨诗辞嗣刊"的注记，已经反映出，财力在限制着这部族谱以更为完善的面目印行于世。因为将这些"翰墨诗辞"亦即家族成员的诗文以及外人撰述的有关其家族的文字，汇编成为所谓"传芳集"，与家谱一并刊布，是明代后期以来编印族谱的通行做法，而汇编这些诗文，一般并不存在编纂上的困难，能否印出，往往只是能不能筹集到相应的费用的问题。譬如，在这部家谱卷首附印的乾隆辛巳族人徐亘撰《续刊家谱序》中就曾谈到，除了当时刊印的谱书主体部分之外，"尚有名公所赠祖先诗稿数百首，欲刻无资"(页3)，足以说明此九修族谱标注之"翰墨诗辞嗣刊"，其所"嗣"者，实际上正是印制的费用。东洋文库收藏的这部九修《徐氏族谱》，实际印有一部分他人"为先世所撰传赞志铭"，以及极个别一两篇"题赠序文"，但其它大量往来诗赋，特别是乾隆修谱时就已经纂辑成册的"先世自制文翰"(俱为族谱卷首《修谱凡例》语，页2)，终究亦未能印出，这表明徐家确实没有足够的财力。

前述此九修《毗陵徐氏宗谱》中有一部分内容，是使用过去不同时期雕制的版片拼凑印制而成，这样一来，使得整部族谱的字体和版式，参差不一，很不像样，特别是有些部分，譬如卷首所列"历朝仕宦甲乡科贡监廪庠及异途等科目"一项内容，不过几页篇幅，却是前半使用康熙旧版重刷、后部用活字摆印，两相拼凑，尤其显得乍眼。这一点同样反映出，徐氏家族确是没有充裕的财力，来完整地排印新修的族谱。执笔撰述这部族谱的徐国华，在所撰跋语中曾明确谈到，他编纂这部族谱，值其"事垂成"之际，曾"适以岁祲中止"；逮至"戊午春，复申前议，始克蒇事"。一场天灾引起的歉收，即迫使其不得不中止族谱的编印事宜，说明这一家族显然不是富甲一方的豪门。徐氏若是连铜活字都轻易制作得起的富豪家族，似乎绝不应该出现上述这些情况。

　　另一方面，在这部九修《徐氏宗谱》中，虽然没有专门记述徐氏家族的资产状况，但透过一些相关的记载，却可以清楚看出，徐家财力不仅谈不上充裕，而且还显得颇有些窘迫。如族谱中记云："始祖企梅公本姓徐氏，家世横林，因二亲辞世，无人抚养，自幼育于江邑之焦，因仍焦姓。自公历今，阅世有七，丁及百人，惜贫乏者多，无力建祠。所有公银二十馀两，采取些须，为每年祭祀之助。"（族谱卷首康熙丙午十四世孙徐思诚撰《徐氏家规十则》，页4。）公用族产只有区区二十多两银子的家族，显然用不起异常奢侈的铜活字。

　　其实，就连普通的印本，徐氏之族谱也曾因家族资材单薄，难以刊印。明朝万历年间，徐氏第十五世族人徐鲁，纂成族谱，即因财力不济，"惜乎无力刊布"（族谱卷首《毘陵徐氏祖先传赞》之《十五世澹元公传略》，页43）。下延到清代乾隆年间，当徐氏重修族谱告成之时，主其事者亦称："百馀年就废之祠，三十载未修之谱，同时修竣，实非易事。……苦吾宗少殷实之家，捐项有限。"（族谱卷首乾隆庚戌十八世孙徐运球撰族谱《总跋》，页 1。）直至这回第九次重修族谱之前，在道光年间第八次修纂族谱时，徐家更是"沦落"到"致春秋两祭"尚需"醵分以供牺牲粢盛香烛之用"的地步，即族人临时凑钱购买祭祀祖先的用品。面对如此拮据的艰难现状，其"二十世孙荀芝愀然伤之，遂将本镇历年所捐放出而几归无着之银数十两，使（族人）廷椿取讨之，廷枚登记之，权子母以生息，几及十载。除修葺宗祠之外，将所馀之钱，置田二十亩"（族谱卷首道光九年二十世孙徐懋撰《祠田记》，页 1），方始稍稍改善徐氏家族的处境。这应当就是咸丰年间重修族谱时徐家族产的基本背景，若再考虑到当时太平军已在南京建都数年，与清军在镇江一带对峙，常州与镇江、南京都近在咫尺，当地经济不能不饱受战争拖累，当时情形，即如前文引述徐氏族人徐家华语所谓"金陵荆棘，毗陵多恐"，徐家产业自难以在这一时期获得新的增长，因而，足见其绝无制作铜活字印制族谱的能力。

二是族谱是整个的家族的事务，纂修和印制族谱，在一般情况下，需要所有家族成员共同出资，徐氏应同样如此。譬如，在这部咸丰九修《毗陵徐氏宗谱》卷首印出的乾隆辛巳十七代孙徐亘所撰《续刊宗谱序》中，就曾讲到，当时是"族众共议，共襄胜举，派捐刊板"；或云系"谋诸族众，并行刊板"（页 3）。由众多家族成员凑集来的钱财，花费的方式，自然也要经过家族主要成员的集体商议。乾隆年间徐氏纂修家谱时募集来的家族公款，即"凡收入须记明某年月日某人捐资捐田若干，或正用，或置产，悉有公账，各执合同察核"（族谱卷首乾隆庚戌十八世孙徐运球撰族谱《总跋》，页 1）；道光年间重修族谱时，也是"凡此谱所收，用以给工料之费者，其详悉登记，以俟对核，勿吝勿靡"（族谱卷首二十世孙徐廷枚撰《八修族谱记》，页 1）。这便不能像福建林氏"福田书海"印书那样，因纯粹是他林春祺一个人的事情，动用的是个人资产，想怎样用便怎样用；即使饶有资材，族产万贯，也很难想像徐氏家族的众多成员，会像林某人一个人做事那样，在一瞬间统统都发此奇想，花费浩大工本，特地刻制一套铜活字，来印制这三十年才编纂一次而且也只印行最多不过一百部上下的家谱（据此咸丰九修《毗陵徐氏宗谱》卷首《领谱字号目录》页 1～6，这次编纂的家谱，诸支族人共领走九十五部）。

　　单纯就印刷家谱而言，普通木活字的成本，要明显低于刻本，这也是族谱通行用木活字印刷的主要原因；而铜活字的成本，则大大高于刻本。所以，从社会心理角度分析，徐家人若是花费天价刻制铜字，结果竟然印出一部在所有人看来与普通木活字印本都毫无两样的谱书，岂不是要成为当地他姓人士的天大笑柄？这一点，也是我很早以前从一开始接触张秀民的说法，就很怀疑这部《毗陵徐氏宗谱》会有可能属于铜活字印本的主要原因。

　　从另一角度看，无论如何，在当时动用巨额钱财制作铜活字来排印一部族谱，都是一件非同寻常的重大事情，当事诸人和有关人士，在谈及这一族谱时，绝不应该像前面所叙述的那样，从秉笔撰稿并主持其事的徐国华，到自始至终司职校对事务的徐家华，再到特地为其门生徐国华作序的贾桢，都绝口不谈这一壮观异常的印制方式。

　　综上所论，不妨姑且在此妄自判断，这部咸丰九修《毗陵徐氏宗谱》，绝不可能是铜活字印本，东洋文库的著录，其中必有讹误（对于图书馆来说，由于藏书繁多，这也是很正常的事情，不足为病）。虽然将来有条件采用技术手段鉴别，也可能完全推翻我的看法，但就目前所掌握的资料而言，似乎还只能得出上面这样的结论。

正如多贺秋五郎先生在《宗譜の研究》一书中所指出的那样，清代江苏、浙江、安徽诸省的族谱，大多数都是用木活字摆印，其中江苏常州的武进，与浙江的杭州和安徽的桐城相并列，是中国各地家谱中木活字印制最为兴盛的地方[①]，而武进正是常州府治所在的"附郭县"。在《清代的木活字》一文中，张秀民先生也曾指出，"清代活字家谱以江浙两省占压倒多数，而两省中尤以旧浙江绍兴府江苏常州府为最多"，其中"常州的排印工在清代最负盛名"，因拥有独特的细土垫板技术而被称之为"泥盘印工"，以致还有远在四川的人，会把宗谱稿本寄到常州，雇佣这里的谱匠排印；甚至安徽省的官员，竟将省属官书局"曲水书局"特地设置在邻省江苏辖下的常州[②]。又常州武进为业师黄永年先生生长的故乡，蒙黄永年先生垂告，先生少时尚见城中多有木活字印书铺子，招揽摆印乡间文士之诗文集等项生意。徐氏家族身处这样的印刷环境，而铜活字的印制效果又并不比木活字更好，他们理所当然地会采用当地最为通行的木活字来印刷族谱，根本没有理由别出心裁，耗费巨资，专门制作铜活字来印制其谱牒。

至于当初东洋文库在著录《毗陵徐氏宗谱》时造成这一讹误的具体原因，由于历时甚久，人事屡经更叠，现在恐怕已难以追寻。我初步推测，大概存在下述两种可能。一是东洋文库与此同时尚入藏有其它家谱，馆中在初步整理著录这一批家谱时，由于排在此书前面的其它

---

① 多贺秋五郎《宗譜の研究》(东京，东洋文库，1960)第一部《解說》之"體裁與印刷"，页 30。

② 原刊《图书馆》1962 年第 2、3 期，此据《张秀民印刷史论文集》，页 225—226。

家谱，已经著录有"活字"或"活字印"、"活字本"、"木活字本"之类的版刻属性，在著录到这部《毗陵徐氏宗谱》时，司理人员便在其书名下添注有"同活字"或是"同活字印"、"同活字本"这类字样，以表示其版刻性质与前者相同；而后来进一步整理时，却疏忽误将其认作"铜活字"或是"铜活字印"、"铜活字本"，正式记入簿录。二是东洋文库在购入此书时，书店是将其定作"铜活字本"出售的，入馆后著录时便遵用书店认定的版本，未再加以考究。

　　这一疏误，后来被读书用书者一直承用下来，以致竟影响到版刻史的研究。在这一点上，中国国内一般叙述版刻史的概说性著述，由于不具备相应的审辨条件，不加思索地原样转述张秀民先生这一很不审慎的说法，似乎应可以理解；可是，任职于美国的钱存训先生，在为李约瑟的《中国科学技术史》撰著其造纸与印刷分册《纸与印刷》一书时，也同样简单地对待这一问题①，恐怕就难以辞却粗疏之咎了。

　　这一偶然疏忽所造成的错误影响，事实上还远远不止于此。历史研究中错误史实判断所带来的危害，犹如投入湖泊水面的石块，它所激起的波纹，会随着距离和时间的推移，而愈推愈远，愈推愈大；显而易见，对于研究者来说，则是站得越远，受其拖累的危险性越大。譬如，清华大学的李伯重先生，近年在阐释明清江南出版印刷业发展的社会意义时，便是遵循张秀民先生等人对版刻史研究的既有看法，举述这一咸丰九修《毗陵徐氏宗谱》，作为清代江南出版印刷业延承明代所谓"常州铜板"之先进技术而持续发展的标志之一（其实，目前在版

――――――――――

①Joseph Needham, *Science and Civilisation in China*, *Volume V:1 Paper and printing*, Cambridge: Cambridge University Press,1985,p. 216

刻史研究中，比较普遍地将所谓"常州铜板"认定为铜活字印本，也从来没有可靠证据，对此我另有专文论述）[①]。李伯重先生论述这一问题的着眼点，已经超越版本史或是印刷史这样狭促的"小道"，进入堂堂皇皇的经济史和社会史范畴，对于认识清代社会，自然关系重大，是一件十分有益的工作，这也是中国版刻史研究今后需要着力拓展的方向。不过，假若本文所述拙见尚可聊备一说的话，像这样一些相关的问题，或许也可以在新的事实基础上，重新梳理并深入审视它的经济史或是社会史意义。

其实，一般历史学研究与印刷史或是古籍版本学的关系，并不仅仅是前者将后者用作基础工具，或是仅仅被动地诠释疏解其历史学意义，同时，还可以、而且非常需要利用相关的历史学知识，来论证版刻史问题，二者相辅相成，需要融会贯通，交互阐发。譬如，从经济史角度讲，中国古代按照当时的技术方法，用铜活字来印书，成本过高，极不合理，所以，只能是皇家内府或极个别权贵富豪的个人行为，终究无法在社会上形成为一种产业。因而，对它的评价，除了单纯的技术探索意义之外，丝毫也不值得夸耀和赞誉。这部《徐氏宗谱》的印制方式，乍看起来，似乎只是印刷史上一个微不足道的细节问题，实际上却是判断中国以铜活字为代表的金属活字印刷在社会上流行程度最重要、而且也几乎是唯一的标志，一旦否定了它的存在，随之自然就会引出一个与传统说法截然不同的重大结论。我将另行撰文，论述相关问题。

对于渐行渐远的历史，今天我们究竟怎样来进行研究，才会具有

---

① 李伯重《明清江南的出版印刷业》一文，刊《中国经济史研究》2001 年第 3 期，页 94—107，页 146。

更深刻的意义，时下东西学人的念头，是愈出愈新，愈出愈奇。人各有所好，学亦各有其用，学者自可各遵所闻，各行其是，而且学术研究也只有拓宽视野，多从新的角度加以思索，才能不断有所发现，抱残守缺，治学绝不会有什么出路。不过，学术研究最本质的真谛，首先是研究者要有足够强烈的探索兴趣和欲望。有些领域过去很少有人研究，往往是由于它缺乏足够的复杂性、学术难度和更为重要的基础性意义，从而也就未能吸引研究者驻足，并不都是因为前人鼠目寸光，竟会为一株不知名的小草而忽略了苍茫林海。遵循这样的思路来审视我们所面临的研究课题，传统的领域和问题，正因为存在着较大的难度，很可能还需要不断深入探索，并不是研究得多了，研究得久了，就已经穷尽其事，了无新意可陈；甚至很多习以为常的通行结论，都可以找到足够的证据予以颠覆。因此，拓展新的研究领域，更不能忽略与旧有研究的交互衔接，这些传统研究领域在相关研究中所具有的基础性意义，决定了立足其上的各项新的研究，都不宜简单另起炉灶。事实上，新的研究视角，常常可以为解决传统的疑难问题，提供至关重要的切入点，二者正应互为补充，不宜偏废其中一端。

　　在探索寻求新的路径的同时，最重要的是应该首先努力站稳脚跟。在这纷纷纭纭变化多端的学术风潮当中，或许也能够找出万变不离其宗的共同立足基点。中国的历史学人，近年比较普遍地尊崇陈寅恪先生的学术理念和治学成就，以我涉学之浅，一直还无法读懂先生的高妙见解，特别是先生所揭示的中古时期中国社会发展脉络；不过登高自卑，致远由迩，我很喜欢陈寅恪先生讲过的一句非常浅显的基本治学方法，这就是"据可信之材料，依常识之判断"①。研究版本目录这类形而下学的问题，更要强调从第一手史料的审辨做起，更要讲究无徵不信，更要注重首先证之以平平常常的人情事理。子曰："道不远人。人之为道而远人，不可以为道。"审辨咸丰九修《毗陵徐氏宗谱》的版刻问题，使我对此复深有感慨。

2006 年 7 月 10—18 日间草成，8 月 1 日修改定稿

原刊《藏书家》第 11 辑，齐鲁书社，2006 年 11 月

---

① 陈寅恪《唐代政治史述论稿》（上海，商务印书馆，1947）上篇《统治阶级之氏族及其升降》，页 8。

西汉关中龙首渠所灌溉之"卤地"抑或"恶地"与合理对待传世文献问题

顷读王华宝、赵生群著《校点本〈史记〉正文校议》一文①，文章系针对现在通行的中华书局点校本《史记》而发，指出其中许多重要校勘缺陷，于研读太史公书者，助益非浅，应为利用《史记》从事研究者所必读。又据报载，中华书局日前已启动重新校勘印行二十四史之工程，则王、赵二氏在这篇文章中谈到的一些基本义例问题，也很值得重校《史记》等正史者参据。因读此文所涉及到的西汉关中龙首渠所灌溉土地的品质问题，触动我对古籍整理和历史研究中应如何正确对待传世基本文献的一点想法，顺便写在这里，与学术界的同仁交流。

这段有关龙首渠的记载，见于《史记·河渠书》，今中华书局点校本文字如下：

> 其后庄熊罴言："临晋民愿穿洛以溉重泉以东万馀顷故卤地。诚得水，可令亩十石。"于是为发卒万馀人穿渠，……井渠之生自此始。穿渠得龙骨，故名曰龙首渠。作之十馀岁，渠颇通，犹未

① 刊《文史》2006年第3期，页15—50。

得其饶。（页 1412）

除了"故卤地"的"故"字略显窒碍，下文还将具体论述之外，这段内容本来文从字顺，基本上没有什么问题。今王、赵两氏文章之第三部分"校点本校勘问题举隅"，在举述中华书局点校本在版本校勘特别是利用出土文献和新发现文献史料方面存在的疏漏时，则作有如下叙述：

> 按："卤"字，宋刻本及明清诸本同，而日本残卷作"恶"。章培恒《〈史记版本研究〉序》中认为"卤地即使得水也无法种植，自以恶地为是。但中国人知道这一残卷是从罗振玉开始的，其时已将近辛亥革命了。现在所见到的明清刻本《史记》及那一时代的有关研究著作自不可能用此一残卷去纠正这个错刻的'卤'字，这就是客观条件的限制"。李人鉴《太史公书校读记》认为"唐抄本《河渠书》及《汉书·沟洫志》皆作'恶'字，似当据改"。

李人鉴所说，不过是简单列举文字异同并表述倾向性看法，尚不失旧时学人校读史籍之审慎态度；而章培恒所说，则未经任何论证即断然判别二者之间的是非，似乎略有嫌于武断。

问题的关键，并不在于这处文字究竟是写作"卤地"还是"恶地"更为适宜，而是王华宝和赵生群在这篇文章中特别强调利用出土文献校勘传世《史记》文本的重要性。唐写本《河渠书》，虽说在东瀛流传有绪，算不得"出土"之物，但如同章培恒所云，在清末罗振玉将其影印流布国内之前，中国学人无由资以校勘，就史料新奇的角度而言，当然与出土文献别无二致，自是可以等而视之。如王、赵二氏所云，传世赵宋明清诸本《史记》，记此事俱作"卤地"而绝无异词，章培恒却全然将诸多传世版本置之不顾而认定必以此唐写本《河渠书》为是，显然也是心中固执有新材料必定要胜于传世文本的成见。

　　近代以来，有关中国古代文史的学术研究，自王国维积极行用所谓"二重证据"之法，陈寅恪发出以新材料研求问题始得"预流"之言论，傅斯年复高揭"上穷碧落下黄泉，动手动脚找东西"之旗帜，对未经以往研究同类问题学者触动之"新史料"的重视，日甚一日。将学术研究的视野，扩展到一切可以利用的史料，这固然是一件好事，也是学术发展的一种必然要求。不过，凡事也都有其合理的度数，子曰："过犹不及"。传世文献叠经沧桑演替而得以存留至今，其重要性和优胜之处，在总体上自应远过于诸散佚文本，即以文词字句而论，也是如此；新出新见零散史料，终究不过是拾遗补缺而已。二者的本末关系，恐怕还不宜轻易倒置。君不见前些年长沙孙吴简牍发现之初，颇有人惊呼将据此重新改写三国时期的历史，迄今时间已经过去多年，眼见得解决吴蜀曹魏诸国历史研究中的重大关节问题，还是一如既往，需要以《三国志》为根基。其他诸如以战国简帛文字来改写中国学术史之类的想法，所遭遇的处境，似乎也大多与此相类似，其中历时弥久的敦煌文书之于唐史研究，应当更能说明问题。具体以文献校勘而论，在不轻易校改旧文的总体原则之下，还是应该同等对待传世文献与新出新见文本，真正做到"择善而从"，而不宜惟新是崇（章培恒说，在中国人知道日本藏唐写本《河渠书》之前，"自不可能用此一残卷去纠正这个错刻的'卤'字，这就是客观条件的限制"，其言外之意，似乎只要见到了这部写本，便注定会识别

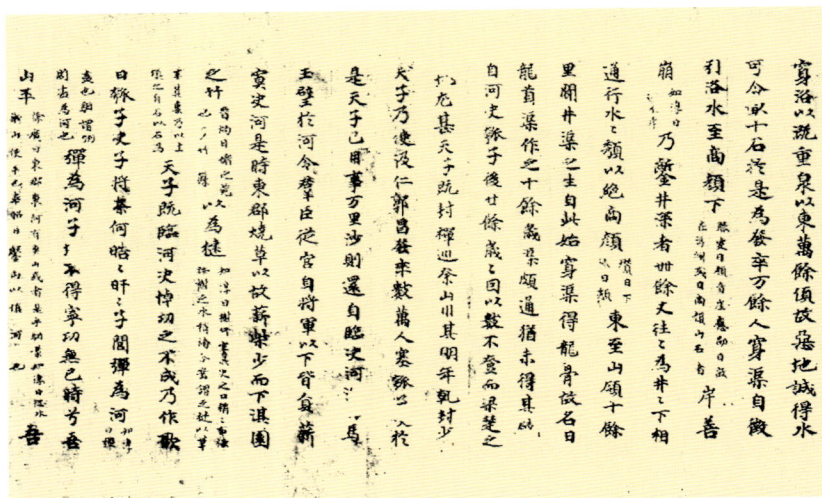

日本藏唐写本《史记·河渠书》

写本这一异文远胜于传世刻本）。下面就以上述龙首渠所溉田地的品质这一问题作为例证，来说明这一点。

看过东瀛收藏古写本汉籍的人都很清楚，这些写本中往往会有很明显的错字，有些错讹还很低级。即如这份唐写本《史记·河渠书》残卷，其中记述汉武帝时河东太守番係开渠溉田事一段内容，"河壖弃地，民茭牧其中耳"，讹作"河瑞襄地，民美牧其中耳"；"度可得穀二百萬石"，重衍一"穀"字；"砥柱之東可無復漕"，"漕"讹作"渭"字；

又卷内汉武帝所作"瓠子歌","兮"字俱讹作"子","殚"字俱讹作"弹",等等①。最早印行这份残卷的罗振玉,对其文字准确性的总体评价,便是"卷中讹字甚多"②。在宋代盛行雕版印刷之前,古书完全依赖手书流传,辗转抄录之间,不断产生文字差异舛误,也是事之常理。世人论宋代普及雕版印刷的意义,往往只注重其在扩展书籍流通范围方面的作用,实际上宋人雕版印书对勘定并规范典籍文字所起到的积极作用,亦丝毫不亚于此③。当初宋人始镌刻印行《史记》时,所见唐以前写本固不止一种,现今所见印本,正是汇聚诸本反覆校勘"择善而从"的结果。昔欧阳修家藏雕版印本《韩昌黎集》,屡以抄本校改其字,及获睹相关文章之石刻碑文,"以碑校集印本,与刻石多同",始悟知与传抄诸本相比,还是应当以印本为正,并由此发出"校雠之际,决于取舍,不可不慎也"的感叹④。所以,似乎不宜抱持古写本的文字一定会优胜于刻本的想法。

《史记·河渠书》中的"卤地",本是战国秦汉以来常见的用语,

① 大阪市立美术馆编《唐钞本》(京都,同朋舍出版,1981)单色图版第十九《史记集解》,页43。

② 罗振玉《雪堂类稿》(沈阳,辽宁教育出版社,2003,《新世纪万有文库》本)乙《图籍序跋》之二《校刊群书·日本古写本》"日本古写本《史记》残卷跋"条,页360。

③ 日本学者平冈武夫《村本文库王校本白氏长庆集——宋刊本のアプローチ》一文,对此尝略有论述,可参看。平冈氏文刊《东方学报》(京都)第45册,1973年9月,页121—168。

④ 宋欧阳修《集古录跋尾》(北京,中国书店,1986,《欧阳修全集》本)卷八"唐田弘正家庙碑"条,页1189—1190。

但"卤"字一般是写作斥卤①、舄卤②、潟卤③、泽卤④、盐卤⑤、咸卤⑥、淳卤⑦等双音节词汇。这些"卤地",是淮河以北河流下游流域或湖沼周围平原地区,因浅表积水排泄不畅,而与其偏低的降水量相比,水分蒸发量又相对较大,从而造成的盐碱化土壤,通常难以耕垦种植,古人甚至称此等"舄卤之田",乃"不生五谷也"⑧。对于这些"卤地",古时最有效的改良方法,就是开渠灌溉,以水冲除盐碱;甚至直到今天,依然如此,农业科学家们找不到比这更为有效的治理措施。至迟从战国时起,吾国先民就已经大规模开挖渠道,采用这种方法来改良土质,发展农业生产。如魏襄王时史起为邺令,即"决漳水,灌邺旁",使"终古斥卤,生之稻粱"⑨;又《史记·河渠书》本文,亦记战国秦开郑国渠后,"溉泽卤之地四万顷,收皆亩一鐘。于是关中为沃野,无凶年,秦以富强,卒并诸侯"⑩。另外,东汉人蔡邕也曾记述说,关中之"阳陵县东,其地衍隩",原本"土气辛螫,嘉谷不植",迨至开渠引泾水灌溉之后,则使得"昔日卤田,化为甘壤;粳黍稼穑之所入,不可

---

① 《吕氏春秋·先识览·乐成》,据清毕沅《吕氏春秋新校正》(上海,上海古籍出版社,1986,影印清浙江书局刊《二十二子》本)卷一六,页684。
② 《汉书》(北京,中华书局,1962)卷二九《食货志》,页1678。
③ 《史记》(北京,中华书局,1982)卷一二九《货殖列传》,页3255。
④ 《史记》卷二九《河渠书》,页1408。
⑤ 《汉书》卷二九《沟洫志》,页1695。
⑥ 《管子·轻重·乙篇》,据马非百《管子轻重篇新诠》(北京,中华书局,1979)卷一四,页605。
⑦ 《汉书》卷二四上《食货志》上,页1120。
⑧ 《汉书》卷二四上《食货志》上唐颜师古注引晋灼语,页1120。
⑨ 《吕氏春秋·先识览·乐成》,据清毕沅《吕氏春秋新校正》卷一六,页684。
⑩ 《史记》卷二九《河渠书》,页1408。

胜算"①。

　　根据上述这些情况，我们可以看到，传世诸刻本《史记·河渠书》记述西汉时人"穿洛以溉重泉以东万馀顷故卤地"，期望达到"亩十石"的高产，原本是合情合理的事情，至于其冲刷盐碱的效果不够理想，应当另有其他原因，很可能与渠道水位相对较低、只能汲水灌溉田地以增加地里的水分而却无法冲走土壤中足够的盐碱有关，而决非如章培恒所说"卤地即使得水也无法种植"。龙首渠行经洛河下游曲流河段，所处位置正容易生成"卤地"。"卤地"固然也是一种"恶地"，但"恶地"语义过于宽泛，参照上述当时通行的用法，似终不如记作"卤地"，文义更胜，这也会更符合行世太史公书本来的面目。所以，我以为在这一点上，传世《史记》诸种刻本，并没有错讹，反倒应该是日本藏唐写本《河渠书》和今本《汉书·沟洫志》中的"恶地"存在文字舛误；至少我们目前并没有理由一定要依照后者来改订前者。更为审慎的做法，应是录存异文以备考索（正如王华宝和赵生群在文章中所指出的那样，今中华书局点校本《史记》所承用之清张文虎的校改，就有很多并不妥当。幸好当时尚心存审慎，对所做增删，在正文中都有清楚标识，实际上起到两说并行的作用，不会对研究者的利用造成太大妨害）。当初罗振玉在影印刊布这份《河渠书》残卷时，曾历数其中可资以校勘今本的优胜文字，却没有提及应当依据写本中的"恶地"来校改

————————

① 汉蔡邕《蔡中郎集》（清咸丰二年东郡杨氏海源阁仿宋刊本）卷六《京兆樊惠渠颂》，页 1a—3a。案"其地衍陕"之"衍"字，在此应指"下平"的地势，见《周礼·地官·大司徒》东汉郑玄注，据清孙诒让《周礼正义》（北京，中华书局，1987）卷一八，页 689；又"陕"字义为"水边"之地，说见清段玉裁《说文解字注》（上海，上海古籍出版社，1988）阜部，页 734，二者都是易于形成盐碱地的地域。

传世文本的"卤地"①，显然，罗氏也并不认可这个"恶"字。

当年在中华书局主持《史记》点校的顾颉刚氏，因所定体例是专主清张文虎金陵书局刻本，自然无需参校此等唐写本《史记·河渠书》残卷。不过，就我所妄自揣测，即使参校此本，顾氏也不会得出诸如今章培恒等人的看法。这是因为顾颉刚对待历史文献的态度，与专恃新史料以证史考史一派本来就大不相同，并不会对这些貌似"新奇"的史料特别加以青眼相看，他对传世基本典籍与新见零星史料之间的正偏源流位置关系，有着自己的把握原则。顾氏所一贯主张并向其门生倾心传授的学问"家法"，便是读常见书释旧史事，以"化腐朽为神奇"②。只要方法对头，即不会过多受到"客观条件的限制"，总可以在人所习见的传世典籍当中，找到阐释那些重大历史问题所需要的材料。

每一种研究方法都各有其长短优劣，应该互为补充，无需定于一尊，更没有理由求全责备。我在这里由"卤地"抑或"恶地"这一个字的普通校勘问题，谈到上述这些想法，并不是要闭目塞听，反对或者排斥重视与利用新发现的史料，只是想说明，时下整个古代文史研究的重心都在明显向此偏倾，对这种倾向似乎需要冷静思考。过分片面地倚重这一类资料而忽视传世基本文献，有时可能会蒙蔽研究者的视野，不利于发现和解决学术问题；其中个别严重者甚至有可能"走火入魔"，导致学术研究误入歧途。就目前学术界的总体状况而言，这

---

① 罗振玉《雪堂类稿》乙《图籍序跋》之二《校刊群书·日本古写本》"日本古写本《史记》残卷跋"条，页360。

② 据业师史念海先生讲，"化腐朽为神奇"，是当年顾颉刚先生教导学生重视读常见史籍时经常提到的一句话。

种消极影响，似乎已经足以引起业内人士予以重视，特别是时下正在进行的重校正史项目，恐怕更需要注意这一点。就此《史记·河渠书》"卤地"一辞的校勘而论，若是再妄自斗胆做一大不敬的揣测，我觉得问题本身并不深奥曲折，以章培恒诸人学养之深厚淳正，若不是在当今学术风潮的影响下，其对待"新史料"与传世文献的态度，在不自觉间产生了一定偏颇，或许就不会得出前面所说的结论。

校勘史籍，恢复或确认正确的文本，其"终极"目的，不外乎两重：一是供历史学研究者阐发文字背后所蕴涵的史事及其历史认识价值，清代文献校勘学的鼎盛，就正是基于这样的学术需求；一是使阅读古文的读者能够真正赏析到作者的手笔。

澄清西汉关中龙首渠所灌溉土地的性状，综合前述战国秦汉相关史事，一个意想不到的重要历史问题，便显现在我们面前：这就是中国北方古代早期兴修专门用以灌溉农田的大型水利工程，其引水浇地的首要目的或主要出发点，究竟是为土壤增加作物生长所需要的水分？还是用水来冲刷土壤中的盐碱？我认为，后者至少可以与前者比肩并列，甚至超出于前者之上，而目前已有的农田水利史研究成果，并没有对改良斥卤土质这一因素在这当中所起到的促动作用，给予足够的重视和应有的评价。弄清这一点，还将有助于我们认识，究竟什么才是秦人赖以富强并最终吞并六国最为关键的农业基础。我将在上述文献校勘的基础上，另行撰文，专门阐释这一问题。

与找寻不同文本勘比典籍间的文字差异相比，校勘古籍有时似乎更需要悉心品味斟酌文句，以理顺疏通读书当中所遇到的扞格窒碍之处。《史记·河渠书》这段有关龙首渠的记述，其"故卤地"的"卤"

字固然不误，可是"卤"字前面缀加的"故"字，则看似多馀。这虽无碍于理解文义，语句却殊欠通顺，恐怕不符合当时人行文的规矩。比照前述战国秦汉时期通行的用法，表述"卤地"的"卤"，通常不宜单用，似应组成"斥卤"、"舄卤"、"潟卤"、"泽卤"之类的词组，才更合乎彼时常规；只是由于缺乏文本依据，已经难以在此处做出准确的复原。假如一定要做出一个比较接近的臆测的话，我以为这里的"故"字，很可能原本为"斥"。隶书"斥"写作"斥"①，而《史记》"故卤"之"故"有版本作"攻"②，二者字形略有接近之处，遇故缺损模糊，或有可能相混；又缘"攻卤地"文义不通，后人复以形近而径行改"攻"为"故"，就会成为现在通行文本的样子（由此还可以推测，日本藏唐抄本《河渠书》书"卤"为"恶"，很可能是其原本与此"斥"字一同残损后，抄录者含混臆补所致）。不过，这多半只是徒供追慕太史公书手笔者揣摩文辞用的胡乱猜想，与利用其书研究历史问题已经毫无关系，校勘史书，自大可不必这般好事。

另外，在这里附带谈一下王华宝和赵生群在文章中所涉及到的另一处文字校勘问题。《史记·六国年表》记"（秦始皇三十四年）适治狱不直者筑长城，及南方越地"，清人梁玉绳和张文虎并主张改"及"作"取"，王华宝和赵生群则复引据章培恒的考述，以为其说有误。今案梁玉绳等人所做校改固然不足信据，不过，章培恒说"这个'及'字完全正确"，似乎也还可以斟酌。盖梁、张两氏改"及"作"取"，并非毫无缘由，此即相关史事、史迹中都找不到秦廷在南疆修筑过

---

① 清顾蔼吉《隶辨》（北京，中华书局，1986，影印清康熙项絪玉渊堂刊本）卷五，页183。
② 清张文虎《校刊史记集解索隐正义札记》（北京，中华书局，1977）卷三，页360。

防御越人长城的迹象，故后世之研治嬴秦史者，一般认为秦始皇
实未尝筑长城于南方越人居地；此处若依旧文书作"及"字，便须
承接上文"筑长城"一语，而这样一来，便有悖当时实际情况。所
以，我以为这一"及"字，似乎存有讹误，并不一定那么"完全正确"；
如若不然，就必须论证始皇帝在南方百越地域确实筑有长城。

　　这又是涉及到重要历史问题的关键文字差异，需要审慎落下判语。
《史记·秦始皇本纪》记述秦始皇三十三年攻取岭南"陆梁地"后，"为
桂林、象郡、南海，以适遣戍"；《秦始皇本纪》复在翌年亦即始皇
三十四年下，记有与前述《六国年表》大致相同的内容，谓"适治
狱吏不直者筑长城，及南越地"，唐人张守节释其关涉南越者之文
义云："谓戍五岭，是南方越地。"所阐释者乃是所戍卫之"南越地"
的具体所在①。此处若如章氏所说，应当仍旧依从今本《史记》作"及"
字，而这样一来，因其正文中只有修筑长城而并未言及戍守边地事
宜，张守节的疏释便成为所谓"无经之注"，失去所附着的本文。
显而易见，张守节所据写本，与今本不同，此处理应书作"戍南越
地"。汉文帝时晁错上书论守边事宜，曾述及"秦时北攻胡貉，筑
塞河上；南攻杨粤，置戍卒焉"②，所说正是秦人应对胡、越两大边患，
北修长城、南置戍卒的总体状况，而《史记·张耳陈馀列传》载秦
末时武臣谓"秦为乱政虐刑以残贼天下，数十年矣。北有长城之役，
南有五岭之戍"③，所谓"五岭之戍"，亦正可印证张守节所云戍五岭

①《史记》卷六《秦始皇本纪》并唐张守节《正义》，页253—254。
②《汉书》卷四九《晁错传》，页2283。
③《史记》卷八九《张耳陈馀列传》，页2753。

南方越地的解释。盖"戍"、"及"形似，传写之间，容易混淆。因此，我推测，今本《秦始皇本纪》和《六国年表》中的这个"及"字，都应该是"戍"字的形讹（像当年张守节看到的这类隐而不显的传世"古本"，为数甚夥，其中蕴涵着不少有待认识和利用的重要文献校勘价值，至少也应当与新知见的史料，同等予以重视）。读书无多，不敢自信其是，姑书此以赘附王、赵二氏大作文末，或许尚可供勘定《史记》章句者参考。

2006 年 8 月 18 日记

原刊《书品》2006 年第 6 期（案刊发时题目易为《"卤地"抑或"恶地"——兼说合理对待传世文献问题》）

《三辅黄图校释》后述

　　中国古代最早专门讲述城市都邑内容的历史典籍，是《汉书·艺文志》著录的《国朝》和《宫宅地形》这两部书。《国朝》和《宫宅地形》在《汉书·艺文志》中是列在数术略"形法"类项之下的。《宫宅地形》，顾名思义，即是为建筑宫室选择适宜的地点；而所谓《国朝》，也应是讲述都城与宫廷之位置选择等技术方法的书籍。《国朝》和《宫宅地形》两书都已失佚无存，但是，今收录在《周礼》一书当中的《考工记》，记述有"匠人建国"和"匠人营国"两部分内容，分别讲述了建设城邑时确定方位的方法和城邑布局形式，其中谈到"匠人营国，……左祖右社,面朝后市"[①]，有国有朝,正与"国朝"之书名相应。可以推测，《国朝》和《宫宅地形》两书的内容，大体上应当与此相似，都是讲述城市建设的一般原理，这也是上古以至秦汉时期中国城市文献的主体内容。

　　大致从东汉末至三国时期亦即所谓"汉魏之际"开始，关于城市的著述，日趋丰富，同时，在内容上也产生了很大变化，即由选择城

---

①《周礼·冬官匠人》，据孙诒让《周礼正义》（北京，中华书局，1987）卷八三，页3423—3428。

市的位置以及设置城市的结构这样一些通用的技术方法问题，转向记述具体城市特别是都城的具体存在状态。这是秦汉以来城市内部结构日趋繁复而且其个性化特征亦强烈凸显之后，在城市文献内容上的一种反映。

东汉末至曹魏期间出现的《三辅黄图》，就是这一转折时期的标志性著述。《三辅黄图》原书早已散佚不存，自从南宋学者程大昌首倡其说以来[①]，一般认为，今所见传本应是在唐代中期前后所编定。所谓"三辅"是指汉代在都城长安附近的京畿地区所设立的三个郡级政区，即京兆尹、左冯翊、右扶风。显而易见，《三辅黄图》一书，主要是通记汉代都城和畿辅地区的地理状况，并不仅仅局限在长安城内。不过，有关长安城的内容，确实在其中占居了相当大的比例，而且书中记述的长安城以外三辅地区的内容，都是宫观苑囿，可以视作长安城的附属建筑，所以，过去便一向将其视作一种记述城市状况的文献。

《三辅黄图》不仅在中国地理学发展史上占有重要地位，对于研究西汉都城长安以及秦都咸阳，更具有无以伦比的史料价值。一部如此重要的古代地理名著，关于它却有很多事让人说不清楚：作者说不清楚，不知道是什么人所写；时代说不清楚，不知道确切的撰写时间；原本的失传和今本的来源说不清楚，不知道原本为什么失传，而现在通行的传本，又不知道是由谁纂辑而成。最令人费解的是，连书名是什么意思，也是一直说不清楚。

古人是不是能够理解书名的含义，不得而知，因为从没有人来阐

---

① 程大昌《雍录》（北京，中华书局，2002）卷一"三辅黄图"条，页5—6。

释这一点。在现代学者当中，研究秦汉史的老前辈陈直，最早谈到了这部书得名的缘由。陈氏分析说："昔见有'昔引黄图'瓦当。'黄图'二字，盖起于西汉，取其宏大规模之义。"[1]陈氏所云"昔引黄图"瓦当，今不知何在；陈氏撰《秦汉瓦当概述》一文，在叙述这块瓦当时，谓所据为一拓本，而现今是否仍有原瓦存世，亦未曾言及。惟此"昔引"二字，似若不辞，陈氏仅推测此瓦文字应为"汉宫所用摹写景物之词"，而对"昔引"二字的具体含义，亦云未得其解[2]；至于"黄图"何以会有"宏大规模"的语义，陈氏并没有具体说明。

　　陈直的解释，语焉未详，确实很不好理解。对此，何清谷即很困惑地写道："（陈氏）把'黄图'解作'取其宏大规模之意'，不知有何根据？"由于理不清陈氏立论的着眼点究竟是在哪里，何氏便试图以自己的视角，寻求另外的解释：

> 我以为"黄图"就是帝都图。《艺文类聚》六三南朝江总《云堂图》："览黄图之栋宇，规紫宸于太清。""黄图"在此指帝都，这可能是汉朝以来习用的称谓。"黄"，本谓土地之色。《易·坤》："天玄而地黄。"古以五色配五行五方，土居中，故以黄色为中央正色，而中央为帝都所在。《三辅黄图》即三辅地区的帝都图。

以上论述显然要比陈直的说法清楚得多，论据看起来也颇为充实，见

---

① 见陈直《三辅黄图校证》（西安，陕西人民出版社，1980）"原序"，页5。
② 陈直《秦汉瓦当概述》（济南，齐鲁书社，1981年排印《摹庐丛著七种》本），页348—349。

于何氏新近出版的《三辅黄图校释》一书①。

何清谷是富有造诣的秦汉史专家，关注和研究《三辅黄图》已经有很多年。1995 年，何氏就汇集多年积累的研究心得，在西安的三秦出版社出版过一部《三辅黄图校注》；2005 年 6 月，又在中华书局出版了这部《三辅黄图校释》（以下简称《校释》）。经过十年的精心研磨，考订疏释，其著愈为精审，上述关于《三辅黄图》书名的看法，不过是其中很普通的一个例证而已。

《三辅黄图》是一部很需要整理和注释的书籍。原因是此书原本早已散佚，今传世诸本乃是出自后人纂辑。纂辑者虽大多也都有所依据，并非向壁虚造，但由于取用材料来源庞杂不一，地理典籍记述的特点，又是各个条目相互之间多缺乏内在联系，最容易产生文字讹误，因而，虽历代叠经校勘，文句舛错，仍殊为繁多。

晚近以来，先是有张宗祥作《校正三辅黄图》，在 20 世纪 50 年代出版；陈直继之，复以张氏《校正》本为底本，作《三辅黄图校证》，在 80 年代初正式出版（以下简称《校证》）。张宗祥的书只是简单校订文字正误；陈直的《校证》本则广泛搜求相关文献和出土秦汉金石文字，对原文作出证释。

陈氏治学，本以文献证释见长，尤其擅长于以金石材料证史，而《三辅黄图》以著录秦汉宫观为主，出土瓦当等秦汉文字，正多涉及这方面内容，因此，陈氏所做校证，理应十分精当。可是，令人遗憾的是，由于此书在陈氏生前尚未最终定稿，引证文献因大多凭借记忆，

---

① 见《三辅黄图校释》（北京，中华书局，2005）"原序"，页 5。

存有许多疏误，出版时系倩请他人代为编定，未能一一核查校正，所以，留下许多不应有的瑕疵。另一方面，由 20 世纪 80 年代迄今，陕西境内又发现许多秦汉遗址并出土有新的文字资料，能够与《三辅黄图》的记载相印证，这些都可以补充陈直所做的校证。

何清谷的《三辅黄图校释》，在陈直校证本的基础上，又做了大量校释工作。首先是版本校勘，相对来说，要比陈直《校证》本完备。何氏在校勘时利用了元勤有堂刊本以来一些比较通行的传世版本，以及清孙星衍、庄逵吉二人所作的辑本。这样的版本堪比，陈氏《校证》本缺而未做。版本之间的文字对校，与征引文献做它校，二者相辅相成，不可或缺。与陈直的《校证》本相比，何氏征引的文献也更为丰富，并参考了许多现代研究成果，同时，还利用在西安工作这一地利之便，实地考察了大量相关遗址，从另一途径来证释《三辅黄图》的记载，这也是此校释本的一项重要特色。这种考察，陈直虽然已经做过一些，但数量和范围都很有限。何清谷能够将其运用为一种基本研究方法，在很大程度上应该是受到了业师史念海的影响。史念海整理宋人张礼的《游城南记》，最早将这一"以地证史"的方法，系统地应用于地理古籍的整理。何清谷所做《三辅黄图校释》，很好地体现了史念海这一学术主张，从这一意义上讲，是古代地理文献研究领域具有代表性的一项成果。从以上所述版本校勘的完备性、引证文献的丰富性以及地理考察的广泛性几个方面来看，何清谷这部《三辅黄图校释》，堪称是当前最为完善的《三辅黄图》校本。

通过这样多种途径和手段的校订，何清谷在校释中提出了许多超越前人的裁断。其在断句方面，如卷一"汉长安故城"条记述长安城池隍，何氏《校释》本读作："城下有池周绕，广三丈，深二丈。"① 陈直《校证》本系断作："城下有池，周绕广三丈，深二丈。"②《丛书集成》初编排印清毕沅刻本《三辅黄图》③，标点也与陈氏相同，就都不如今何氏《校释》本顺畅。又如卷三"甘泉宫"条记述勾弋夫人获罪致死，何氏《校释》本读作："(钩弋夫人) 后得罪，掖庭狱死，及殡，香一月。"④陈直《校证》本系断为："后得罪掖庭，狱死，及殡香，一月。"⑤何清谷对此有按语说明曰："掖庭狱是皇宫内的监狱，不应点作'掖庭，狱'；一月是尸体放香的时间，应是'香一月'，不应是'及殡香'。"所说合乎情理，也应胜于陈氏旧本。类此标点优胜之处，尚有很多。

何氏校释本在地理考订方面的独到见解，也有很多。如卷三"长门宫"条，清人毕沅在《长安志》校注本中，以为侧临汉长安城东⑥；陈直也援引《陕西通志》，注释其位置是在"故长安城东"⑦。何清谷则依据《汉书·东方朔传》、《汉书·王莽传》，以及如淳《汉书》注、郦道元《水经注》等早期记载，考订长门宫"在汉长安故城东南，浐水的西侧"⑧，所说比前人都要准确可信。至于大量引述考古遗迹以证实三辅宫观楼台位置，将两千年前的建筑设施，指认到具体的地点，较

---

① 《三辅黄图校释》卷一，页 67。

② 《三辅黄图校证》卷一，页 19。

③ 《丛书集成》初编排印清毕沅校刻《三辅黄图》(上海，商务印书馆，1936) 卷一，页 6。

④ 《三辅黄图校释》卷三，页 187。

⑤ 《三辅黄图校证》卷三，页 67。

⑥ 清毕沅校刻本《长安志》(北京，中华书局，1990，影印《宋元方志丛刊》本) 卷四《汉宫室》二"长门宫"条，页 93。

⑦ 《三辅黄图校证》卷三，页 69。

⑧ 《三辅黄图校释》卷三，页 191。

诸以往只是纸上谈兵的做法，自然已不可同日而语。

校勘古籍是一项令人遗憾的工作，不管怎样努力，怎样用心，总会留下一些缺陷。需要读书人在使用的过程中，结合各自不同的研究，不断发现以往工作的瑕疵，以供后人进一步整理参考。不过，这也是整理古籍这一工作幸运的一面，因为总是有人在继续使用文献，这样就会使正确的见解，持续积累，愈出愈精。不像有些研究，热潮一过，永世不再有人问津，是对是错，是深是浅，一切都无从认证。

检读何清谷著《三辅黄图校释》，也看到一些这类似乎可以进一步完善的地方，现分别从几个不同方面，选取一些有代表性的问题，胪列在这里，以供相关学者讨论和参考。

何氏在陈直《校证》本的基础上作校释，在疏释问题时应首先核实陈氏引文的准确性，这样才能在牢靠的基础上，评判陈说的是非得失，决定取舍。在这一方面，何清谷的校释，还存在一些需要补充的地方。如卷六"霸昌观马厩"条，陈直《校证》本有陈氏按语曰：

> 《汉书·王莽传下》："司徒寻，初发长安，宿霸昌观厩。"颜师古注云："霸昌观之厩也，《三辅黄图》曰在城外也。"与今本同。又《续汉书·郡国志》云："霸昌厩，在长安西三十里，又曰三十五里。"又《太平御览》卷一百九十一，引《郡国志》曰："雍州霸昌厩，在长安西三十五里，王莽使司徒寻发长安宿此。"[1]

---

[1] 《三辅黄图校证》卷六，页136—137。

何氏全文引述陈直上述按语后述云：

> 清谷按，《史记》卷五十八《梁孝王世家》：田叔等"还至霸昌厩"。《正义》引《括地志》云："汉霸昌厩在雍州万年县东北三十八里。"与《郡国志》不同。应在霸陵之东霸昌观附近，《郡国志》误。[①]

何氏对霸昌厩的考订，结论虽然不误[②]，但却没有能够注意到陈直引述的文献，本身即存在很大问题，这就是所谓"霸昌厩，在长安西三十里，又曰三十五里"云云，并非出自《续汉书·郡国志》，而是《长安志》卷五《宫室》三"霸昌厩"条下引述的别一《郡国志》[③]，陈直在此处有明显的舛错。这一《郡国志》，与陈氏按语中提到的《太平御览》引述的《郡国志》，应为同一史籍，乃唐人所纂，但成书时间要大大晚于李泰在唐初编纂的《括地志》[④]，其史料价值自然不及《括地志》，更大大低于西晋司马彪的《续汉书·郡国志》。明了这一点，可以从史料的可信性角度，更为有力地证实何氏的看法，然而，何氏却是未加核实地原样迻录陈直的错误注解，留下了不应有的疏失。类似的情况，还有卷二"直市"条，陈直按语提及《太平御览》引述的《庙记》和《郡

---

① 《三辅黄图校释》卷六，页349—350。
② 我在1988年刊发的《西汉至北周时期的陆路交通》（刊《中国历史地理论丛》1988年第3辑）一文，对此曾做过考证，何说与拙见相同，余文见拙著《古代交通与地理文献研究》（北京，中华书局，1996），页117—141。
③ 《长安志》卷五《汉宫室》三"霸昌厩"条，页99。
④ 参见张国淦《中国古方志考》（北京，中华书局，1963），页85—86。

国志》①，其中《庙记》一条，根本不见于《太平御览》；《郡国志》一条，内容也与陈氏所说，有明显出入②，何氏亦均照录陈氏按语而未加辨析③。这些相关文献，都是校释《三辅黄图》所记地理问题最基本的依据，此类疏失的存在，说明何氏在考辨文献方面，还有一些基础工作，可以进一步补充，使之更为圆满。

文献校注很重要的一项内容，是疏解窒碍的文句。要想做好这项工作，一是要仔细斟酌上下文句的内容，二是要认真分析所有相关文献的校勘价值，三是要通过贯通全书，寻求本证，来找出合理的解读方式。

《三辅黄图》卷一"咸阳故城"条，对秦始皇所建渭桥亦即横桥有如下记载：

> 桥广六丈，南北二百八十步，六十八间，八百五十柱，二百一十二梁。桥之南北堤，激立石柱。④

以上断句，陈氏《校证》本与何氏《校释》本并同，其中"激立石柱"一句话，语义不明，文句有明显问题，需要疏释。

今何氏《校释》本对此仅有注释云："'激'原作'缴'，《玉海》、《水经注》引文作'激'，陈直本改'缴'为'激'，从之。"并没有说

---

① 《三辅黄图校证》卷二，页30。
② 《太平御览》（北京，中华书局，1985）卷一九一《居处部·市》，页924—925。
③ 《三辅黄图校释》卷二，页96。
④ 《三辅黄图校证》卷一，页6；《三辅黄图校释》卷一，页24。

明何以"激"字要胜于"缴"字,更没有说明"激立石柱"究竟是什么意思。《丛书集成》排印毕沅校刊本《三辅黄图》的断句,则与此不同,读作"桥之南北堤缴,立石柱"①。这两种句读形式,对原文的理解,存在很大差异,何是何非,有必要予以辨别。

今按《水经·渭水注》引《三辅黄图》,文字与此略有出入,而且在"石柱"句下尚有今本所缺的内容:

> 桥之南北有堤激,立石柱,柱南京兆主之,柱北冯翊主之,有令丞各领徒千五百人。桥之北首,垒石水中,故谓之石柱桥也。②

这里"堤激"的断句,姑且依从《丛书集成》本《三辅黄图》,容稍后再做论述。秦汉时竖立碑石作政区界碑的情况比较普遍,《水经注》所记另外就还有洛阳北界碑、冀州北界碑、河南界石柱碑等③。这里既然是以同一石柱作为南北分界标志,而不是以渭河河道来划分边界,就说明仅立有一根划界的石柱,而且这根石柱应当坐落在横桥的一端,而不会是南北两端。如此一来,"立石柱"上文所承"桥之南北"一句话,似乎就应当存在舛误,即这根石柱只能是立在横桥南端或者北端的地面上,而不可能是立在"桥之南北"。

---

① 《丛书集成》初编本《三辅黄图》卷一,页 3。
② 《水经·渭水注》,据王先谦《合校水经注》(上海,中华书局,民国排印《四部备要》本)卷一九,页 8a。
③ 参见宋人洪适在《隶释》(北京,中华书局,1985)卷二〇(页 195—200)举述的《水经注》中此类石碑。

　　清人张澍辑《三辅旧事》，也有一条关于此横桥的记述，其相关文字作"桥之南有堤缴，立石柱"[①]。以上文句与《三辅黄图》的记载非常相似，文中"缴"应通作"激"。虽然这条佚文的来源是否可靠，还需要进一步验证，但对照上述《水经注》引《三辅黄图》"桥之北首，垒石水中"云云之叙述，可知《三辅黄图》记述横桥，谓立界石于桥南，与其下文垒石柱于桥之北首，正是两相对举，文理十分顺畅。单纯就文字校勘而言，若依此勘正其原文本为"桥之南有堤激，立石柱"，这样，文中的"有"字，便很容易会因形近并连属上文之"南"字而错讹为"北"，如此即成今本《三辅黄图》"桥之南北堤激"；由此再因"南北堤激"文义不通，传录者复缀加"有"字，这就成为《水经注》迻录《三辅黄图》"桥之南北有堤激"的样子。

　　下面再来说明"激"字为什么要属上连读为"堤激"。西汉哀帝时人贾让，曾经进上过一篇很有名的"治河三策"，在这篇策文当中，就提到了"堤激"一词，唐人颜师古解释说：

　　　　激者，聚石于堤旁冲要之处，所以激去其水也。[②]

由于这种"激"是聚石而成，所以又被称作"石激"。据《水经注》记载，在丰水与渭水交汇处，即设有这种石激；在汉山都县旧址附近的沔水

① 张澍辑《三辅旧事》（上海，商务印书馆，1936，《丛书集成》初编影印《二酉堂丛书》本），页4。
②《汉书》（北京，中华书局，1962）卷二九《沟洫志》唐颜师古注，页1693—1694。

北岸，也建有名为"五女激"的"大石激"①。《三辅黄图》卷六"细柳仓"
条记述"石徼西有细柳仓"。何清谷已经注意到，"徼、激古为双声叠
韵字，可通转"，石徼与石激应为一事②。可是，何氏却没有能够再深
入一步，疏通这一"石徼"与渭桥"堤激"的关系。

堤和激的共同点，是二者都修建在河岸上。东汉顺帝阳嘉三年，
王诲等修治黄河水道，"疏山采石，垒以为障"，"立激岸侧，以捍洪
波"③，"岸侧"应当是指河岸上。《水经注》更明确记载，前述沄水北
岸的大石激"五女激"，在"沄水北岸数里"④。如颜师古所云，"激"
是"激去其水"用以改变河水流向的水利工程设施，而"堤"是防止
河水漫溢出河道的水利工程设施；堤顺沿河岸外侧呈带状延伸，激则
是由河岸伸向河滩。筑堤可以不必设激，但激若没有河堤配合，却很
难起到"激去其水"的作用，所以，需要"聚石于堤旁冲要之处"，不
大可能脱离河堤而单独建激。激是堤的附属设施，可以起到保护和强
化堤的防洪功能的作用，其挑水作用，大体与后世的丁字坝相当，可
以说是丁字坝的一种雏形。因此，激自然又会被称作"堤激"⑤。《三辅

① 《水经·渭水注》，又《水经·沄水注》，据王先谦《合校水经注》卷一九，页 4a；
卷二八，页 6a。
② 《三辅黄图校释》卷六，页 347。按《三辅黄图》记述的这一"石徼"，与《水经·渭
水注》中丰、渭二水交汇处的石激为同一设施，我在《西汉至北周时期的陆路交通》
一文，已有论述，见拙著《古代交通与地理文献研究》，页 129。
③ 《水经·济水注》，据王先谦《合校水经注》卷七，页 7b—8a。
④ 《水经·沄水注》，据王先谦《合校水经注》卷二八，页 6a。
⑤ 在特殊情况下，若激的规模修筑过大，会给人以喧宾夺主的感觉，即堤激在人们心
目中的重要性盖过河堤本身。《水经·河水注》（见王先谦《合校水经注》卷五，页
9a）载"东汉安帝永初七年，令谒者太山于岑于石门东积石八所，皆如（转下页）

黄图》所记"堤激"是这样，贾让"治河三策"中所说的"堤激"也应是如此。

误解"堤激"语义，并非始自晚近以来研治《三辅黄图》的学者，王先谦在清末作《汉书补注》，就已经同样误解了贾让讲到的"堤激"。王先谦的《汉书补注》在学术界具有广泛影响，也不能不影响到对《三辅黄图》的研究。因此，在这里需要辨析王先谦的说法，以从根本上解决这一问题。

今中华书局点校本《汉书·沟洫志》，将贾让"治河策"中的相关记载读作：

> 河从河内北至黎阳为石堤，激使东抵东郡平刚；又为石堤，使西北抵黎阳、观下；又为石堤，使东北抵东郡津北；又为石堤，使西北抵魏郡昭阳；又为石堤，激使东北。百馀里间，河再西三东，迫阸如此，不得安息。①

这里是将"堤"与"激"分离，并将"激"字读作动词。如上所述，唐人颜师古本来是将"激"字解作"石激"，视为名词，他的注解，是《汉书》的权威注本，今中华书局点校本置此不顾而另辟蹊径，应当是受到了王先谦《汉书补注》的影响。

（接上页）小山，以捍冲波"，就是如此，由于这几所堤激规模庞大，人们并不称其为堤激，而是反过来"谓之八激堤"。这种所谓"激堤"，事实上与后世的丁字坝已经非常接近。

① 《汉书》卷二九《沟洫志》，页1693。

　　王先谦并不否定颜师古聚石为激的说法，但他认为贾让策文中的
"激"字，不应当解作这种石激。王氏在"为石堤，激使东抵东郡平刚"
句下论曰：

> 　　此文"为石堤"，与下文四"又为石堤"相应，则"激"字不
> 应上属；又下文"激使东北"，与此文"激使东"义同，则当训如
> 《孟子》"激而行之"之"激"，非石激也。颜说误。①

王氏注意疏通上下文来解释"激"字的含义，思路十分合理，不过他
并没有真正疏通这一段文字的上下文义。

　　王先谦只注意到归纳这一段中两个"激"字的用法，却没有能
够从这一段文字的主旨亦即"百馀里间，河再西三东"出发，来合
理地划分句读。通读这段文字，可以看到，河流流至某地后，因某
一人为工程措施，迫使河道改变流向，两度转向西流、三番折往东
行，是这段文字所要讲述的内容，其总结语"百馀里间，河再西三东"
前面的"使东北"三字，下面再没有照应，因为这是其叙述每一次
转折的共同结束形式。若如中华书局点校本将"使东"、"使西北"、
"使东北"、"使西北"等属下连读，与此通例明显相背戾，上下文
脉无法连贯。同时，还应当贯通考虑到，文中没有使用"激"字而
仅仅说到筑为石堤时，河流也同样改变了流向，"激使"趋某某方向，
同"使"趋某某方向，看不出有任何差别。若此，"激"字作为动词，

---

① 王先谦《汉书补注》（北京，中华书局，1983）卷二九《沟洫志》，页863。

实际上是可有可无。既然如此，为什么一定要增添这个没有必要的动词呢？这显然不合乎文法，也不合乎情理。因此，还是将"激"字解作名词属上连读要更为合理。按照这样的理解，可以将这段内容重新标点如下：

> 河从河内北，至黎阳，为石堤激，使东；抵东郡平刚，又为石堤，使西北；抵黎阳观下①，又为石堤，使东北；抵东郡津北，又为石堤，使西北；抵魏郡昭阳，又为石堤激，使东北。百馀里间，河再西三东，迫阸如此，不得安息。

与中华书局的点校本相比，这样的句读划分，应该会更为通畅。

在当时的条件下，不管是石堤，还是石激，都只能施用于个别关键地点，不可能修筑连绵不断的石堤或石激，只有按照如上标点，才能体现出这种工程措施的实际状况，假若依照中华书局点校本的读法，则会得出河内至黎阳间整个河段都筑有石堤相连的错误印象。贾让所谈的"石堤"，应是用石料在关键地段砌筑一小段河堤，石堤已很坚固，所以不必再行设激；"石堤激"则应是设在土堤上的重要地段，用以强化河堤的束水功能，二者有明显差别。

---

① 按"观下"颜师古释为东郡观县，而黎阳属魏郡，所以中华书局点校本在黎阳、观下之间点断。这里改作连读，是审度贾让这段议论的通例，乃是讲河流流至一具体地点而施加堤、激工程迫使其改变流向，故凡提到两个地名，应是其相互间有大小隶属关系，而不是平行的两个地点，如东郡平刚、魏郡昭阳，都是如此；另外上文已经明确讲到，河道的第一次东折，就发生在黎阳，因而河流在这里也绝不可能再流回黎阳，观下必定是黎阳辖下的一个小地名，不会如颜师古所释，是指东郡观县。

　　破除王先谦的错误判读，不仅可以更进一步确认"堤激"连读的合理性，同时也附带解决了中国水利工程史上这个长久以来一直悬而未决的基本问题 [1]。两相参照，足以断定，今本《三辅黄图》这段有关横桥的记载，其准确和完整的文句，可以订补为：

　　　　桥之南有堤激，立石柱，柱南京兆主之，柱北冯翊主之，有
　　令丞各领徒千五百人。桥之北首，垒石水中，故谓之石柱桥也。

秦人所建横桥，是中国桥梁史上一座著名的桥梁，也是秦都咸阳城的重要附属交通设施，这里看似一个字、一个标点位置的差别，实际上关系到许多重要历史内容。即以在横桥南端所设堤激而论，因汉长安城紧邻渭河南岸，距离渭河只有 1–2 里 [2]，而这座横桥（汉代亦称中渭桥）就架设在长安城北，在这里修建堤激，逼使渭河河水向北冲刷，可以防止渭水侵及长安城，确保都城的安全。这是过去有关西汉长安城研究中未曾注意到的一个重要问题。除此之外，由于京兆尹是都城长安所在的地方，明确京兆尹和左冯翊两个郡级政区的界碑，是竖立在渭桥南端，这对于认识汉代政区界线的划分原则，也具有重要意义。

　　今本《三辅黄图》由于出自后人纂辑，迥非原本面貌，其中有一些因文字舛错而造成的实质性内容讹误，情况相当严重，在整理时应

----

① 水利史学界对于"堤激"的理解，似乎可以举述周魁一著《中国科学技术史·水利卷》（北京，科学出版社，2002）作为代表。周氏在此书第四章第六节《堤防与埽工》（页 327）中，亦依从中华书局本《汉书·沟洫志》，读作："……石堤，激使……。"
② 杨思植、杜甫亭《西安地区河流水系的历史变迁》，刊《陕西师大学报》1985 年第 3 期，页 91—97。

当尽量予以考订；有些问题比较复杂，一时确实很难解决，但前人已有研究者，则应当尽量参考吸纳，至少要有所说明，这样才能帮助读者更合理地对待它的史料价值。

汉长安城十二门的名称问题，今本《三辅黄图》和《水经注》的记载，都有严重的错乱，前人做过很多研究，何氏《校释》本在校注诸门名称时，却基本上没有参稽相关的著述。20 世纪 80 年代，我在研究《水经注》有关关中地理问题时，也曾涉及到这一问题。根据过去所做的研究，我认为其中北面中间一门和东头一门，问题最大，这里仅列举一项要点，供进一步完善《三辅黄图》的校订作参考。

今本《三辅黄图》卷一记载这两座城门的名称分别为：

> 长安城北出东头第一门曰洛城门，又曰高门。……长安城北第二门曰厨城门。长安厨在门内，因为门名。

何氏对此，没有涉及实质性内容的疏释[1]。长安城门的正式名称本不带"城"字，门名中的"城"字系俗称所缀加，所以，洛城门的本名应为洛门，厨城门最初也只是叫厨门。

长安城四面各开三座城门，北面第二门即中间一门。清人赵一清、杨守敬都认为洛门应是中间一门的名称[2]。今按《汉书·霍光传》如淳

---

[1]《三辅黄图校释》卷一，页 87—88。

[2] 赵一清《水经注释》（台北，华文书局，1970，影印乾隆甲寅赵氏小山堂刊本）卷一九，页 1017。杨守敬《水经注疏》（南京，江苏古籍出版社，1989）卷一九，页 1589。

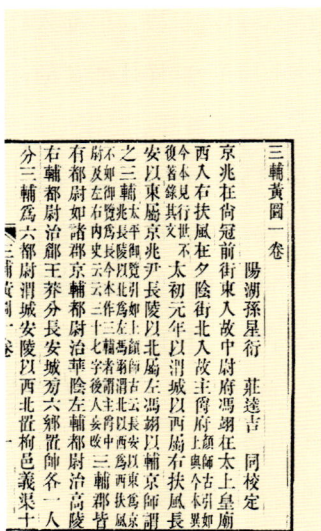

清嘉庆刻初印《平津馆丛书》本
《三辅黄图》内文

注引《三辅黄图》，云长安城"北出中门有长安厨，故谓之厨城门"①，可知长安城北面中门确有厨城门一名，今本《三辅黄图》与之吻合。又《后汉书·刘玄传》李贤注云："《三辅黄图》曰，洛城门，王莽改曰建子门，其内有长安厨官，俗名之为厨城门。今长安故城北面之中门是也。"②据此可知厨城门只是洛门的俗称，北面中门的正式名称应当是洛门。今存宋版残本《水经注》无此长安城门部分，但宋本《太平御览》引《水经注》记载洛门为北面中门的名称③，其他较早的《水经注》传本如《永乐大典》本等明代版本，都记述厨门是中门洛门的

---

① 《汉书》卷六八《霍光传》唐颜师古注引如淳语，页 2940，页 2943。
② 《后汉书》（北京，中华书局，1965）卷一一《刘玄传》唐李贤注，页 475。
③ 《太平御览》卷一八二《居处部·门》引《水经注》，页 887。

俗称①，因此，可以断定，今本《三辅黄图》这一段记载已严重错乱，不足凭信②。

梳理清楚版本源流，是从事古籍整理校勘的前提。20世纪中期以前行用的《三辅黄图》，实际上有两个不同的系统：一个是宋代以来流传的今本系统，过去最通行的是清毕沅校本；一个是古本辑佚本系统，只有孙星衍、庄逵吉的辑校本。另有王仁俊辑《经籍佚文》中收有佚文一卷，然而仅存一部稿本，并没有行世。

或许是由于当前公立图书馆在管理制度方面的障碍，借阅不便，何清谷此次校释《三辅黄图》，在传世版本系统方面，没有能够利用明弘治李瀚刊本、嘉靖刘景韶刊本和万历陕西布政使司刊本这几个重要明代刻本，特别是毛扆依据宋本校勘的明万历刊本，傅增湘称毛氏"以朱笔改定至多"③，应当具有较高的校勘价值。例如何氏《校释》本开篇释咸阳地名为：

咸阳在九嵕山、渭水北，山水俱在南，故名咸阳。

何氏虽据清人张澍辑《三秦记》，考订出"九嵕山"下应夺"南"字，"山

① 《水经注》（北京，文学古籍刊行社，1955，影印明《永乐大典》写本）卷八，页347。王国维《水经注校》（上海，上海人民出版社，1984）卷一九，页609。按王国维《水经注校》汇校有《水经注》各种早期版本的文字异同。
② 关于汉长安城十二门名其他具体研究，请参见拙著《〈水经·渭水注〉若干问题疏证》，原刊《中国历史地理论丛》总第3辑（西安，陕西人民出版社，1988），收入拙著《古代交通与地理文献研究》页252—271。
③ 傅增湘《藏园群书经眼录》（北京，中华书局，19）卷五《史部》三，页447。

水俱在南"之"南"应作"阳"字 ①,但缺少版本依据;而据毛扆校宋本,则可知宋本《三辅黄图》本来就是如此,其实无需引证其他文献来做它校 ②。显而易见,在版本勘比方面,今后条件允许时,还可以做出进一步的补充。

何氏在《校释》本前言当中,对孙星衍的辑佚本提出很多批评,指斥其"删削失据,漏洞百出",所说亦颇有道理。不过,孙氏辑佚本与今本不是一个性质,二者的区别,同《竹书纪年》今本与古本的差别,大致有些相似 ③。整理今本虽很重要,但并不能完全取代孙氏辑本,辑校旧本仍有独特的研究价值,上文所述长安城门的名称问题,就是明显的例证。正因为孙星衍所做辑校还存在一定问题,希望以后能够有人在孙氏辑本的基础上,再重新辑录一部古本《三辅黄图》,这样会给学者们利用《三辅黄图》,提供更全面的文本。

校注古籍是一项看似简单而实际相当艰难的工作。难就难在它不像作文章,可以回避研究者不懂得或者是没有兴趣探讨的问题;对于文献中所有模糊不清或是窒碍不通的地方,都要尽可能做出疏释。然而,事实上有许多历史问题,由于资料所限,在现有条件下,一时还很难得出比较确切的解释。对于这一类问题,往往可以找出许多种不同途径的解答。关于《三辅黄图》书名的含义,就是如此。

①《三辅黄图校释》卷一,页1、页3。
② 据傅增湘倩丁秉衡过录毛扆校宋本,见北京德宝2005年艺术品拍卖会古籍文献专场拍卖图录《古籍文献》(北京,北京德宝国际拍卖有限公司,2005),第73号拍品。
③ 陈直明白古本与今本的性质差别,所以在所做《校证》本中特地说明:"清代孙星衍、庄逵吉等人或有校本及佚文辑本,本书仅就今本作校证,他书故未论及。"见《三辅黄图校证》序言,页3。

　　何清谷提出"黄图"是指帝都图,所做论述虽然比陈直清晰明确,但也还有斟酌的馀地。陈氏引述南朝江总《云堂图》"览黄图之栋宇"的词句,谓"黄图"在此是指帝都,于是便推断"这可能是汉朝以来习用的称谓"。自从曹魏以来,《三辅黄图》就被广泛征引,恐怕正因为《三辅黄图》是以记述秦汉帝都为主要内容的名著,江总才会以"黄图"代指帝都,二者的先后本末次序,似乎不宜颠倒。何氏复以黄为中央正色,来诠释"黄图"之"黄"是指中央,因而"黄图"也就是帝都之图。单独看"黄图"二字,这种说法似乎很有道理;然而,若是这样,前面就不必再缀加"三辅"两字,因为"三辅"与后世"京畿"、"畿辅"的语义相当,同样可以表明帝都的地位,二者没有必要叠床架屋地堆砌在一起。虽然《隋书·经籍志》著录此书书名只有"黄图"二字[①],似乎表明"黄图"乃是此书本名,但曹魏如淳引述此书即或称"黄图",或称"三辅黄图",而以称作"三辅黄图"者居多[②],说明此书全名还应是"三辅黄图","黄图"只是一种简略的说法。这样看来,"黄图"的确切语义,仍然可以另行寻求解释。

　　陈直依据西汉'昔引黄图'瓦当,谓《三辅黄图》书名中的"黄图"二字,系"取其宏大规模之义",虽然没有做具体说明,但这块瓦当文字的内容,仍然值得注意。因为瓦当上的"黄图"二字,毕竟是与《三

---

① 《隋书》(北京,中华书局,1973)卷三三《经籍志》二,页982。
② 称"黄图"者如《史记》卷一二〇《汲郑列传·集解》引如淳语,页3110;称"三辅黄图"者如《史记》卷一〇《孝文本纪·集解》引如淳语,页432。

辅黄图》同一时代的用法①。

　　"黄"字古可通"廣"。战国燕王职矛铭文"郾王职乍黄卒","黄卒"即读作"廣萃"②；又《易·说卦》"其于人也，为寡发，为廣颡"，东汉郑玄注本"廣颡"作"黄颡"③，郑注本之"黄"亦当通作"廣"。张家山汉简亦有将"廣鄉長"书作"黄鄉長"的例证④。另外，汉代有"黄阳万当"和"黄堂万岁"瓦当⑤。瓦当文字每用省文，如"纯泽"省作"屯泽"，"嘉气"省作"加气"⑥；"黄阳"和"黄堂"应是分别用作"廣阳"和"廣堂"。廣阳为西汉王国；廣堂一词别见于天水放马滩秦墓出土地图⑦，应是秦汉时期一种陵墓祭祀建筑的通称，对此，我将另行撰文予以论述。因此，"昔引黄图"瓦当和《三辅黄图》书名中的"黄图"，也完全有可能是通作"廣图"。

---

① 若陈直所述瓦当"昔引"两字无误，那么，唐孔颖达《尚书正义》（北京，中华书局，1980，影印阮刻《十三经注疏》本）卷一一《泰誓》篇疏（页181）引西晋皇甫谧《帝王世纪》记述的如下典故，似乎与"昔引黄图"语相关："诸侯叛桀，关龙逢引皇图而谏，桀杀之。"即瓦当文之"黄"系通作"皇"字，"昔引黄图"即指此关龙逢引皇图谏殷纣王事。唯今所见秦汉瓦当，每瓦俱单独成文，而此"昔引黄图"瓦当语义未尽，需有下文照应，且秦汉瓦当文字并无如此曲折隐晦者，所以仍不可通。

② 何琳仪《战国古文字典》（北京，中华书局，1998），页635—636。

③ 唐陆德明《经典释文》（北京，中华书局，1980，影印阮刻《十三经注疏》附刊本）卷一《周易音义》述郑玄注《周易》，页105。

④ 张家山二四七号汉墓竹简整理小组《张家山汉墓竹简（二四七号墓）》（北京，文物出版社，2001）之《二年律令图版》第465号简，页45；又《二年律令释文注释·秩律》，页202。

⑤ 赵力光《中国古代瓦当图典》（北京，文物出版社，1998），页464—465。

⑥ 赵力光《中国古代瓦当图典》，页656，页658—659。

⑦ 曹婉如等编《中国古代地图集》（战国——元）（北京，文物出版社，1990），图版10—11。

"广"字有宽宏远大之义,"广图"用于瓦当,其吉祥语义犹如后世习用之"鸿图",即陈直所说"宏大规模"之义;若用为"三辅黄图"书名,则犹如宋人欧阳忞之《舆地广记》、明人曹学佺之《蜀中广记》,不过是标榜其书内容广博而已。当然,这只是从另一途径所做的一种推测,究竟哪一种说法更为合理可信,最终需要由所有从事相关研究的学者来判断①。不过,《三辅黄图》另外一些现在还说不清楚的事情,特别是原本的失传时间和今本的纂辑过程,假如都能这样再多花一些力气加以探讨,或许也能得出若干不同于以往的看法;至少能对原本散佚的原因,做出更清楚一些的解释。

2005 年 10 月 10 日记

原刊《书品》2006 年第 1 期

---

① "黄图"的含义另外还可以分别从"天"、"地"两方面来考虑。"天"是古代在天文学上运用有一种"黄图",以黄道为纲展示日月星辰诸种天象,见孙吴时人赵君卿之《周髀算经》注(北京,中华书局,1963,《算经十书》本《周髀算经》,页 46)。可以借用这一名词,比拟《三辅黄图》所记秦汉宫观楼台为星宿。"地"是何清谷已经提到过的《易经》所说"天玄而地黄",即可以用"黄"来表示大地(不仅是何清谷所说的"中央"之土地),若然,则"黄图"就是"地图"。但这两种推测,似乎都不如将"黄图"解作"廣图"更为合理。

释《南史·宋本纪》之"禾绢闭眼诺"

　　《南史·宋本纪》记载说，刘宋王朝当明帝在位期间，"中书舍人胡母颢专权，奏无不可。时人语曰：'禾绢闭眼诺，胡母大张橐。''禾绢'谓上也"①。明人冯惟讷纂《古诗纪》以及梅文祚编辑《古乐苑》，收录这一谣谚，俱题作《禾绢谣》②。

　　上述《禾绢谣》中"禾绢"二字，就其现有字面而言，语义似乎绝然不通；以之代指宋明帝刘彧，其缘由更是无从知晓，疑文字或有假借通转，或有讹误舛乱。李延寿撰著《南史》，在南朝诸史中，本来对沈约《宋书》删削最多③，然而这篇《禾绢谣》以及相关的记载，却是李氏在《宋书》之外新增添的内容，故无由藉取沈氏之书加以勘正。唐许嵩《建康实录》记述此语，同样是写作"禾绢"④；宋朝人所见《南史》，

---

① 《南史》（北京，中华书局，1978）卷三《宋本纪》下，页84。
② 明冯惟讷《古诗纪》（台北，台湾商务印书馆，1983，影印文渊阁《四库全书》本）卷六五，页563。明梅鼎祚《古乐苑》（台北，台湾商务印书馆，1983，影印文渊阁《四库全书》本）卷四九，页508。
③ 清赵翼《廿二史札记》，据王树民《廿二史札记校证》（北京，中华书局，1984）卷一〇"南史删宋书最多"条，页204—205。
④ 唐许嵩《建康实录》（北京，中华书局，1986）卷一四《宋太宗明皇帝》，页513。

文字也完全相同 ①，可知这两个字传承有自，久已凝固定型，而且还被普遍视作原初文本固有的形态。在这一点上，宋代最为典型的一个例证，见于杨万里为章焘所撰墓志文中：

> 绍兴二十有一年，时宰颛政，燕居深念天下之忠臣、义士，名相如忠献张公、骨鲠如忠简胡公之俦，终不附己，朝逐其一，其一夕发，将欲一网以食之既。于是，开告讦，兴罗织，絷廷尉府作一大穽，择深文吏为己所鹰。宣城章公，儒者也，高皇帝选于众，乃自刑部副郎，擢为大理少卿，以式遏其炽。或摘公曰："公今日士师，非禾绢士师也。盍去诸？"公曰："全躯以私淑，宁捐躯以庇善人。" ②

文中的"时宰"，自然是指奸相秦桧；"禾绢士师"则是直接援用《南史》的典故，以"禾绢"代指天子，另援依《周礼》，以"士师"作为大理少卿的代称。博学如王应麟者，释此"禾绢士师"，也只是在引述《南史》前述记载后，很浮泛地疏释说："盖谓秦桧颛政，士师非主上之士师也。" ③ 像这样将"禾绢"用作代指人主的辞藻，在宋代并非偶然一见，

---

① 宋叶廷珪《海录碎事》（上海，上海辞书出版社，1989，影印明万历卓显卿刻本）卷九上《权势门》"闭眼诺"条，页 265。

② 宋杨万里《诚斋集》（上海，商务印书馆，1930，《四部丛刊》初编影印缪氏艺风堂景宋写本）卷一二五《刑部侍郎章公墓铭》，页 11。

③ 宋王应麟《困学纪闻》（上海，商务印书馆，1935，《万有文库》排印清翁元圻注本）卷一七《评文》，页 1319—1320。

譬如南宋初人周必大和宁宗时人孙奕，也都是同样使用这一词汇[1]。迄至明末，方以智撰著《通雅》，举述这首《禾绢谣》来论述古代文书"画诺"的制度，谓"禾绢闭眼诺"之"诺"字，"即文书后之押字也，自汉有之"。方氏所说，虽然大体相去不远，可是，对"禾绢"一词的语义，却始终略无一语及之[2]。

王应麟、方以智诸人，是不是因为已经通彻理解"禾绢"二字的含义而没有对它再赘加说明，姑且置而不论；不过，清人杜文澜却是老老实实承认说："'禾绢'二字，甚为费解。"杜氏复谓但恨"无文可证，难以臆决"[3]。由此可见，至少对于清朝学者来说，这句谚语中的"禾绢"两字，已经完全无从捉摸。

对"禾绢"二字，目前确实没有明文可资证释。不过，学术研究，对于疑难问题，不宜总是这样避而不谈；况且，假若旧史俱已言之昭昭凿凿，又何劳吾辈置喙其间？历史研究者本来就是要解决史籍中模糊不清的问题。其实，若如杜文澜所说，做一"臆决"，亦即根据现有史料，从侧面对其做出某种合理的推测，并不会完全找不到路径。

宋人刘克庄有诗云："丁男放犊草间嬉，少妇看蚕不画眉。岁暮家家禾绢熟，萍乡风物似豳诗。"[4] 句中"禾绢"一词，显然是指田中种

---

① 宋周必大《文忠集》（台北，台湾商务印书馆，1983，影印文渊阁《四库全书》本）卷四二《送杨伯子长孺知南昌县》，页460。宋孙奕《履斋示儿编》（上海，商务印书馆，1935，《丛书集成》初编排印《知不足斋丛书》本）卷一五"人物异名"条，页150。

② 明方以智《通雅》（上海，上海古籍出版社，1988）卷二六《事制》，页845。

③ 清杜文澜《古谣谚》（北京，中华书局，1958）卷首《凡例》，页10。

④ 宋刘克庄《后村先生大全集》（上海，商务印书馆，1930，《四部丛刊》初编影旧抄本）卷六《湘南江西道中十首》之六，页15b—16a。

植的作物，这应该比较接近它的本义。因此，《禾绢谣》中的"禾绢"，自然也只能基于这样的本义来作譬喻，惟"绢"字固有的语义为丝织品，与禾稼确实毫无关联，此处的字义，还需要另行探求。检许慎《说文》载有"稍"字，本义为"麦茎"，"从禾肙声"[1]。因而，我推测"禾绢"之"绢"，应即借作"稍"字；惟此处"禾绢"连用，"绢"字的字义恐怕已不仅限于麦茎，应是泛指各类禾稼的茎杆，刘克庄在诗中更是用以代指禾稼。

西晋潘岳在《射雉赋》中有句描述野雉之举止状貌云："阚閬蘮葇，躩历乍见。"与此《禾绢谣》行世同一时代之刘宋人徐爰注释曰："蘮，麦稍也。谓在麦田中、蘮葇间，阚閬于外，乍见乍隐，不敢出场也。"唐人李善亦谓"蘮与稍并同"[2]。这说明两晋南朝迄至唐代，世人一直还清楚知悉"稍"字的这一用法；只是揆诸事理文义，潘岳赋中所述蘮葇之"蘮"，应是泛指草本植物的茎杆，不会限止于"稍"字本义，仅仅特指麦茎。《射雉赋》上文，乃谓雉鸟系出没于"崇坟夷麏、农不易垅"地域上的"稊菽蒙糅、藣荟莽茸"之处，这些就都是芜田荒野，徐爰和李善的解释，未免过于拘泥。潘岳《射雉赋》中"蘮葇"这一用法，也可以从侧面印证，将《禾绢谣》中"禾绢"理解为统称各类禾稼的茎杆，合乎当时的用词习惯。同时，潘岳《射雉赋》书"稍"作"蘮"，这与《禾绢谣》以"绢"代"稍"一样，都是假借其字。段玉裁谓麦茎

---

① 东汉许慎《说文解字》禾部，据清段玉裁《说文解字注》（上海，上海古籍出版社，1988，影印清嘉庆经韵楼原刻本），页326。

② 梁萧统《文选》（北京，中华书局，1977，影印清胡克家仿宋刻李善注本）卷九晋潘岳《射雉赋》并刘宋徐爰、唐李善注，页141。

写作"䌷"字，是缘于其外表"光泽娟好"①。从这一词义方面讲，在
䌷、绢二者间比较而言，还是借用"绢"字，似乎要更接近本字一些。
这不仅是因为作为丝织品的"绢"，其本身即"光泽娟好"，而且"绢"
字的得名，即是缘于它"如麦色"②，这两个字的关联，原本就非常密切。

　　若是像这样将"禾绢"之"绢"解作"䌷"，便能够通畅诠释《禾绢谣》
的文句。"禾绢"是以农作物的茎杆来比喻宋明帝。"诺"字如前所述，
方以智是将其释作在文书上画诺。其实与明帝禾稼茎杆的譬喻及其"闭
眼"的神态相匹配，其说似乎还略显迂远；若是简单解作点头允诺，
应当会更为贴切，——即茎杆顶上的禾穗，随风摇曳，类如点头称是。
至于胡母颢"大张"之"橐"，本来就是装粮食的口袋，《诗·大雅·公
刘》有句云"乃裹餱粮，于橐于囊"，就是讲用橐来装载粮食。结合上句，
这里所讲述的具体情景，应是指胡氏肆意割取茎杆上的禾穗，装入私
人囊中，暗喻其窃据刘宋江山。整篇谣谚，是讥讽宋明帝像田地里随
风摇曳的庄稼杆儿一样，完全听凭胡母颢的摆布，而胡氏正是掠取其
天下社稷的盗贼。如此，则整篇谣谚意象生动，譬喻贴切，文字了无
窒碍，去其本来面目，恐怕不甚辽远。

　　"禾绢"的本义，既是如此，那么，宋代以后援引《禾绢谣》以之
作为人主代称的人，是不是确切地理解了它的这一语义呢？前述杨万
里以"禾绢"与奸相两相对立，所说"禾绢"似乎应当是指明君。又
周必大是在诗中援用这一典故，诗云："往年钱尊公，出宰新吴县。仁
爱驯桑雉，圣明遇禾绢。"所说"圣明遇禾绢"，也应当是指遭逢圣明

① 清段玉裁《说文解字注》禾部，页326。
② 东汉许慎《说文解字》糸部，据清段玉裁《说文解字注》，页649。

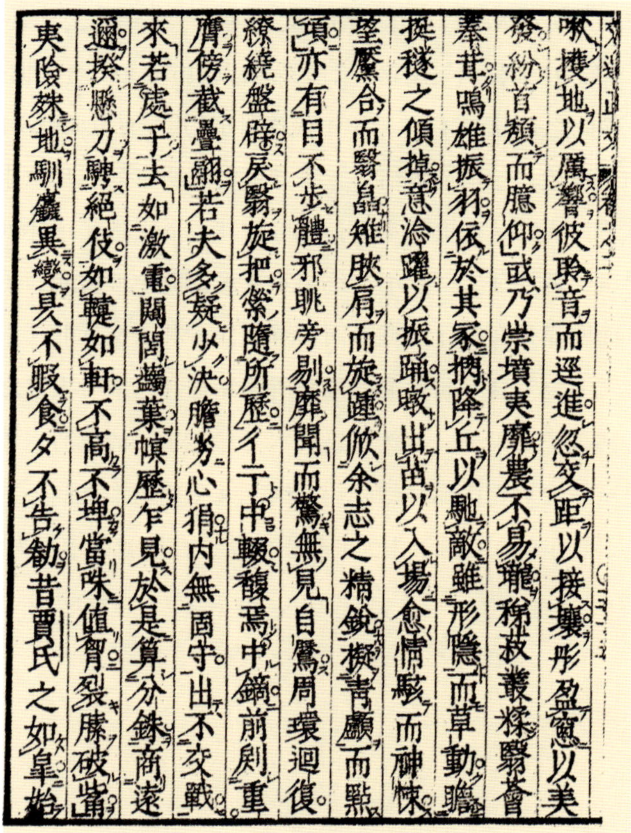

啾擭地以厲響彼聆音而逕進忽交距以接壤彤盈窻以美
發紛首頹而臆仰或乃崇墳夷靡農不易壠稊稗藂糅翳薈
菶茸鳴雄振羽依於其冢攢降丘以馳敵雖形隱而草動聸
挺䄠之傾掉意淰躍以振踊畋出苗以入場愈情駭而神悚
望䴅合而翳晶雉陜肩而旋踵欣余志之精銳擬青䘗而點
項亦有目不步體邪眺旁剔靡聞而驚無見自鷺周環迴復
繚繞盤辟戾翳旋把縈隨所歷彳亍中輟馥焉中鏑前剔重
膺傍截疊翮若夫多疑少決膽劣心狷內無固守出不交戰
來若處于去如激電闞閭藹葉幀歷乍見於是算分銖商遠
邇揆懸刀騁絕伎如轉如軒不高不埤當咮值胷裂膆破觜
夷險殊地馴䮞異變是不暇食夕不告勸昔賈氏之如皐始

和刻本《文选正文》潘岳《射雉赋》有关
“藹葉”的内容

君主。这都是褒义的用法。另有中性的用例，如前面提到的孙奕，在所著《履斋示儿编》中，即是抄录此语，以备行文中选用为天子的异称；又如两宋间人胡铨为某氏撰作《绍堂记》，内有"禾绢蒙尘日久"之语，所云"禾绢"，乃"如称六飞銮辂"①，应是用以代指被北方金人掳去的徽、钦二宗。除此之外，后人以"禾绢"代指君王，并没有负面贬义的用法。然而，如上所述，这篇《禾绢谣》本是讥刺宋明帝刘彧尸位素餐，放纵佞臣作恶。覆按《南史》本文，亦可知其上下文都是记述刘彧失德于政的史事，愈加证实"禾绢"绝非不含褒贬的中性譬喻，更不是什么美誉，而明显是在贬斥刘彧形同稻草人偶，其语义远非《南史》作者李延寿"上也"这一句含混的说明所能涵盖。赵宋时人以之代指帝王尊位，甚至圣明天子，显然有违其本义。至于明清以后，年代愈为久远，甚至连像刘克庄那样知晓"禾绢"这一词语本义的人，世间恐怕都已经不复存在，其沿承宋人的错误用法，自然就更不足为怪了②。

2006 年 8 月 28 日记

原刊《中华文史论丛》2007 年第 3 期

---

① 元刘将孙《养吾斋集》（台北，台湾商务印书馆，1983，影印文渊阁《四库全书》本）卷二六《题卢明甫藏澹庵帖后》，页 244—245。明胡广《胡少穆杂著》（台北，台湾商务印书馆，1983，影印文渊阁《四库全书》本）之"禾绢"条，页 25。

② 如明徐元太《喻林》（台北，台湾商务印书馆，1983，影印文渊阁《四库全书》本）卷一九《人事门·讥调》，页 267；清沈嘉辙等《南宋杂事诗》（杭州，浙江古籍出版社，1987）卷一，沈嘉辙诗，页 34。